Knopp/Kuhn · Das Lied der Deutschen

Guido Knopp
Ekkehard Kuhn

Das Lied der Deutschen

Schicksal
einer Hymne

Ullstein

Guido Knopp schrieb die Kapitel 1 und 5–8,
Ekkehard Kuhn die Kapitel 2–4 und 9–12. Die Autoren
danken Annette von der Heyde für die Mitarbeit
bei den Recherchen sowie Renate Christmann und
Margarethe Zapke für die Erstellung des Manuskripts.

Satz: Dörlemann-Satz, Lemförde
Druck und Verarbeitung: Ebner Ulm
ISBN 3 550 07991 5

CIP-Titelaufnahme der Deutschen Bibliothek

Knopp, Guido:
Das Lied der Deutschen: Schicksal e. Hymne / Guido Knopp;
Ekkehard Kuhn. – Berlin; Frankfurt/M.: Ullstein, 1988
ISBN 3-550-07991-5
NE: Kuhn, Ekkehard:

Inhalt

Teil II
DIE HYMNE HEUTE – PRO UND CONTRA

»Ein Stück unserer deutschen Identität«
Vorwort von Walter Scheel

Wir Deutschen tun uns vielfach noch recht schwer mit unserer Hymne. Das ist verständlich angesichts der offenkundigen Belastungen, denen das »Lied der Deutschen« in seiner wechselvollen Geschichte ausgesetzt war. Die Republik von Weimar hat es 1922 zur Nationalhymne erhoben, doch das »Dritte Reich« hat es pervertiert, um seinen Machtanspruch zu untermauern. Das wirkt nach.

Viele Mitbürger haben, bewußt oder unbewußt, ihre berechtigte Ablehnung gegen die Symbole des nationalsozialistischen Staates auf die Symbole der demokratischen Bundesrepublik Deutschland und damit auch auf unsere Hymne übertragen – zu Unrecht, wie ich meine.

Eine Nation lebt aus ihrer Geschichte. Dies gilt auch für die Bundesrepublik Deutschland, wobei ich nicht übersehe, daß wir Deutschen es mit der Geschichte schwerer haben als unsere Nachbarn. Wenn wir jedoch unsere Geschichte, zu der auch unsere Nationalhymne gehört, vergessen oder verdrängen, vergessen wir auch, was uns zusammenhält. Je besser wir andererseits die Brüche und Irrwege unserer Vergangenheit erforschen und verstehen, um so eher werden wir die aus unserer Geschichte erwachsenen Aufgaben begreifen, die da heißen: Bewahrung der Deutschen Nation, Einheit Deutschlands, Schaffung Europas, Sicherung des Friedens.

Die gewachsenen Elemente Europas sind die Nationen, und dementsprechend ist auch die Deutsche Nation nicht überholt. Die Europäische Union kann nur ein föderativer Zusammenschluß sein, dem wir Deutschen allerdings unseren Beitrag schuldig blieben, wenn wir uns den altgeprägten Nationen nur als »Wirtschaftsriese ohne Gedächtnis« präsentieren würden.

Vor diesem Hintergrund erklären sich die persönlichen Bezüge, die ich, überzeugter Europäer seit Ende des Krieges, zum Hoffmann-Haydnschen Lied der Deutschen habe.

Als der erste Präsident der Bundesrepublik, Theodor Heuss, mit dem ich bekanntermaßen ja vielfache Gemeinsamkeiten habe, Anfang der fünfziger Jahre die Absicht verfolgte, der jungen Bundesrepublik Deutschland eine neue Nationalhymne zu geben, gehörte ich – zusammen mit Freunden aus der Freien Demokratischen Partei in Nordrhein-Westfalen, allen voran Willi Weyer – zu seinen entschiedenen Widersachern, das einzige Mal übrigens. Wir wollten als Staatssymbol die uns vertraute und nur durch Verbot der Siegermächte suspendierte Nationalhymne, ein Stück unserer deutschen Identität, zurückhaben. Das Lied der Deutschen war für uns Ausdruck unseres politischen Willens, die Teilung Deutschlands nicht zu akzeptieren.

Mit dem Ende der fünfziger Jahre, in denen wir die Nationalhymne noch häufig gespielt oder gesungen haben, wurde es deutlich ruhiger um sie, eine Entwicklung, mit der ich mich nicht zufriedengeben wollte. Denn auch der demokratische Staat braucht Formen und Zeichen. Diese Formen, wie zum Beispiel die Bundesflagge, die Nationalhymne oder der Verdienstorden der Bundesrepublik Deutschland, sind Ausdruck des freiheitlichen Geistes unseres Staates. Freiheit ohne Form ist Anarchie. Und deshalb sind demokratische Formen ein Teil der Freiheit selbst.

Während meiner Amtszeit als Bundespräsident beobachtete ich immer häufiger, daß wir in der Gefahr waren, Formlosigkeit zu unserer Form zu machen. Andererseits hatte ich in den drei Jahrzehnten meiner politischen Arbeit gelernt, daß die Mehrheit der Bürger anschauliche Formen braucht und wünscht, um die Gemeinschaft, den Staat, zu erfahren. Ich habe deshalb 1979 die Mitglieder der Kultusministerkonferenz gebeten, der Schuljugend wieder stärker als zuvor den Text der Nationalhymne nahezubringen und ihn bei geeigneten Anlässen auch singen zu lassen. Zur Unterstützung der Bemühungen der Kultusminister habe ich auch die Parteivorsitzenden, die Intendanten der Rundfunk- und Fernsehanstalten, die kommunalen Spitzenverbände, die Sozialpartner, den Deutschen Sportbund und den Deutschen Sängerbund gebeten, in ihrem Wirkungsbereich dafür einzutreten, daß die dritte Strophe des Deutschlandliedes bei geeigneten Anlässen wieder gesungen wird.

Gute Argumente brauchen oft eine Zeit, bis sie verstanden werden.

Teil I

WIE DAS LIED
ZUR HYMNE WURDE

»Zarteste Lyrik?«
Der Streit um die Hymne

Für Friedrich Nietzsche war sie »die blödsinnigste Parole, die je gegeben worden ist«. Der Historiker Golo Mann nannte sie »zarteste Lyrik«. Ein schwäbischer Landtagsabgeordneter beschimpfte sie als »nationalistisches Sauflied«. Das »Deutschlandlied«, die Nationalhymne der Bundesrepublik, zählt zu den meistumstrittenen Gesängen unserer Zeit.

Das liegt gewiß nicht an der Melodie. Das klassische choralhafte Andante aus Joseph Haydns Kaiserquartett ist schlicht und einfach schön – auch wenn es ein Plagiat ist: Vorbilder sind ein kroatisches Liebeslied (»Vjutro rano«) und ein Salzburger Kirchenchoral (»Christen singt mit frohem Herzen«). Doch erst die Haydnsche Bearbeitung verwandelte die beiden Lieder zu einer Melodie von künstlerischem Rang. Mit ihr ist die heutige Hymne der Bundesrepublik weltweit das einzige »Staatslied«, das von einem wirklich bedeutenden Komponisten stammt.

Umstritten ist in Sachen Haydn allenfalls das Tempo: Hitlers Oberscherge Heinrich Himmler setzte es einmal »auf 80« fest, Karl Carstens mochte es als Bundespräsident »getragen«, Richard von Weizsäcker hingegen liebt es »forscher«. Seit er in der Villa Hammerschmidt residiert, ist das Stabsmusikkorps der Bundeswehr gehalten, das »Lied der Deutschen« zügiger denn je zu spielen.

Doch der Streitpunkt ist der Text des August Heinrich Hoffmann – und das nicht erst seit gestern. Die erste Strophe – »Deutschland, Deutschland über alles« – war immer schon geeignet, vor allem welsche oder angelsächsische Gemüter zu erregen.

Besonders seit dem Ausbruch des Ersten Weltkriegs. Da war das Lied zwar noch nicht Hymne, doch Großbritanniens Kriegspremier Lloyd George wandte sich schon im September 1914 scharf gegen die in Hoffmanns erster Zeile zum Ausdruck kommende »angebliche Überlegenheit einer Zivilisation«. Ein englischer Gelehrter prangerte im selben Jahr das »Deutschland über

11

alles« als »anmaßenden Ausdruck germanischen Selbstbewußtseins« an. Ein amerikanischer Lehrer übersetzte 1915 die erste
Zeile mit »first of all in this wide world« – als Fanfare unterstell-
ter Welteroberungssucht. Und zwei Franzosen, die Geographen
Alexandre und de Nève, schrieben 1922 in einem »Handatlas für
Oberschulen« von den Deutschen: »Ihr ›Deutschland über alles‹
drückt die wilde Selbstsucht und den unverschämten Hochmut
dieser Rasse aus.«

Zugegeben: Auch im kaiserlichen Deutschland hatte es immer
wieder Selbstkritik an dem vermeintlich kategorischen Imperativ
der ersten Zeile gegeben. Friedrich Nietzsche schrieb schon 1886:
»Für das Prinzip ›Deutschland über alles‹ . . . uns zu begeistern,
sind wir nicht dumm genug . . .« Doch der Philosoph sprach da
nicht etwa als bewußter Europäer, sondern weil er »von den Deutschen mehr wollte . . ., als nur ein Staat, eine Albernheit mehr in
der Welt zu sein«. Dem Nationalisten Nietzsche war der Hoffmannsche Patriotismus zu gewöhnlich.

Dabei interpretierte er den Text semantisch durchaus richtig;
denn für den Dichter Hoffmann von Fallersleben, einen Vormär-
zianer, Republikaner und Demokraten, las sich die Ergänzung der
ersten Zeile nicht ». . . soll herrschen«, sondern »wollen wir lieben«. Sein Gedicht war nie ein chauvinistischer Fanfarenstoß,
sondern stets ein leidenschaftlicher Appell an die zersplitterten
Partikularstaaten des deutschen Bundes gewesen – ein Aufruf zur
inneren Einigung.

Freilich waren es die Deutschen selbst, die nach 1914 Anlaß
genug gaben, eher die imperialistische Interpretation des Natio-
nalliedes zu provozieren. Was da im August 1914 durch die Straßen
deutscher Städte schallte, war – wie freilich allerorten in Europa –
purer Chauvinismus. Die Zeile »Wenn es stets zu Schutz und
Trutze, brüderlich zusammenhält« entsprach zwar einerseits dem
eher defensiven deutschen Grundgefühl in jenen Tagen, »gegen
eine Welt von Feinden« ganz allein auf sich gestellt zu sein. Doch
ein Dichter namens Richard Dehmel formulierte »über alles in der
Welt« zur gleichen Zeit schon als Parole für den Angriffskrieg.

Da war das Nationallied, wie gesagt, noch nicht Hymne. Erst
ein sozialdemokratischer Reichspräsident änderte das. Die Worte
»Einigkeit und Recht und Freiheit« waren für Friedrich Ebert ein
Appell an die zerstrittenen Parteien Weimars, ihre Grabenkriege
zu beenden. Dieser Appell blieb ungehört. Die Rechte usurpierte

»Deutschland, Deutschland über alles« ganz für sich. Und als die Hymne 1933 auch noch durch ein primitives Marschlied der SA ergänzt wurde, geriet sie vollends in Verruf. Nach 1945 klang dann »Deutschland über alles« – vor allem für die Bürger ehemals besetzter Länder – nur noch nach Unterdrückung, Haft und Krieg.

Kein Wunder, daß der liberale erste Bundespräsident, Theodor Heuss, nach einer neuen Hymne suchte. Doch die Tradition war stärker: Nach dreijährigem Hin und Her setzte sich die Haydn-Hoffmann-Hymne 1952 wieder durch. Letzten Endes hatte nicht nur der von Bundeskanzler Adenauer angemeldete »Bedarf« der jungen Bundesrepublik gesiegt, sondern auch die Überlegung, daß eine neue, »westdeutsche« Hymne die Teilung der Nation vertiefen müsse – zumal ein »ostdeutsches« Pendant bereits bestand. Nichts schien da angemessener als »Einigkeit und Recht und Freiheit« – Hoffmanns dritte Strophe.

Da aber lag der Hase im Pfeffer. Denn der berühmte Briefwechsel zwischen Heuss und Adenauer endete mit einem Kompromiß: Da die zweite Strophe harmlos, die erste aber allzu mißverständlich war, wichen Präsident und Kanzler auf die dritte aus. »Bei staatlichen Veranstaltungen«, so der Bundeskanzler, solle nur die dritte Strophe gesungen werden – obgleich formell alle drei Strophen zur Nationalhymne gehören.

Rechtliche Zweifel an dieser Regelung sind zwar längst verstummt. Dennoch ist die rein juristische Verankerung der Hymne schwankend. Weder gibt es ein Gesetz noch einen staatlichen Erlaß, sondern nur den Adenauer-Heussschen Briefwechsel. Juristisch sind durch diese Übereinkunft allenfalls staatliche Behörden gebunden. Bei »nichtstaatlichen Anlässen«, so wird im Kommentar zum Grundgesetz von Düring, Herzog, Maunz betont, könnten »alle drei Strophen« gesungen werden, und zwar »als Nationallied«.

Verboten ist die erste Strophe also nicht – doch nach wie vor verpönt. Dabei ist das Mißverständnis um die ersten beiden Zeilen noch das kleinere Problem. Schwerer wiegt offenbar der Grenzbezug: Maas, Etsch und Belt markierten 1841 zwar die Grenzen eines Staatenpaktes namens »Deutscher Bund«. Die Memel lag schon außerhalb der Bundesgrenzen, gehörte jedoch noch zu Preußen. Dies als historische Erinnerung auch singend zu zitieren, ist eigentlich vertretbar. Doch die bestürzende Erinnerung an Hitlers Angriffskrieg steht einer distanzierten, »rein historischen« Betrachtung nach wie vor im Weg. Wer die erste Strophe singt, der muß nicht unbedingt ein »Revanchist« sein, doch er erweckt bei allzu vielen, vor allem außerhalb der deutschen Grenzen, diesen Eindruck.

Dies wäre wohl vermieden worden, wenn die verpönte erste Strophe nur die Nachkriegsgrenzen beider deutscher Staaten nennen würde. Warum nicht »von der Maas bis an die Oder, von den Alpen bis zum Belt«? Doch derlei Pragmatismus ist auch zwischen Maas und Elbe nicht zu Hause.

Andere Nationen hatten da weniger Skrupel. Die französische Hymne wurde mehrfach umgedichtet – ebenso wie die sowjetische, die argentinische, die bulgarische, die belgische, die chilenische oder die chinesische.

Wer heute in den Stadien der Bundesrepublik vor Fußball-Länderspielen auf den Mitgesang der Menge bei der Hymne lauscht, der findet nach wie vor das Phänomen der Dreiteilung: Ein Drittel, unverdrossen, singt zur Haydn-Melodie die erste Hoffmann-Strophe, ein Drittel die dritte, ein Drittel singt überhaupt nicht – weil es nicht will oder den Text nicht kennt.

Streitereien um die Frage »erste oder dritte Strophe« gibt es seit Jahrzehnten. Musterbeispiel ist der Fall von Stuttgart, Anno 1986. Die baden-württembergische Landtagsabgeordnete Helga Solinger, SPD, entdeckte, daß die Kleinen im Ländle – konkret: die Klasse 4 der Grundschule Heumaden – im Musikunterricht das Deutschlandlied lernen mußten. Und nicht nur das: Sie sollten es auch singen. Alle drei Strophen!

Die Abgeordnete ging auf die Barrikaden: Ob dies, so fragte sie den Kultusminister Gerhard Mayer-Vorfelder, den Intentionen seiner Behörde entspreche? Das tue es, schrieb der Minister zurück. Denn: »Das Erlernen der Nationalhymne ist in Grundschulklasse 4 verbindlicher Lerninhalt. Das Deutschlandlied umfaßt dabei alle drei Strophen. Bei der Erarbeitung der Textstrophen eins und zwei ist es selbstverständlich, die Wortwahl aus der Entstehungszeit der Hymne heraus zu begründen und das notwendige historische Bewußtsein zu vermitteln.«

Das hätte als Schlußwort dienen können. Doch es kam anders. Die Abgeordnete sah in dieser Antwort eine »ewiggestrige Geisteshaltung«, einen »Mangel an politischer Sensibilität«. Offenkundig habe der Minister vergessen, daß deutsche Truppen »unter Singen dieses Liedes andere Länder überfallen« hätten.

14

Der Kultusminister schlug zurück: »Es ist ein besonders mieser und unerträglicher Stil, wenn in Deutschland 34 Jahre nach der Anerkennung des Deutschlandliedes als Nationalhymne unseres Landes jeder als Ewiggestriger verunglimpft wird, der sich zu dieser Nationalhymne bekennt.«

In einer turbulenten Debatte des Stuttgarter Landtags goß der Fraktionschef der Grünen noch Öl ins Feuer, als er die Haydn-Hoffmann-Hymne ein »nationalistisches Sauflied« hieß. Wir ersparen dem Leser das folgende und unvermeidliche Hickhack von Stellungnahmen des Ministers, der Regierung, der Opposition, des DGB, der GEW und anderer mehr. Nur einen wollen wir zitieren: Golo Mann. Befragt, was er vom Stuttgarter Hymnenstreit halte, meinte der in Zürich lebende Dichtersohn lapidar, im Vergleich zu anderen Hymnen sei das Lied der Deutschen »zarteste Lyrik«.

Mann hat recht. Die vielgerühmte Marseillaise, ein strammes Marschlied, strotzt geradezu vor Militarismus. Da wird »zu den Waffen« gerufen, da spritzt Blut, da wird den Feinden Frankreichs Rache angedroht. Und in der US-Hymne läßt Autor Francis Scott Key das Sternenbanner wehen – »hoch und tapfer«, »unter den Blitzen der Schlacht«. Selbst patriotische Amerikaner sagen von ihrer Hymne, sie sei nicht nur »pathetisch«, sondern geradezu »martialisch«.

Die irische Hymne (»Soldatenlied«) ist voll von kriegerischen Worten wie »Flintenschußpfeifen«, »Kanonengebrüll« und »Kriegerblut«. Ägyptens Hymne besingt gar ein Mordwerkzeug: »Oh du meine Waffe, wie ich mich danach sehne, dich zu ergreifen.« Albanien huldigt seiner Landesflagge: »Die Fahne, die im Kampf uns einte.« Algeriens Staatslied beginnt mit der kriegerischen Beschwörung: »Bei den vernichtenden Blitzen! Bei den Strömen reinen Bluts!« Kubas »Hymne von Bayamo« fordert gleich zum Krieg auf: »Auf, eilt zum Kampf, ihr Bayamesen!« Griechenlands »Hymne an die Freiheit« beginnt: »Dich erkenn' ich – deinem Schwerte eigen ist der Zornesblitz!« In Libyens Hymne steckt eine handfeste Drohung: »Mit der Wahrheit und mit meiner Waffe werde ich die Feinde niedermachen!« Mexikos Staatslied fordert: »Mexikaner, sattelt die Pferde, reckt die Waffen!« Und der Sudan beschwört die Einheit von Gott, Armee und Staat: »Wir sind das Heer Allahs, wir sind das Heer des Vaterlandes!«

Im Vergleich zu diesen Beispielen sind Hoffmanns Zeilen nicht nur zarteste Lyrik, sondern purer Pazifismus. Das Deutschlandlied steht, im internationalen Vergleich, in einer Hymnentradition, die neben Tugenden wie nationale Einheit, Recht und Freiheit landschaftliche oder ethnologische Besonderheiten rühmt – wie etwa auch die Hymnen von Brasilien, Dänemark, Indonesien, Island, Kanada, Luxemburg, Nord- und Südkorea, Norwegen und Schweden.

Brauchen wir überhaupt noch Hymnen? Oder ist das Mummenschanz des 19. Jahrhunderts? Gewiß, es gibt wichtigeres als die Frage »erste Strophe, dritte Strophe oder gar nichts«: Arbeitslosigkeit zum Beispiel, Krebs und Aids. Doch wie ein Volk mit seiner Hymne umgeht, ist Indiz für sein Verhältnis zur Nation – und damit zu sich selbst.

Gewiß, es gibt auch wichtigeres als vorhandenes oder fehlendes Nationalbewußtsein. Wir halten es hier mit George Bernard Shaw: »Eine gesunde Nation ist sich ihrer Nationalität so wenig bewußt wie ein gesunder Mann seiner Knochen.«

Hierfür ein Beispiel? Bitte sehr: 16. Juni 1987, New York, eine Nacht im Central Park. Die Metropolitan Opera gibt eine ihrer legendären »Open-Air-Sessions«: Tosca. Es sind wohl hunderttausend, die sich auf der großen Wiese eingefunden haben, um in einer schwülen Sommernacht Puccini und vor allem Pavarotti zu hören: Schwarze, Weiße, Braune, Rechte, Linke, Konservative, Liberale, Sozialisten – Menschen aus dem Babylon am Hudson River. Sie haben Picknick-Decken ausgebreitet. Da wird gesäbelt und geschluckt: Tosca mit Salami, Parmesan, Chianti.

Und da: Ein Moderator hat die hunderttausend eben noch begrüßt, da dröhnt aus dem Orchestergraben und aus den hundertfünfzig Kehlen des Chors die US-Hymne: Star-Spangled Banner. »Oh say, can you see« – »Oh sag', kannst du die Fahne sehen?« Die hunderttausend stehen auf, und viele legen, wie es Brauch ist, die Hand aufs Herz. Manche singen leise mit. Dann legen sie sich wieder ins Gras und picknicken weiter.

Der Central Park hat viel gesehen. Er soll, so heißt es in den Reiseführern, nach wie vor ein beliebter Tatort für Verbrechen sein. Doch in dieser Nacht wird dem Besucher aus Europa klar, daß selbst das zynische, kosmopolitische, so unamerikanische New York von Einwohnern bevölkert ist, für die bei allen Unterschieden, bei aller kritischen Betrachtung des »American Dream«, gewisse Traditionen selbstverständlich sind.

16

Unser Umgang mit der Hymne ist dagegen ungelenk, verklemmt, versehrt – ein Ausdruck der Versehrtheit unserer Nation. Es scheint, als ob unsere Nationalhymne erst dann wieder ein Synonym für Einigkeit und Recht und Freiheit aller Deutschen sein kann, wenn wir unser Verhältnis zur Nation in Ordnung gebracht haben.

Gewiß: Ein Nationalstaat alter Prägung kann kein wünschenswertes Ziel sein. Ist die Institution des Nationalstaats, zumal in seiner exzessiven Form als imperialer Machtstaat, nach all den Kriegen und Zerstörungen des 20. Jahrhunderts in Europa nicht von vornherein desavouiert? Sind Staaten solcher Art nicht schlicht Fossile der Vergangenheit in einer Zeit, da neue, supranationale Einheiten immer wichtiger werden? Ist es überdies nicht ein wesentliches Merkmal deutscher Geschichte, daß die Staatsgrenzen und die »Ausdehnung der Bewußtseinsnation« kaum je identisch waren? Und sind nicht gerade jene Jahre, in denen die Nation und ihre Grenzen kongruierten, zugleich die meistbelasteten ihrer Geschichte? Ist Humanität für die Identität eines Volkes nicht wichtiger als Nationalität?

Leicht, von außen solche Erkenntnisse, ein solches Bewußtsein von den Deutschen zu verlangen; leicht, die Überwindung herkömmlicher Denkschablonen zu fordern, wenn man in intakten, saturierten Staaten lebt, wo echte Metropolen in Jahrhunderten gewachsen sind, in denen Wirtschaft, Politik und Kultur an einem Ort jene Symbiose formen, die das Ambiente einer wahren Haupt-Stadt ausmacht und die sichtbarer Ausdruck der nationalen Einheit ist.

Daß den Deutschen seit dem Zweiten Weltkrieg diese unbestrittene Kapitale fehlt, ist fast schon tragisch. Denn das Resultat ist jene provinzielle Schwerkraft, die den westdeutschen Kulturbetrieb im Kreidekreis verharren läßt – trotz Hamburg, München, Köln, Berlin und Frankfurt. Die Bundesrepublik – eine einzige Provinz? Wohl noch nicht – doch das geistige Niveau einer Gesellschaft ohne Mittelpunkt ist immer in Gefahr, sich auf nivelliertem Mittelmaß einzupegeln. Frankfurt hätte sich zu einer Metropole mausern können. Doch das gewisse Haus stand eben nicht in Oberursel, sondern in Rhöndorf.

Das Fehlen einer Metropole ist jedoch nur ein geringer Grund dafür, daß in der Bundesrepublik, dem »Staat ohne Nation«, soviel von einem »Defizit an Identität« die Rede ist. Allzu viele

Deutsche sind sich ihrer widerspruchsvollen Nationalität nach wie vor eher hilflos bewußt – sofern sie sie nicht ohnedies verdrängen. Ein starkes bundesdeutsches »Wir«-Bewußtsein, das auch Krisen überdauern könnte, ist nicht vorhanden. Für Bürger intakter Nationen wirkt die Bonner Republik noch immer wie ein Interessenkonglomerat partikularer Gruppen, die durch wirtschaftliche Prosperität zusammengehalten werden, ansonsten aber, bei gegebenem Anlaß, die Gemeinsamkeiten einer vier Jahrzehnte währenden Geschichte eher pflichtgemäß denn aus innerer Überzeugung deklarieren.

Dieser Staat, so scheint es vielen, zieht sich immer noch zu sehr auf seine technischen Funktionen zurück. Er verwaltet, versorgt, betreut. Doch er gibt seinen Bürgern keine Visionen, weist ihnen keine Perspektiven, nennt ihnen keine Ideale, die ihre Phantasie entzünden, ihr Zusammenhalten stärken könnten. Wie, so fragten unlängst Bundeswehrsoldaten, könne man sich mit einem Gemeinwesen identifizieren und es notfalls verteidigen, das sich selbst oft genug nur als Sozialstaats-Bürokratie darstellt? Ein solcher Staat darf sich nicht wundern, wenn viele seiner Bürger ein ganz und gar nüchternes Verhältnis zu ihm haben, ihn vorzugsweise für die stets bereite Melkkuh halten, die ihrer aller Wohlbefinden garantiert. Er darf sich nicht wundern, wenn viele ihn eher als pflichtschuldigen Bereitsteller von Dienstleistungen sehen denn als Gemeinschaft, die ihre Bürger auch in die Pflicht nehmen darf.

Gewiß hat diese Entwicklung ihre historischen Gründe. Nicht zuletzt ist sie die Reaktion auf eine Zeit, in der nicht der Staat für den Bürger, sondern der Bürger für den Staat da war. Nirgends wurden Worte wie Nation und Vaterland so besudelt wie in Deutschland. Nirgends wurden in ihrem Namen so viele Menschen verfemt, entrechtet, ausgebürgert. Nirgends wurde so massiv gegen »Reichsfeinde« und »vaterlandslose Gesellen« vorgegangen. Nirgends wurde der Begriff der Nation so unlösbar mit Angriffskrieg und Holocaust verknüpft. Kann ein »Bekenntnis zur Nation« überzeugen, wenn es diese dunklen Seiten unterschlägt? Muß es nicht Trauer, Scham und kritische Distanz zur eigenen Geschichte einschließen?

Es muß. Und hier hat Gustav Heinemann recht: »Ich liebe keinen Staat, ich liebe meine Frau.« Staaten müssen nicht geliebt werden. Das ging oft schief – gerade bei uns Deutschen.

Doch kann ein Staat auf Dauer existieren, wenn ihm seine Bürger, jenseits aller nützlichen Kritik, die Loyalität der Herzen versagen?

Loyalität braucht Identität. Identität jedoch ist ohne Tradition nicht denkbar. Und Tradition braucht Orientierungspunkte, braucht historisches Bewußtsein.

Die Bundesrepublik ist kein Retortenbaby aus dem Brutkasten der Alliierten, sie ist kein künstliches Produkt der Trümmerzeit. Sie steht vielmehr in einer älteren deutschen Tradition, in dem Kontinuum der deutschen Geschichte. Dieses erschöpft sich keineswegs in einer konstruierten Linie von Luther über Bismarck zu Hitler. Das »Dritte Reich« war keine zwangsläufige Folge eines deutschen Sonderwegs. Es gibt keinen vom Schicksal vorbestimmten Pfad des Unheils, der von Potsdam geradewegs nach Auschwitz führt. Unabdingbar ist in der Geschichte gar nichts. Im Mittelpunkt des geschichtlichen Geschehens steht immer noch der Mensch, dem sich in seinem Tun immer mehrere Möglichkeiten bieten, den weder strukturelle Zwänge treiben noch obskure dunkle Mächte, sondern nur die eigene Schwäche und der eigene Ehrgeiz – nicht zuletzt dies lehrt uns die Beschäftigung mit unserer Vergangenheit. Und deshalb gilt, gerade auch für 1933 und die Frage, wie es möglich war: Es *konnte* so kommen, aber es hat durchaus nicht so kommen *müssen*.

Die Diskussionen um die Erblast der NS-Zeit kreisen in der Bundesrepublik oft um zwei Begriffe: »Trauerarbeit« und »Identitätsfindung«. Beide bedingen einander. Identitätsfindung ist eine Aufgabe von aktuell politischem Gewicht. Unsere Chance liegt hier nur in einer eigenständigen, historisch und moralisch geläuterten Form des »common sense«. Nach Canossa müssen wir nicht gehen. Doch Patriotismus ohne Trauma ist nur denkbar, wenn er Auschwitz einbezieht.

Eine positive Orientierung finden wir in der demokratischen Tradition unseres Landes, die zwar oft unterlag, doch seit 1832 immer bestand. Über alle Brüche unserer Geschichte hinweg gilt es, diese Tradition freizulegen und aufzuzeigen. Denn die deutsche Demokratie kam 1949 weder vom Himmel hoch über uns her, noch wurde sie uns als bislang unbekannter Importartikel von den Westmächten geschenkt; sie ist, trotz aller Widerstände, ein gewachsenes Stück deutscher Geschichte. Erinnert sei hier an die Protagonisten des Parlamentarismus, die Gagern und Uhland,

Bebel und Windthorst, Stresemann, Wirth, Scheidemann und Wels, die die demokratische Linie der deutschen Geschichte repräsentieren.

Gewiß: Es waren nicht immer Sternstunden des Parlamentarismus, für die diese Namen stehen.

- Gescheitert ist 1848 das Professorenparlament der Paulskirche. Die Frage »Großdeutsch oder Kleindeutsch?« wurde nicht in seinem Sinne entschieden, das einige Deutschland nicht durch zündende Tribünenreden geschaffen, sondern zweiundzwanzig Jahre später durch die Blut- und Eisenpolitik des Kanzlers Bismarck.

- Auf taube Ohren stieß 1871 August Bebel mit seiner Warnung vor der Annexion von Elsaß-Lothringen. Der Reichstag lachte ihn aus.

- Ein Dokument der Niederlage war 1933 die denkwürdige Reichstagsrede von Otto Wels gegen Hitlers Ermächtigungsgesetz. Seine Fraktion blieb auf verlorenem Posten.

Doch gerade diese Beispiele belegen, wofür die deutschen Demokraten fochten: für Einheit, Recht und Freiheit. Allzu oft gab das »andere Deutschland« diese Forderungen nur zu Protokoll. Doch sie wurden formuliert und öffentlich gemacht, wenn ein freies Parlament existierte.

Das »Lied der Deutschen« steht in dieser Tradition. Trotz aller falschen Interpretationen, trotz allen Mißbrauchs: Es ist ein demokratisches Lied.

»Ich mußte dichten...«
Die Hymne entsteht auf Helgoland

11. August 1841: Auf dem Dampfschiff, das die Insel Helgoland an-
steuerte, reiste auch der Professor für Germanistik August Heinrich Hoffmann, genannt Hoffmann von Fallersleben. Der großge-
wachsene Mann, der gedankenversunken auf die See schaute,
hatte keinen echten Adelstitel. Den Beinamen »von Fallersleben«
hatte er sich selbst gegeben – nach seinem Geburtsort, wo er am
2. April 1798 zur Welt gekommen war. Fallersleben – ein Land-
städtchen nordöstlich von Braunschweig.

Ein Jahr zuvor hatte er seine Selbstadelung mit den Versen
erklärt:

> An meine Heimat dacht ich eben,
> Da schrieb ich mich von Fallersleben.
> Ich schrieb's und dachte nie dabei
> An Staatszensur und Polizei.

> So schrieben sich viel Biederleute
> Nach ihrem Ort und tun's noch heute,
> Und keiner dachte je daran,
> Durch v o n würd er ein Edelmann.

Doch seine Namensgebung war auch eine Persiflage auf den Adel,
der immer noch das Sagen hatte und die Bürger niederzuhalten
versuchte. Vor allem galt das für die vielen souveränen Herrscher
in den zersplitterten deutschen Landen, die die Bürger nur als
Untertanen sahen, die zu gehorchen und ihre Steuern ohne Mur-
ren zu zahlen hatten.

Seit 1823 lebte August Heinrich Hoffmann in Breslau, Provinz-
hauptstadt von Schlesien, das Friedrich der Große Österreich
entrissen hatte. Vor sechs Jahren hatte er dort die Professur
für Germanistik erhalten – ein neues Fach, begründet von dem
Sprachforscher Jakob Grimm. Eine Begegnung mit diesem Mann
war dem Studenten Hoffmann zur Wegweisung für sein Leben

21

geworden. Als er dem Älteren seine Begeisterung für Hellas, das alte Griechenland, offenbarte, hielt Jakob Grimm ihm die Frage entgegen: »Liegt Ihnen ihr Vaterland nicht näher?«

Nach dieser Begegnung hatte sich Hoffmann dem Studium der deutschen Literatur und Sprache zugewandt. Sein Fleiß hatte inzwischen Früchte getragen. An der Breslauer Universität besaß er eine gesicherte Lebensstellung. Aber neben der wissenschaftlichen Arbeit galt seine Liebe der Poesie. Er beschäftigte sich nicht nur mit den Werken anderer, sondern schrieb seit seinem 14. Lebensjahr selbst unermüdlich Verse. Wo er auch immer hinkam, sammelte er Volkslieder und schrieb selbst in einfachem, volksnahem Ton. Hunderte von Liedern hatte er bisher gedichtet, darunter »Kuckuck, Kuckuck ruft's aus dem Wald«, »Alle Vögel sind schon da«, »Morgen kommt der Weihnachtsmann«, »Winter, ade! Scheiden tut weh«. Sie wurden rasch zu populären Volksliedern.

Aber Hoffmann von Fallersleben war bei aller Liebe zur Volkspoesie vor allem auch ein politischer Mensch. Als Burschenschafter engagierte er sich leidenschaftlich für eine Demokratisierung Deutschlands, für mehr Rechte und mehr Freiheiten der Bürger.

In den Burschenschaften hatten sich seit 1815 Studenten und Professoren zusammengeschlossen, die in den Befreiungskriegen gegen die napoleonische Unterdrückung gekämpft hatten und von den Beschlüssen des Wiener Kongresses enttäuscht waren. Am 18. Oktober 1817 demonstrierten viele von ihnen auf dem Wartburgfest, zu dem die Burschenschaft von Jena eingeladen hatte. Die Farben Schwarz-Rot-Gold der deutschen Demokratie fanden hier ihren Ausgangspunkt. Seither standen sie für die Forderungen nach nationaler Einheit, politischer Freiheit und verfassungsmäßig geschützter Gleichheit für alle Bürger. Mit den Karlsbader Beschlüssen von 1819 waren die fortschrittlichen Burschenschaften von den Regierungen des Deutschen Bundes verboten worden. Hoffmann von Fallersleben, der in jenem Jahr in Bonn studierte, hatte die Statuten seiner Burschenschaft damals im Kamin seiner Wohnung verstecken müssen. Doch trotz des Verbots gab er gemeinsam mit dem Dichter Ernst Moritz Arndt, der gerade aus politischen Gründen seine Professur verloren hatte, die *Bonner Burschenlieder* heraus.

In den 1830er Jahren schrieb er zunehmend politische Gedichte, in denen er die gesellschaftlichen Zustände und die Zersplitterung Deutschlands in neunundreißig Teilstaaten geißelte.

22

1840 veröffentlichte er eine Sammlung seiner Verse beim Hamburger Verlag Hoffmann und Campe. Ihr Titel, *Unpolitische Lieder*, war eine bewußte Irreführung der Zensur. Gegen alles Reaktionäre wünschte er sich den »Knüppel aus dem Sack«, wie er ein Gedicht aus dem Jahr 1837 überschrieb. Seine Verse riefen nach gesellschaftlichen und politischen Veränderungen; sein größter Wunsch jedoch war Deutschlands nationale Einheit. Hier stand er gegen den Egoismus der deutschen Teilstaaten beziehungsweise ihrer Fürsten, die in allen Rufern nach der deutschen Einheit persönliche Feinde sahen. Auf die schon 1813 vom Dichter Ernst Moritz Arndt gestellte Frage: »Was ist des Deutschen Vaterland?« antwortete Hoffmann in einem Gedicht seiner »Unpolitischen Lieder«:

> Kein Österreich, kein Preußen mehr,
> Ein einzig Deutschland hoch und hehr,
> Ein freies Deutschland Gott bescher'!
> Wie seine Berge fest zu Trutz und Wehr.

Vor wenigen Wochen, am 8. Juni 1841, hatte er in Breslau hoffnungsvolle Strophen geschrieben, einen Aufruf, Deutschlands Einigung herbeizuführen:

> Deutschland erst in sich vereint!
> Auf! Wir wollen uns verbinden,
> Und wir können jeden Feind
> Treuverbunden überwinden.

> Deutschland erst in sich vereint!
> Lasset alles, alles schwinden,
> Was ihr wünschet, hofft und meint!
> Alles andre wird sich finden.

> Deutschland erst in sich vereint!
> Danach strebet, danach ringet!
> Daß der schöne Tag erscheint,
> der uns Einheit wiederbringet.

Deutschland erst in sich vereint!
Wenn uns das einmal gelinget,
Hat die Welt noch einen Feind,
Der uns wiederum bezwinget?

Unter dem Eroberungswillen von Napoleon, der sich zum »Kaiser der Franzosen« gekrönt hatte, war 1806 das »Heilige Römische Reich Deutscher Nation« zusammengebrochen, das rund neunhundert Jahre bestanden hatte. Kaiser Franz II. legte nun die römisch-deutsche Kaiserkrone nieder. Napoleon besetzte ganz Mitteleuropa. Wer sich gegen ihn auflehnte, mußte mit drakonischen Strafen rechnen. Der Nürnberger Buchhändler Johann Philipp Palm etwa wurde wegen seiner Flugschrift »Deutschland in seiner tiefen Erniedrigung« auf Befehl Napoleons erschossen. Erst in der sogenannten »Völkerschlacht« bei Leipzig konnte der Usurpator, der inzwischen auch Rußland überfallen hatte, niedergerungen werden.

Für die Kraftanstrengungen und Leiden, die mit dem Kampf gegen Napoleon verbunden waren, hatten die Herrscher ihren Untertanen Versprechungen und damit Hoffnungen gemacht. Verfassungen mit freiheitlichen Rechten sollten eingeführt werden. Am Ende des Wiener Kongresses entstand 1815 unter der Führung Österreichs der sogenannte »Deutsche Bund«, ein nur sehr lockerer Zusammenschluß von fünfunddreißig souveränen Herrschern und den vier Freien Städten Hamburg, Bremen, Lübeck und Frankfurt am Main.

Im »Deutschen Bund« konnten aber auch die Könige von England, Dänemark und Holland mitreden, weil sie die Souveräne der Gebiete Hannover, Holstein und Luxemburg waren. Diese Konstruktion der in Wien versammelten Fürsten und Diplomaten enttäuschte das Volk. Die großen Hoffnungen der Freiheitskämpfer auf ein einheitliches Deutschland und durch Verfassung garantierte Rechte wurden nicht erfüllt.

Diese restaurative Entwicklung nach den Befreiungskriegen hatte der deutsche Patriot Hoffmann von Fallersleben mit den Worten gegeißelt:

O Gott! Wofür? Wofür?
Für Fürstenwillkür, Ruhm und Macht
Zur Schlacht?

Für Hofgeschmeiß und Junker hinaus
zum Strauß?
Für unseres Volkes Unmündigkeit
zum Streit?
Für Most-, Schlacht-, Mahl- und Klassensteuer
ins Feuer?
Und für Regel und Zensur
nur
ganz untertänigst zum Gefechte?
Ich dächte, dächte –

Für den Dichter dieser Zeilen war die Überfahrt am 11. August 1841 schon die zweite Reise nach Helgoland. Sein Arzt in Breslau hatte ihm zur Erholung Seeklima angeraten, und die Insel in der Nordsee, seit 1806 in britischem Besitz, kam damals als Badeort in Mode.

Im Vorjahr hatte er auf der Insel seine »Helgoländer Lieder« geschrieben. Sie galten der Erinnerung an eine Frau, in die er sich in Breslau unglücklich verliebt hatte. Hoffmann war mit seinen dreiundvierzig Jahren noch immer Junggeselle. »Grün ist das Eiland, weiß der Strand, rot ist der hohe Klippenrand«, hatte er über Helgoland im letzten dieser Lieder geschrieben.

An die Nordseeküste war er über Hamburg gereist, wo er bei dem Verleger Julius Campe den zweiten Teil der »Unpolitischen Lieder« zum Druck abgeliefert hatte. Bei einer Teegesellschaft im Hause Sieveking, Präses der Hamburger Zensurkommission, hatte er den größten Teil seiner neuen Gedichte vorgelesen. Hamburg war liberaler als Preußen, Sieveking sprach sich für die Veröffentlichung der »in ihrer Art vortrefflichen Gedichte« aus. Aber auch ohne Zustimmung der Zensur hätte der Verleger Campe es gewagt, seine neuen Lieder zu drucken, obwohl viele fürstenfeindlicher denn je waren.

Als sich Hoffmann von der See abwandte, erblickte er auf dem Deck eine Gruppe von Hannoveranern, die ihm schon beim Einschiffen aufgefallen war. Rasch kam er mit den Leuten ins Gespräch. Einige hatten sogar den ersten Teil seiner »Unpolitischen Lieder« bei sich. Hoffmann von Fallersleben war in Kreisen Gleichgesinnter bereits ein Idol. Bald kamen sie auf ein Thema zu sprechen, das alle erregte. Der König in Hannover hatte die Verfassung von 1833 für ungültig erklärt. Eine Flut von Protesten nicht nur im Königreich Hannover, sondern in der gesamten deutschen Öffentlichkeit hatte daraufhin eingesetzt. Am bekanntesten wurde der Auftritt von sieben Professoren der Göttinger Universität. Sie erklärten öffentlich, daß sie sich nach wie vor an ihren auf die Verfassung von 1833 geleisteten Diensteid gebunden fühlten. Vom König wurden die »Göttinger Sieben« daraufhin ihrer Ämter enthoben. Als Helden der Freiheit wurden sie in liberalen Kreisen gefeiert. Trotz aller Proteste erhielt das Königreich Hannover eine neue Verfassung, die ein deutlicher Rückschritt gegenüber der alten war.

Die Weigerung des Deutschen Bundes, diesem Staatsstreich entgegenzutreten, zeigte selbst den Gemäßigten unter den Bürgern, daß unter diesem Staatenbund kein Recht mehr sicher war. So wurde die Hoffnung auf Umsturz immer populärer.

Mit seinen Landsleuten traf sich Hoffmann am Abend im Konversationshaus der Insel. Auch die nächsten Tage verbrachte er oft in ihrer Gesellschaft. Am 23. August kehrten die meisten Hannoveraner heim. Dem Dichter, der ihre Gesellschaft genossen hatte, schien die Insel auf einmal wie ausgestorben. Er fühlte sich geradezu verwaist. Doch bald tat ihm die Einsamkeit wohl, und er freute sich, nach den unruhigen Tagen wieder sich selbst zu gehören.

Am 26. August ging er auf dem Oberland der Insel am Rande der Klippen spazieren. Er dachte wie so oft an Deutschland, dem er nichts sehnlicher wünschte als Einheit, Recht und Freiheit. Dort in der Ferne, weit hinter der See, lag es, zerstückelt in neunundreißig Teile. Dabei war es ein riesiges Gebiet, in dem die Deutschen wohnten. Von der Maas im Westen bis an die Memel im Osten, von der Etsch im Süden bis zum Belt im Norden sprachen und fühlten viele deutsch – jedenfalls die, die nicht auch geistig in die Kleinstaaterei hinabgeglitten waren. Hoffmann von Fallersleben glaubte an die Macht seiner Dichtkunst. Alle sollten erfahren, wie er fühlte, alle sollten die Glut seiner Worte verstehen. Er wollte seine Leidenschaft für Deutschland den Menschen mitteilen, sie mitreißen. Er achtete alle Völker, die er auf seinen Reisen kennengelernt hatte, und wünschte ihnen Glück und Wohlergehen. Doch daß er sein Volk liebte, war ihm eine Selbstverständlichkeit. Die Liebe zu Deutschland ging ihm über alles; in einem Gedicht hatte er einige Wochen zuvor sein Vaterland sogar als seine »Braut« bezeichnet:

26

Wie könnt ich dein vergessen!
Ich weiß, was du mir bist,
Wenn auch die Welt ihr Liebstes
Und Bestes bald vergißt.
Ich sing es hell und ruf es laut:
Mein Vaterland ist meine Braut!
Wie könnt ich dein vergessen!
Ich weiß, was du mir bist.

Deutschland über alles wichtig nehmen, über alle Kleinstaaterei, das erschien ihm notwendig. Die engere Heimat mußte dabei nicht vergessen werden. Auch er war mit seinem Herzen noch immer im Hannoverschen zu Hause. Aber Deutschland war für ihn das Wichtigste. Für seine Zukunft mußte etwas getan werden.

Der Dichter ging gedankenversunken über das Oberland. Der Wind kam von Nordwest, wie meist auf Helgoland. Er »mußte dichten« – auch wenn er, wie er später schrieb, »es nicht gewollt hätte«. Fast wie von selbst entstanden nun die drei Strophen, die er in seinem Quartier dann mit »Das Lied der Deutschen« überschrieb:

Deutschland, Deutschland über Alles,
Über Alles in der Welt,
Wenn es stets zu Schutz und Trutze
Brüderlich zusammenhält,
Von der Maas bis an die Memel,
Von der Etsch bis an den Belt –
Deutschland, Deutschland über Alles,
Über Alles in der Welt!

Deutsche Frauen, deutsche Treue,
Deutscher Wein und deutscher Sang
Sollen in der Welt behalten
Ihren alten schönen Klang,
Uns zu edler Tat begeistern
Unser ganzes Leben lang –
Deutsche Frauen, deutsche Treue,
Deutscher Wein und deutscher Sang!

Einigkeit und Recht und Freiheit
Für das deutsche Vaterland!
Danach laßt uns alle streben
Brüderlich mit Herz und Hand!
Einigkeit und Recht und Freiheit
Sind des Glückes Unterpfand –
Blüh' im Glanze dieses Glückes,
Blühe deutsches Vaterland!

Als er die Niederschrift noch einmal las, mußte er an seine erste Helgoland-Reise denken. Die Kapelle an Bord hatte die Marseillaise gespielt, die französische Hymne, und »God save the king«, die Hymne des englischen Herrscherhauses. Für die Deutschen gab es kein gleichwertiges Lied. Zwar gab es die österreichische Herrscherhymne. Doch ihr Text war für einen deutschen Demokraten unbrauchbar. Die Melodie jedoch war wunderschön, wie Hoffmann fand. Sie stammte von Joseph Haydn, dem großen Wiener Meister. Eben sie hatte er für sein »Lied der Deutschen« gewählt. Als er dichtete, hatte er an diese Melodie gedacht, die fast alle Deutsche kannten.

Daß dieses Lied tatsächlich einmal zur deutschen Nationalhymne erklärt werden würde, war freilich nicht vorauszusehen. Es sollte noch mehr als ein Menschenalter dauern – ganze einundachtzig Jahre –, bis das Lied der Deutschen diesen hohen Rang erhielt.

Als Hoffmann von Fallersleben am Abend des 26. August über die mögliche Wirkung seiner drei Strophen sinnierte, fiel ihm eine Beschreibung des Hambacher Festes ein, die er als Buch zu Hause in Breslau besaß. Johann Georg August Wirth hatte sie 1832 unter dem Titel *Das Nationalfest der Deutschen zu Hambach* veröffentlicht. Auch dort hatte man patriotische Lieder gesungen. Mehr als dreißigtausend Männer und Frauen hatten sich im Mai 1832 auf dem Hambacher Schloßberg versammelt – für damalige Verhältnisse eine riesige Zahl. Sie demonstrierten für die nationale Einheit, die Souveränität des Volkes, das Recht auf freie Meinungsäußerung, das Selbstbestimmungsrecht der Völker und ein freies und vereinigtes Europa. Burschenschafter waren von weither angereist. Wirth schilderte, wie ein von Philipp Jakob Siebenpfeiffer gedichtetes Lied nach der Melodie von Schillers Reiterlied von der Menge aufgegriffen wurde:

Hinauf, Patrioten! Zum Schloß, zum Schloß!
Hoch flattern die deutschen Farben:
Es keimet die Saat und die Hoffnung ist groß,
Schon binden im Geiste wir Garben:
Es reifet die Ähre mit goldenem Rand,
Und die goldne Ernt' ist das – Vaterland.

Das Hambacher Fest und die dort erhobenen Forderungen waren ein Fanal und eine Warnung an die Fürsten. Doch zunächst triumphierte noch einmal die Reaktion. Die Hambacher Patrioten – darunter Siebenpfeiffer und Wirth – wurden verhaftet und eingekerkert. Doch das Hambacher Ereignis wirkte fort. Das Buch von Wirth hatte auch auf Hoffmann von Fallersleben seinen Eindruck nicht verfehlt. Nun versuchte er sich vorzustellen, wie es wäre, wenn Tausende wie damals auf dem Hambacher Schloßberg sein »Lied der Deutschen« mit der Haydnschen Melodie singen würden.

Zwei Tage später – am 28. August – kam Hoffmanns Verleger Campe mit dem Stuttgarter Buchhändler Paul Neff auf die Insel. Sie brachten ihm das erste fertige Exemplar des zweiten Teils der *Unpolitischen Lieder.* Im Konversationshaus stießen sie auf einen möglichen Verkaufserfolg an. Neff bemerkte dabei: »Ich finde Ihre Gedichte großartig. Noch besser als im ersten Teil.« Hoffmann antwortete: »Hoffen wir vor allem, daß sie nicht verboten werden. Bei uns in Preußen scheint das leicht möglich. Unser Polizeipräsident läßt bei uns in Breslau herumschnüffeln, was wir reden und schreiben. Uns Breslauer Professoren hält man für Staatsfeinde, als ob wir Preußen in Gefahr brächten.«

Während Hoffmann in seinem neuen Buch blätterte, bemerkte Campe: »Nun erscheinen auch noch nächstens bei mir die *Lieder eines kosmopolitischen Nachtwächters.* Das Ding wird gewiß verboten.«

Hoffmann erwiderte: »Ich habe schon davon gehört.«
»Nein, nein«, beteuerte Campe, »es weiß niemand davon! Der Dichter hat sich nicht genannt – den könnten sie sonst wohl noch beim Kragen fassen. Dem kommen Sie nicht nach sowohl an Poesie als an Schärfe. Einige Lieder sind ganz im Volkstone. Ja, da sind wunderbare Sachen darin. Es sind Seiten berührt, die Ihnen ganz fremd geblieben sind.«

Hoffmann gegenüber einen anderen Autor so hervorzuheben,

war eigentlich recht unverschämt. Der Dichter unterdrückte seinen Ärger und erwiderte: »Ich weiß, was ich gemacht habe, und andere wissen es noch besser. Wer ist denn der Ungenannte?«

»Dingelstedt«, sagte Campe knapp, dessen Absicht es wohl war, Hoffmann mit diesem Vergleich einzuschüchtern, um seine Honoraransprüche niedrig zu halten.

Es war nicht die richtige Stunde, um Campe vom »Lied der Deutschen« zu erzählen. Erst am nächsten Tag, als Hoffmann und Campe am Strand entlangspazierten, hielt der Dichter plötzlich inne und sagte: »Ich habe ein Lied gemacht, das kostet aber vier Louisdor.« Campe war erstaunt. War das die Antwort auf seinen gestrigen Einschüchterungsversuch?

Sie gingen ins Konversationshaus zurück. Dort las der Dichter dem Verleger sein Lied vor. Noch ehe er geendet hatte, legte Campe ihm die vier Louisdor auf den Tisch. Auch Neff stand dabei und wunderte sich über seinen Kollegen, denn vier Goldstücke waren eine Menge Geld.

Nun wurde beratschlagt, in welcher Art das Lied am besten zu veröffentlichen sei. »Wenn es einschlägt, so kann es ein Rheinlied werden«, mutmaßte Campe.

»Ein Rheinlied?« fragte Hoffmann. »In der Art wie Beckers ›Sie sollen ihn nicht haben, den freien deutschen Rhein?‹« Campe nickte.

Während der Rheinkrise 1840, als Frankreich damit drohte, die westrheinischen deutschen Gebiete zu besetzen, hatte Nikolaus Becker ein Lied gedichtet, das sich rasch verbreitete. Es drückte die Empörung der Deutschen über das französische Verhalten aus. Doch über den Singrausch seiner Landsleute, der schon chauvinistische Züge annahm, hatte Hoffmann gespottet:

In jedem Haus ein Klimperkasten,
In jedem Hause Stimm' und Hand,
In jedem Hause Enthusiasten
Fürs liebe deutsche Vaterland.

Du magst nun ruhen, gehen, traben
Du hörst in tausend Melodein:
»Sie sollen, sollen ihn nicht haben!«
Von Tilsit bis nach Wesel schrei'n.

Hoffmann, dem bei allem Patriotismus jeder Chauvinismus fremd war, antwortete Campe deshalb mit der Bemerkung: »Ich finde den Vergleich nicht gerade passend. Aber wenn es um den Erfolg geht, ist er nicht wenig schmeichelhaft.«

»Genau!« rief Campe. »Was für ein Erfolg in so kurzer Zeit! Die Deutschen fangen an, sich zu besinnen, daß sie ein Volk sind. Im übrigen, Hoffmann, Ihr ›Lied der Deutschen‹ braucht eine Melodie!«

»Natürlich habe ich daran gedacht. Mir geht meist eine Melodie im Kopf herum, wenn ich reime. Haydns Melodie der österreichischen Kaiserhymne war mir im Ohr, als ich die Verse schuf. Es ist eine wunderbare Weise, und fast alle Deutschen kennen sie. Nun wird also der Text ausgewechselt. Der Kaiser weicht, und Deutschland kommt hinein. Das ganze hat einen Sinn. Also nicht mehr ›Gott erhalte Franz den Kaiser‹, sondern . . .«

»Eine sehr gute Idee«, unterbrach ihn Campe. »Schreiben Sie mir sofort den Text ab, ich lasse ihn zusammen mit der Haydnschen Melodie drucken. Ich reise morgen ab.«

Schon am 1. September 1841, also nur drei Tage nach diesem Zusammentreffen, lag »Das Lied der Deutschen« als Einzeldruck vor. Die Haydnsche Melodie war für Singstimme, Klavier und Gitarre arrangiert. Der Text sei »Eigentum der Verleger«, hieß es auf dem Deckblatt, wo beide Verlagsnamen standen, sowohl Hoffmann und Campe als auch Paul Neff. Der Preis für dieses Doppelblatt betrug zwei Groschen.

Wie aber war Haydns Melodie entstanden, die Hoffmann von Fallersleben für sein »Lied der Deutschen« gewählt hatte?

Die Entstehung dieser Tonschöpfung hatte einen politischen Anlaß. 1797 hatte Napoleon mit seiner Armee begonnen, auch die österreichischen Kernlande zu besetzen. Der Vormarsch der französischen Soldaten wurde von der »Marseillaise« beflügelt, dem schwungvollen Revolutionslied. Die Eroberung Wiens stand bevor. Um ein Gegengewicht zum Schlachtgesang der Eindringlinge zu schaffen, hatte der österreichische Graf von Sarau die Idee, eine Hymne auf den Kaiser Franz in Auftrag zu geben. Der Theologieprofessor Lorenz Leopold Haschka verfaßte einen patriotischen Text mit vier Strophen. Die Anfangszeilen lauteten: »Gott erhalte Franz, den Kaiser, unsern guten Kaiser Franz.« Joseph Haydn schrieb dazu nun seine Melodie.

Die Hymne, die den Zusammenhalt der Untertanen in der Habsburger Monarchie stärken sollte, erklang zum erstenmal öffentlich am 12. Februar 1797, dem Geburtstag des Kaisers. In einem Bericht darüber heißt es: »Um die Wiener während der Krisenzeit in bessere Stimmung zu bringen, spielte abends das Hoftheater eine beliebte Komische Oper, ein Werk von Haydns Jugendfreund Dittersdorf: ›Doktor und Apotheker‹. Noch vor Beginn der Operette hatte man den Haschkaschen Text auf Flugblättern im Theater verteilt, um die Hymne singen zu lassen, sobald der Kaiser die Loge betrat. Er hatte aber eine starke Abneigung, sich in der Öffentlichkeit feiern zu lassen. So kam er voller Absicht zu spät. Das nützte ihm allerdings nichts; der Direktor des Hoftheaters hatte bereits die Absingung des ›Gott erhalte‹ bis zur ersten Pause verschoben. Nach einmaligem Spielen der Hymne erhob sich plötzlich das ganze Theater und sang dem Monarchen, der in gerührter Verlegenheit dastand, die Textworte zu. Die Begeisterung schwoll über alle Dämme.«

Der Komponist empfand die Melodie der Hymne selbst als seine »Lieblingsweise«. Ein Bericht des Dichters August Wilhelm Iffland über seinen Besuch bei dem greisen Haydn kurz vor dessen Tod gibt darüber Aufschluß: »Nach einiger Zeit fuhr Haydn fort: ›Ich wollte Ihnen doch etwas vorspielen! Wollen Sie etwas von mir hören?‹ Es war unser lebhaftester Wunsch; aber wir wagten es nicht, ihn auszusprechen. Er sah sich nach dem Instrument um. – ›Ich kann freilich wenig mehr. Sie sollen meine letzte Komposition hören. Ich habe sie gesetzt, eben als die französische Armee vor drei Jahren auf Wien vordrang.‹ Er stand auf, reichte dem Bedienten den Arm. Wir geleiteten ihn alle drei in unseren Armen zum Pianoforte. Er setzte sich daran nieder und sagte: ›Das Lied heißt: Gott erhalte Franz, den Kaiser!‹ Er spielte hierauf die Melodie ganz durch und zwar mit unerklärbarem Ausdruck, mit innigem Halten – welche sein schimmerndes Auge ausfüllte. Nach Endigung des Liedes blieb er noch eine Weile vor dem Instrument stehen – legte beide Hände darauf und sagte mit dem Tone eines ehrwürdigen Patriarchen: ›Ich spiele dieses Lied an jedem Morgen, und oft habe ich Trost und Erhebung daraus genommen, in den Tagen der Unruhe. Ich kann auch nicht anders, ich muß es alle Tage einmal spielen. Mir ist herzlich wohl, wenn ich es spiele, und noch eine Weile nachher.‹«

Bis 1872 zählte Hoffmann von Fallersleben allein achtundfünfzig Vertonungen seines Gedichts. An die Schönheit der Haydnschen Melodie ragte keine heran. Der Dichter schrieb dazu: »Die Haydnsche Melodie ist nicht übertroffen worden, und das ist mir lieb; es muß eine Melodie von einem Ende bis zum anderen gesungen werden, nämlich vom Volke.«

Doch nicht nur wegen ihrer Schönheit hatte Hoffmann Haydns Melodie gewählt. Er traf die Wahl auch deshalb, weil er sich ein einiges Deutschland nur mit Österreich vorstellen konnte und wollte.

». . . kam und ward – Maculatur«
Das Lied der Deutschen bis zum Ersten Weltkrieg

Am 5.Oktober 1841 – sechs Wochen nach seiner Entstehung – wurde das »Lied der Deutschen« zum erstenmal in der Öffentlichkeit gesungen. In Anwesenheit von Hoffmann von Fallersleben stimmten es Mitglieder der »Hamburger Liedertafel von 1823« an. Anlaß war eine Feier zu Ehren des aus Baden stammenden Staatsrechtlers und Patrioten Professor Karl Welcker vor dem Hotel Streit auf dem Jungfernstieg in Hamburg.

In den *Hamburger Nachrichten* hieß es hierzu: »Am Dienstag, den 5. des Monats, abends 10 Uhr, ward dem gegenwärtig hier anwesenden Hofrath und Professor Welker, unter den Fenstern seines Logis in Streit's Hotel, auch von unseren Hamburgern eine ähnlich feierliche Begrüßung zu Theil, wie sie ihm die übrigen freisinnigen deutschen Residenzen und Provinzialstädte, welche er auf seiner Reise berührte, in gerechter Anerkennung seines unermüdlichen Strebens, nicht nur als Deputierter in der badischen Kammer, sondern auch im Allgemeinen die Rechte des Deutschen Volkes und dessen gesetzmäßige Freiheit aufrecht zu erhalten und zu vertreten, überall dargebracht hatten . . . Kopf an Kopf standen nicht nur in der Straße vor dem Hause, sondern auch auf dem daranstoßenden Gänsemarkte und in den beiden Alleen des alten und neuen Jungfernstiegs die Massen der Teilnehmer, die zugleich Mitwirkende und Zuschauer waren. Zuerst ward von dem ausgezeichneten Hornisten-Corps unseres Bürger-Jäger-Bataillons ein Marsch gespielt, dann beim Licht rot brennender Fackeln Hoffmann v. Fallersleben's ›Lied der Deutschen‹ nach der Melodie: ›Gott erhalte Franz, den Kaiser‹ gesungen.«

Weiter wird berichtet, daß dem Gefeierten »ein in die deutschen Farben gebundenes Prachtexemplar des bei dieser Gelegenheit gesungenen ›Liedes der Deutschen‹ überreicht wurde«.

Wie es dazu kam, daß das Hoffmannsche Gedicht mit der Melodie von Haydn so bald nach seinem Erstdruck gesungen wurde, ist rekonstruierbar. Der geschäftstüchtige und in Hamburg bekannte Verleger Campe hatte Beziehungen zu den Hamburger Turnern und der Hamburger Liedertafel von 1823. Gleichwohl: Ein geschäftlicher Erfolg war das Deutschlandlied für Verleger Campe nicht. Am 18. Februar 1842 klagte er in einem Brief an Hoffmann: »Das Lied der Deutschen hat kein Glück gemacht, die Kosten bekomme ich nicht heraus ...« Vier Luisdor wollten eben erst einmal verdient sein.

Auch Hoffmann brachte sein Gedicht kein Glück. Mit dem »Lied der Deutschen« und seinen »Unpolitischen Liedern« war er nun als aufmüpfiger Dichter abgestempelt. In vielen deutschen Staaten wurde seine Liedersammlung verboten. In Preußen verlor er am 14. April 1842 sein Amt als Universitätsprofessor.

Das »Ministerium der geistlichen, Unterrichts- und Medizinalangelegenheiten« unter dem damaligen Minister Eichhorn begründete seinen Beschluß so: »Der Inhalt der Gedichte hat als ein durchaus verwerflicher erkannt werden müssen. Es werden in diesen Gedichten die öffentlichen und sozialen Zustände in Deutschland, und respektive in Preußen, vielfach mit bitterem Spott angegriffen, verhöhnt und verächtlich gemacht; es werden Gesinnungen und Ansichten ausgedrückt, die bei den Lesern der Lieder, besonders von jugendlichem Alter, Mißvergnügen über die bestehende Ordnung der Dinge, Verachtung und Haß gegen die Landesherrn und Obrigkeiten hervorzurufen und einen Geist zu erwecken geeignet sind, der zunächst für die Jugend, aber auch im allgemeinen nur verderblich wirken kann.«

Und weiter hieß es: »Durch derartige Gedichte hat Hoffmann seine Pflichten als öffentlicher Lehrer gröblich verletzt und seine Unfähigkeit zur Verwaltung des ihm anvertrauten Lehramtes dargelegt ... Von den Folgen seiner Handlung kann ihn weder der Einwand, daß die poetischen Ergüsse nicht seine, sondern vielmehr die Zeitansichten der Gegenwart darstellten und mit seinem Berufe als Professor nichts gemein hätten, noch die Angabe, daß die unpolitischen Lieder mit Genehmigung der Hamburger Censur erschienen seien, befreien ...«

Von seinen Kollegen an der Breslauer Universität wagte es nur einer, für Hoffmann offen Partei zu ergreifen: der Schriftsteller Gustav Freytag, damals Privatdozent. Dem aus dem Amt Entlassenen schrieb er: »Sie haben Ihrer Gesinnung Ihr äußeres Sein geopfert. Sie werden darin am Ende, wenn die ersten heftigen Eindrücke der Kränkung und des Unmuts vorüber sind, einen

Trost finden. Freilich würde der schneller und vollständiger sich einfinden, wenn Sie kein Dichter wären, denn die weiche, nervöse und reizbare Empfänglichkeit für Eindrücke, welche Ihnen eigen ist, so wenig das die Welt glauben mag, wird Ihnen, fürchte ich, den Kampf erschweren. Doch Mut und Fassung, mein guter, lieber Freund.«

Mit seiner Amtsenthebung begannen für Hoffmann Jahre der Verfolgung und der Flucht. Zunächst suchte er Zuflucht in seiner hannoverschen Heimat. Dort konnte er jedoch nur eine Woche bleiben. In seinem Tagebuch schildert er die Situation: »In der Dämmerung schleichen die Landdragoner ums Haus, und spät abends bewachen sie es aus der Nachbarschaft. Da scheint es mir denn doch geraten, abzureisen. Ich bitte meinen Vetter, auf der Ziegelei einen Wagen für mich bereitzuhalten, ich würde mich baldigst einfinden. Um kein Aufsehen zu erregen, gehe ich mit meinem Schwager in den Kuhstall, wir erweitern die Öffnung in der Wand und kriechen durch. Aus des Nachbars Garten dringen wir weiter durch Hecken und Staketen, und endlich sind wir im Freien. Der Mond scheint hell auf den frischgefallenen Schnee, ringsum Totenstille, während eben noch im Hause meine Nichten, um die Landdragoner zu täuschen, die lustigsten Stücke gespielt und gesungen haben. Der Wagen wartet schon, ich steige ein, und in einer Viertelstunde bin ich jenseits der hannoverschen Grenze.«

In den meisten deutschen Staaten nicht mehr gelitten, mußte er umherziehen, von Ort zu Ort, von Staat zu Staat, immer über deutsche Grenzen hinweg. Mehr als dreißigmal wurde er ausgewiesen. Auch der Versuch, im liberalen Großherzogtum Baden Bürgerrecht zu erlangen und damit seßhaft zu werden, schlug fehl.

Aufschlußreich für die Haltung der Obrigkeiten gegenüber Hoffmann ist noch Jahre später eine Eintragung in dem 1854 in Dresden erschienenen *Handbuch für jeden deutschen Polizeibeamten.* Dort heißt es: »Hoffmann von Fallersleben, Literat und ehemals Professor, als welcher er wegen seiner ultraliberalen Gesinnung abgesetzt wurde, seine ›Unpolitischen Lieder‹ sind verboten, sowie überhaupt die Mehrzahl seiner literarischen Produkte ihn als einen Feind der Fürsten und Regierungen dokumentieren. Er ist auch schon aus mehreren Städten Deutschlands wegen seiner politischen Gefährlichkeit ausgewiesen worden.« Der Dichter des »Liedes der Deutschen«: ein politisch Verfolgter!

1844 versuchte Hoffmann, Bürger einer mecklenburgischen Kleinstadt zu werden. Aber auch dort kam nach anfänglicher Bereitschaft eine Absage – nach einem Wink von »allerhöchster Stelle«. Im Juli 1845 nahm der mit ihm befreundete Rittergutsbesitzer Dr. Samuel Schnelle Hoffmann in seinem Gut Buchholz auf. Im politisch rückständigen Großherzogtum Mecklenburg, das kein eigentliches Staatsbürgerrecht hatte, konnte jeder Rittergutsbesitzer das Heimatrecht verleihen. Dies geschah mit den Worten: »Dem Herrn Dr. Hoffmann von Fallersleben, hiervor Professor in Breslau, wird hierdurch das Einwohnerrecht in Buchholz und durch dasselbe Heimatrecht in diesem Gute zugesichert und erteilt.« Damit war Hoffmann zunächst vor weiteren Verfolgungen geschützt.

Unterdessen wurde sein »Lied der Deutschen« allmählich populär. 1843 erschien es in einem Kommersbuch *Deutsche Lieder*. 1844 wurde es in Ludwig Bechsteins *Deutschem Dichterbuch* und im *Allgemeinen deutschen Lieder-Lexikon* abgedruckt.

Während Hoffmann auf Gut Buchholz in einer Art innerer Emigration abgeschieden lebte, geriet Europa in Aufruhr. Wie schon 1830 mit der Julirevolution war auch 1848 Frankreich Vorreiter der politischen Bewegung. Während einer Hungersnot stürmten in Paris französische Arbeiter, Bürger und Soldaten den Königspalast. König Louis Philippe floh, die Monarchie wurde abgeschafft, die Republik ausgerufen.

Der Funke sprang über: In Baden forderten freiheitlich gesinnte Kräfte ein deutsches Parlament und Pressefreiheit. In vielen Städten Deutschlands kam es zu spontanen Aufständen. Die erschreckten Regierungen zeigten sich zunächst nachgiebig. So hob der »Deutsche Bundestag« in Frankfurt die Zensur für Druckschriften auf, erklärte den alten deutschen Reichsadler zum deutschen Wappen und Schwarz-Rot-Gold zu den Farben des Deutschen Bundes. Am 5. März 1848 beschlossen einundfünfzig Demokraten in Heidelberg die Einberufung eines Vorparlaments nach Frankfurt am Main. Am 13. März kam es auch in Wien zur Revolution. Metternich, seit 1806 Staatsminister und Symbol der alten Mächteordnung in Europa, floh nach Großbritannien. Die Bevölkerung jubelte.

In Berlin versuchte König Friedrich Wilhelm unter dem Eindruck des Metternich-Sturzes, den Bürgern mit einem liberalen Programm zu gefallen. Am 18. März verkündete er die Aufhebung der Zensur, berief den Vereinigten Landtag ein und bekannte sich zur Notwendigkeit einer »konstitutionellen Verfassung« für Deutschland. Das Echo der Bürger war zwiespältig. In der Nacht vom 18. zum 19. März forderten blutige Straßenkämpfe zwischen Militär und Bürgern mehr als zweihundert Tote: die »Märzgefallenen«. Am Morgen des 19. März ließ der König den Kampf einstellen und ordnete den Abzug der Truppen aus Berlin an. Die Revolution hatte in der preußischen Hauptstadt gesiegt. In seinem Bedürfnis nach Zustimmung stellte sich der König nunmehr öffentlich auf die Seite der Revolutionäre und nahm mit seiner Familie an der Ehrung für die »Märzgefallenen« auf dem Schloßplatz teil. Am 21. März unternahm er gemeinsam mit den neuberufenen Ministern den berühmt gewordenen »Umritt durch die Residenzstadt«, am Arm die schwarz-rot-goldenen Farben. In seinen Ansprachen verkündete er das Programm einer preußischen Politik für nationale Einheit und Freiheit. Vor der Berliner Universität sagte er: »Ich trage die Farben, die nicht mein sind, aber ich will keine Krone, keine Herrschaft, ich will Deutschlands Freiheit, Deutschlands Einigkeit, ich will Ordnung, das schwöre ich zu Gott.« Die Studenten und die Bürger jubelten. In einer offiziellen Proklamation vom gleichen Tage versprach der König noch mehr: »Deutschland wird sich mir mit Vertrauen anschließen ... Preußen geht fortan in Deutschland auf.«

Ein Straßenplakat vom 21. März belegt die Stimmung und die Hoffnung vieler Bürger:

An die deutsche Nation!
Eine neue, glorreiche Geschichte hebt mit dem heutigen Tage für Euch an! Ihr seid fortan wieder eine einige große Nation, stark, frei und mächtig im Herzen Europas!
Preußens Friedrich Wilhelm IV. hat sich, im Vertrauen auf Euren heldenmüthigen Beistand und Eure geistige Wiedergeburt, zur Rettung Deutschlands an die Spitze des Gesamt-Vaterlandes gestellt.
Ihr werdet Ihn mit den alten, ehrwürdigen Farben Deutscher Nation noch heute zu Pferde in Eurer Mitte erblicken.
Heil und Segen dem konstitutionellen Fürsten, dem Führer des gesamten Deutschen Volkes, dem neuen Könige der freien wiedergeborenen Deutschen Nation!
Berlin, den 21. März 1848.

Doch der Versuch des Königs, seine innenpolitische Niederlage gleichsam durch die nationalrevolutionäre Flucht nach vorn wettzumachen, war allzu durchsichtig. Für eine Führungsrolle in Deutschland hatte der preußische König keine Legitimation. Die Augen der Deutschen richteten sich eher nach Frankfurt am Main, wo das Vorparlament zusammentrat. Vom 31. März bis zum 3. April 1848 tagten in der Paulskirche 574 Abgeordnete aus ganz Deutschland. Unter ihnen waren die Liberalen in der Mehrzahl. Ihr Wortführer, Heinrich von Gagern, formulierte ihr Programm: »Freiheit, Volkssouveränität, Monarchie.«

Doch die radikale Minderheit war damit nicht zufrieden. Ihr Vertreter, Gustav von Struve, forderte die Aufhebung der Monarchie, eine föderative Republik nach dem Muster der USA, die Abschaffung des Berufsmilitärs und des Berufsbeamtentums sowie die Trennung von Kirche und Staat. Um den revolutionären Schwung nicht zu verlieren, wollte Struve das Vorparlament bis zum Zusammentritt der gewählten Nationalversammlung tagen lassen und mit einem Exekutivausschuß die »Wiederherstellung Deutschlands« vorbereiten.

Mitte April verließ der badische Abgeordnete Friedrich Hecker mit vierzig Anhängern das Vorparlament und entfesselte in Südbaden einen Aufstand. Er wollte eine deutsche Republik erzwingen. In Konstanz riefen die Revolutionäre eine provisorische republikanische Regierung aus. Doch der badische Aufstand endete schließlich mit einer völligen Niederlage.

Am 18. Mai 1848 trat in der Frankfurter Paulskirche die erste Deutsche Nationalversammlung zusammen. Die Begeisterung, mit der die Deutschen die Anfänge ihres ersten Parlaments begleiteten, war enorm und gab den Abgeordneten in den ersten Monaten ein großes Selbstbewußtsein. Der Liberale Heinrich von Gagern wurde zum Präsidenten der Nationalversammlung gewählt. In seiner Antrittsrede sagte er: »Wir haben die größte Aufgabe zu erfüllen. Wir sollen schaffen eine Verfassung für Deutschland, für das gesamte Reich. Der Beruf und die Vollmacht zu dieser Schaffung, sie liegen in der Souveränität der Nation.«

An dieser Stelle unterbrach ihn stürmischer Beifall. Dann fuhr er fort: »Den Beruf und die Vollmacht, dieses Verfassungswerk zu schaffen, hat die Schwierigkeit in unsere Hände gelegt, um nicht zu sagen die Unmöglichkeit, daß es auf anderem Wege zustande kommen könnte. Die Schwierigkeit, eine Verständigung unter den

Regierungen zustande zu bringen, hat das Vorparlament richtig vorgefühlt und uns den Charakter einer konstituierenden Versammlung vindiziert. Deutschland will eins sein, ein Reich, regiert vom Willen des Volkes, unter der Mitwirkung aller seiner Gliederungen; diese Mitwirkung auch den Staaten-Regierungen zu erwirken, liegt mit in dem Beruf dieser Versammlung. Wenn über manches Zweifel besteht und Ansichten auseinandergehen, über die Forderung der Einheit ist kein Zweifel, es ist die Forderung der ganzen Nation.«

Das Frankfurter Parlament war eine Versammlung der bedeutendsten Männer der Zeit, unter ihnen die Dichter und Wissenschaftler Ernst Moritz Arndt, Ludwig Uhland, Jakob Grimm. Auch der badische Liberale Karl Welcker, dem das erste Singen des Deutschlandliedes in Hamburg 1841 gegolten hatte, war dabei. Gewiß war es das gebildetste Parlament der deutschen Geschichte, doch es blieb eine rein bürgerliche Versammlung. Unter den sechshundert Abgeordneten gab es viele Gelehrte, Kaufleute, Beamte und Industrielle, aber nur einen einzigen Bauern und keinen Arbeiter.

Zunächst erkannten nur wenige die Schwierigkeiten, vor denen die Deutsche Nationalversammlung stand, die eine Verfassung für einen noch nicht existierenden Deutschen Nationalstaat schaffen sollte. Der Streit um die Grenzen des künftigen Reiches – etwa um die schleswig- holsteinische Frage oder um die Rolle des Vielvölkerstaates Österreich – führte zu heftigen Auseinandersetzungen.

Die Frage einer provisorischen Zentralgewalt wurde jedoch vergleichsweise einfach gelöst. Auf Vorschlag Heinrich von Gagerns wurde am 28. Juni mit einer Mehrheit von 436 gegen nur 112 Abgeordnete der österreichische Erzherzog Johann zum sogenannten Reichsverweser gewählt. Der Erzherzog, der jüngste Bruder Kaiser Franz I., nahm die Wahl ohne Zögern an.

Nach zweiundvierzig Jahren hatte Deutschland damit wieder ein gemeinsames Oberhaupt. Streng genommen jedoch nach zweihundert Jahren. Denn 1648 war die deutsche Kaisermacht durch den Westfälischen Frieden arg beschnitten, war das Heilige Römische Reich Deutscher Nation in seiner Bedeutung zurückgestutzt worden.

Der Einzug Erzherzog Johannes in Frankfurt wurde zu einem triumphalen Ereignis. Er selbst schien sich in der Hoffnung zu wiegen, eine Art Volkskaiser eines wiedervereinigten deutschösterreichischen Reiches zu sein. Das »Reichsgesetz über die Einführung einer provisorischen Zentralgewalt für Deutschland«, das die Nationalversammlung verabschiedet hatte, verlieh ihm den militärischen Oberbefehl und die völkerrechtliche Vertretung Deutschlands. Wie es das Gesetz ebenfalls vorsah, berief der Reichsverweser ein Reichsministerium ein – die erste gesamtdeutsche Regierung.

Der Bundestag, der seit 1816 in Frankfurt getagt hatte, beschloß im Namen seiner neununddreißig Regierungen, alle seine verfassungsmäßigen Rechte an die neue provisorische Zentralgewalt, insbesondere in die Hände des Reichsverwesers, zu übergeben. Er sprach nunmehr die Erwartung aus, daß »für die Einheit, die Macht und die Freiheit Deutschlands Großes und Erfolgreiches erzielt« werde, und erklärte seine bisherige Tätigkeit für beendet.

Mit der Wahl des Erzherzogs zum Reichsverweser war ein geschickter Ausweg aus vielerlei Schwierigkeiten gefunden worden, der eine breite Zustimmung fand. Auf der »rechten« Seite stimmte man für ihn, weil er ein Erzherzog war, auf der »linken« Seite war man froh, daß man mit ihm den alten Bundestag los war.

Am 15. Juli 1848 wandte sich der Reichsverweser an »das deutsche Volk«. In der Proklamation hieß es unter anderem: »Deutsche! Nach Jahren des Druckes wird Euch die Freiheit voll und unverkürzt gewährt. Ihr verdient sie, denn Ihr habt sie mutig und beharrlich erstrebt. Sie wird Euch nimmer entzogen, denn Ihr werdet wissen sie zu wahren.

Eure Vertreter werden das Verfassungswerk für Deutschland vollenden. Erwartet es mit Vertrauen. Der Bau will mit Ernst, mit Besonnenheit, mit echter Vaterlandsliebe geführt werden. Dann aber wird er dauern, fest wie Eure Berge. . . . Deutsche! Laßt mich hoffen, daß sich Deutschland eines ungestörten Friedens erfreuen werde. Ihn zu erhalten ist meine heiligste Pflicht. Sollte aber die deutsche Ehre, das deutsche Recht gefährdet werden, dann wird das tapfere deutsche Heer für das Vaterland zu kämpfen und zu siegen wissen.«

Doch schon bei der Frage der Vereidigung des gesamten deutschen Militärs auf den Reichsverweser zeigte sich ab Mitte Juli deutlich, daß die beiden deutschen Vormächte Österreich und Preußen keineswegs gewillt waren, sich der Zentralgewalt unterzuordnen. Da sich die Reichsregierung mit der Weigerung dieser beiden Staaten, ihre Truppen dem Reichsverweser zu unterstellen, abfand und zugleich darauf verzichtete, ein nationales Volksheer aufzubauen, blieb die neue deutsche Zentralgewalt ohne militärische Macht – ein Hauptgrund für ihr späteres Scheitern.

Eine der wichtigsten Fragen, denen sich Nationalversammlung und Reichsregierung zuwenden mußten, war das Problem der Grenzen des neuen Nationalstaates. Der Versuch, die europäische Staatenwelt nach nationalen Kriterien neu zu ordnen, bedrohte das Habsburger Vielvölkerreich. Im Oktober 1848 beschloß die Nationalversammlung eine Regelung, nach der die zum Deutschen Bund gehörenden österreichischen Gebiete – auch Böhmen und Mähren zählten dazu – dem neuen Nationalstaat einverleibt werden sollten. Dieser »großdeutschen« Lösung stellte sich schon Ende November die neue österreichische Regierung unter dem Fürsten von Schwarzenberg entgegen: Dieser erklärte unmißverständlich: »Nicht in dem Zerreißen der Monarchie liegt die Größe, nicht in ihrer Schwächung die Kräftigung Deutschlands. Österreichs Fortbestand in staatlicher Einheit ist ein deutsches, wie europäisches Bedürfnis.«

Das war eine klare Abfuhr für die nationalstaatlichen Pläne der »Paulskirche«. Daraufhin begannen sich die politischen Lager in »Großdeutsche« und »Kleindeutsche« zu spalten. Die »Kleindeutschen« wollten einen Staat ohne Österreich mit einem preußischen Erbkaiser, aber ergänzend einen völkerrechtlich »ewigen« Bund mit dem österreichischen Kaiserstaat.

Diesem Lager spielte das Verhalten Wiens in die Hände. Dort wurde der österreichische Reichstag aufgelöst und dem Land eine Verfassung aufgezwungen, die die staatliche Einheit des österreichischen Gesamtstaates festschrieb. Am 9. März 1849 legte Ministerpräsident Fürst Schwarzenberg der Frankfurter Regierung und der Nationalversammlung in ultimativer Form ein Verfassungsprojekt vor, das den unbedingten Gesamteintritt Österreichs vorsah. An der Spitze sollte ein Reichsstatthalter stehen, dessen Amt im jährlichen Wechsel der Kaiser von Österreich und der König von Preußen bekleiden würden. In einem Staatenhaus aus Vertretern der einzelstaatlichen Kammern sollte Österreich gemäß seiner Bevölkerungszahl die Mehrheit haben. Nach diesem Überrumpelungsversuch der österreichischen Regierung verloren die »Großdeutschen« an Boden.

Am 27. März 1849 kam es zur Abstimmung über eine Reichsverfassung, die Österreich mitsamt seinen deutschen Gebieten ausschloß. Die Chance, alle Deutschen in einem Staat zu vereinen, war am Verhalten Österreichs gescheitert.

Einen Tag später wurde die Wahl des preußischen Königs Friedrich Wilhelm IV. zum erblichen deutschen Kaiser vorgeschlagen und mit 290 Stimmen bei 248 Enthaltungen beschlossen. Am 3. April 1849 bot eine Abordnung der Nationalversammlung dem preußischen König in Berlin die deutsche Kaiserkrone an. Doch dieser lehnte den aus »Dreck und Letten [d. h. Lehm] gebackenen Reif«, wie er später unter Berufung auf sein »Gottesgnadentum« sagte, ab. Der »Ludergeruch der Revolution«, der dieser Krone anhing, war ihm Grund genug, sich nicht an die Spitze eines deutschen Nationalstaates zu stellen. Somit war auch die »kleindeutsche« Lösung gescheitert.

Zwar erkannten achtundzwanzig deutsche Staaten die in Frankfurt verabschiedete Reichsverfassung an, doch da die größten und stärksten Länder – Österreich, Preußen, Sachsen und Hannover – ihr die Anerkennung verweigerten, scheiterte die deutsche Einigung. Aus der Frankfurter Nationalversammlung wurden die österreichischen und preußischen Delegierten abberufen. Andere Staaten folgten. Viele Abgeordnete traten freiwillig zurück. Eine Minderheit zog am 30. Mai 1849 als »Rumpfparlament« nach Stuttgart. Am 18. Juni wurde dieses von württembergischem Militär aufgelöst.

Das Scheitern der deutschen Einigungsbemühungen und das Wiedererstarken der Monarchen wurde jedoch von vielen Bürgern nicht hingenommen. In der Pfalz, in Sachsen und in Baden kam es im Mai 1849 zu bewaffneten Aufständen. In Baden gelang es den Aufständischen, den ganzen Staat mitsamt Behördenapparat, Staatsschatz und dem Gros des Heeres für die Revolution zu gewinnen. Eine provisorische Regierung übernahm die Staatsgewalt. Doch auch diese Revolution scheiterte. Am 23. Juli mußte sich nach langer Belagerung durch Truppen unter dem Kommando des Prinzen Wilhelm von Preußen die Festung Rastatt, das letzte Bollwerk der deutschen Revolution, ergeben. Viele Revolutionäre wurden gleich erschossen oder später hingerichtet. Keine Einheit, keine Freiheit – Hunderttausende enttäuschter Deutscher verließen ihr Vaterland. In Baden war es ein Fünftel der Bevölkerung. Die meisten von ihnen gingen nach Amerika.

Die Einigung der neununddreißig deutschen Staaten unter der

Fahne Schwarz-Rot-Gold, den Farben der Deutschen Burschenschaft, des Hambacher Festes und der Patrioten des Vormärz war gescheitert. Am 1. September 1850 wurde in Frankfurt der Bundestag wieder eröffnet, das alte Organ des Deutschen Bundes, in dem nun wieder die Gesandten der einzelnen Regierungen saßen. 1852 bezweifelte man in diesem Gremium die Rechtmäßigkeit des Bundestagsbeschlusses vom 9. März 1848, mit dem das Schwarz-Rot-Gold zur Farbe des Bundes erklärt worden war. Am 15. August 1852 wurde mit Zutun des neuen preußischen Bundestagsgesandten Otto von Bismarck die seit mehr als vier Jahren auf dem Frankfurter Amtsgebäude des Bundes wehende schwarz-rot-goldene Fahne eingeholt.

Obwohl rein rechtlich die Farben Schwarz-Rot-Gold als einziges gemeinsames deutsches Symbol bis zur Auflösung des Deutschen Bundes im Jahre 1866 Gültigkeit hatten, verschwanden sie in der Öffentlichkeit mehr und mehr. Die deutschen Liberalen, vor allem in Franken und im Südwesten, fühlten sich jedoch weiter diesen Farben und dem, wofür sie standen, verbunden.

Das »Lied der Deutschen«, das die Einigung Deutschlands beschwor, wurde zwar in den Revolutionsjahren 1848/49 häufig gesungen, doch an die Wahl einer gemeinsamen Hymne durch die Frankfurter Nationalversammlung war nicht zu denken. Daß das Lied jedoch auch in Österreich verstanden wurde, darüber gibt das Gedicht des Wieners Robert Zimmermann Aufschluß, das im ersten Revolutionsjahr erschien. Die sechste und siebte Strophe seines »Deutschland über alles: Als mein Land gefesselt war« lauten:

> Preußen nicht, noch Österreich mehr,
> Bayern nicht, noch Sachsen,
> Deutschland über alles hehr
> Sprossen soll's und wachsen,
> Nord und Süden Hand in Hand,
> Frei zum Himmel schall' es
> Ungepreßt und unverwandt:
> Deutschland über alles!
>
> Wem's nicht über alles gilt,
> Der wird's nie gewinnen,
> Mit nur oder auf dem Schild
> Trag' man mich von hinnen;

Soll im heil'gen Kampf mein Blut
Fließen, nun so wall' es,
Fallend ruf' ich wohlgemut
Deutschland über alles!

Die fünfziger Jahre waren für alle deutschen Liberalen eine Zeit der Hoffnungslosigkeit. Es herrschte die Stickluft politischer Erstarrung. 1859, als der zwischen Österreich und Frankreich ausgebrochene Krieg auf Deutschland überzugreifen drohte und Wünsche nach der deutschen Einheit wieder auflebten, glaubte auch Hoffmann, »auf seine Weise sich rüsten zu müssen«. So stellte er ein neues Heft zusammen, das Anfang Juni unter dem Titel *Deutschland über Alles! Zeitgemäße Lieder* im Leipziger Verlag Voigt und Günther erschien. Das Deutschlandlied rangierte an der Spitze. Doch der Erfolg war mäßig. Ein Jahr später schrieb Hoffmann an einen Weimarer Freund: »Von Deutschland über Alles ist wohl weiter keine Rede. Ich habe bis jetzt keinen Pfennig Honorar bekommen. Den Herren ist wohl Deutschland über Alles nicht mehr wert.«

Ein großes deutsches Reich – wenn auch mit Ausschluß Österreichs – sollte nicht durch das Wirken von Volksvertretern, sondern durch den Willen eines Politikers entstehen. »Nicht durch Reden und Majoritätsbeschlüsse werden die großen Fragen der Zeit entschieden – das ist der große Fehler von 1848/49 gewesen –, sondern durch Eisen und Blut« – dieser Ausspruch Bismarcks vom 29. September 1862, den er als preußischer Ministerpräsident dem Abgeordnetenhaus entgegenhielt, wurde zum neuen politischen Programm in Preußen

Nach dem Scheitern der Revolution von 1848/49 war die wichtigste Frage, wie sich die beiden deutschen Großmächte Preußen und Österreich die Macht in Deutschland teilen würden. Der Deutsche Zollverein, dem Österreich nicht angehörte, brachte eine große Beschleunigung in Handel und Gewerbe. Zwischen 1853 und 1856 schnellte der Export des Zollvereins von 356 auf 456 Millionen Taler hinauf, während Österreich im selben Zeitraum von 184 auf 150 Millionen Taler zurückfiel. Während das Handelsvolumen des Zollvereins schneller zunahm als der Welthandelsumsatz, nahm Österreich an diesem Wirtschaftsaufstieg nicht teil. Es sah sich durch den Zollverein unter Preußens Führung zunehmend herausgefordert.

1859 bis 1862 wurden zwischen Österreich, Preußen und den Staaten des »dritten« Deutschlands Verhandlungen über eine Bundesreform geführt. Preußen forderte eine gleichberechtigte Stellung im Präsidium des Bundestages. Österreich verweigerte dies, verlangte aber seinerseits den Eintritt in den Deutschen Zollverein.

1863 berief der österreichische Kaiser Franz Josef einen Fürstentag nach Frankfurt ein. Er wollte die Festigung und Reformierung des Deutschen Bundes im österreichischen Sinne durchsetzen. Diese Initiative des Kaisers fand in der deutschen Öffentlichkeit ein großes Echo. Der Dichter Friedrich Hebbel zum Beispiel begrüßte die Nachricht von der bevorstehenden Versammlung in Frankfurt mit den Worten: »Jetzt wird Deutschland sich einigen und mit den deutschen Provinzen Österreichs ein großes Reich bilden. Was soll es mit all den kleinen Königen, Herzögen, Kurfürsten, die müssen vor der künftigen Majestät ihre Krönlein ablegen und die Vasallen eines mächtigen deutschen Kaisers werden. Ich will dann eine Reichshymne dichten, die mit den Worten begönne: ›Gott vernichte, Gott zerspalte Grenzenpfähle, Länderschranken.‹«

Bismarck, der einen Erfolg für Österreich befürchtete, hatte seinen König dazu bringen können, seine Teilnahme abzusagen. Doch keiner der anderen deutschen Fürsten hatte gewagt, der Absage des preußischen Königs zu folgen. Als der Kaiser erschien, wurde am Bundestagspalais, das ihm als Residenz diente, unter großem Beifall des Publikums die schwarz-rot-goldene Fahne aufgezogen, die dort seit 1851 nicht mehr geweht hatte.

Am 18. August 1863 begannen die Beratungen der österreichischen Initiative. Sie sah im wesentlichen vor: Schaffung einer Exekutivgewalt durch ein fünfköpfiges Bundesdirektorium, das aus Österreich, Preußen, Bayern und zwei wechselnden Mitgliedern bestehen sollte; Neuerrichtung einer Versammlung von 302 Bundesabgeordneten; Wahrung der »Machtstellung Deutschlands« nach außen, Förderung der »Wohlfahrt der deutschen Nation«.

Am 19. August wurde der sächsische König Johann von der Fürstenversammlung beauftragt, nach Baden-Baden zu reisen, um den preußischen König, der dort zur Kur weilte, doch noch zur Teilnahme in Frankfurt zu bewegen. König Wilhelm hatte Frau und Tochter mit; beide waren für die Annahme der Einladung. Der sächsische König warb mit dem Argument: »Dreißig regierende Herren und ein König als Kurier!« Doch Bismarck gelang es, den König zur Beibehaltung seiner Absage zu bewegen. Am Abend bekam der preußische König, der sich in einem tiefen Zwiespalt befunden hatte, einen Weinkrampf.

Die endgültige Absage Preußens war der Grund für das Scheitern der österreichischen Ziele. An einen Sonderbund mit Österreich ohne Preußen dachte keiner der anderen Staaten. Das politische Ergebnis des Fürstentages, der von so vielen Hoffnungen begleitet war, blieb gleich Null.

Nach dem Scheitern der von Österreich initiierten Reform des Bundes brachte der Krieg um Schleswig-Holstein 1864 für Wien ein weiteres Debakel. Österreich und Preußen hatten gemeinsam gegen Dänemark gekämpft. Der Sieg über die Dänen und die Waffenbrüderschaft von Preußen und Österreich wurden in ganz Deutschland mit großer Begeisterung gefeiert. Doch um die gemeinsame Verwaltung der Herzogtümer Schleswig und Holstein kam es zum offenen Streit, der schließlich im Krieg zwischen Preußen und Österreich von 1866 endete, den Österreich verlor. Genauer gesagt war es ein Krieg Preußens gegen den Deutschen Bund, denn auf der Seite Österreichs standen alle größeren Bundesstaaten, nämlich Bayern, Württemberg, Baden, Sachsen, Hannover, Kurhessen und Hessen-Darmstadt. Am 11. Juni 1866 hatte Österreich die Mobilisierung des ganzen nichtpreußischen Bundesheeres beantragt, um »für die innere Sicherheit Deutschlands und die bedrohten Rechte seiner Bundesglieder« Schutz zu finden.

Der deutsch-deutsche Krieg dauerte rund sechs Wochen. Auf preußischer Seite standen die meisten der kleineren Staaten Nord- und Mitteldeutschlands. Rasch gelang es den modern geschulten und bewaffneten preußischen Armeen, Kurhessen und das Königreich Hannover zu überrennen. Am 16. Juli waren sie in Frankfurt. Der Bundestag war zuvor nach Augsburg geflohen. Am 3. Juli kam es zur Entscheidungsschlacht bei Königgrätz in Böhmen. Auf beiden Seiten standen sich mehr als zweihunderttausend Mann gegenüber. Bismarck und der preußische König waren zum Armeekommando gestoßen und verfolgten die Schlacht, die auf preußischer Seite der Generalstabschef Helmuth von Moltke führte. Die Österreicher und ihre Verbündeten verloren die Schlacht, ihre Verluste waren viermal höher als die der Preußen.

Auch wenn hier Deutsche gegen Deutsche kämpften, war es

kein Bürgerkrieg, der mit großen Emotionen oder gar Haß geführt worden wäre. Es war ein Kabinettskrieg im alten Stil. Helmuth von Moltke schrieb später: »Der Krieg von 1866 war nicht aus der Notwehr gegen die Bedrohung der eigenen Existenz entsprungen, auch nicht hervorgerufen durch die öffentliche Meinung und die Stimme des Volkes. Es war ein im Kabinett als notwendig erkannter, längst beabsichtigter und ruhig vorbereiteter Kampf nicht um Ländererwerb, Gebietserweiterung oder materiellen Gewinn, sondern für ein ideales Gut – für Machterweiterung.«

Auf dem Schlachtfeld von Königgrätz umarmte der preußische Kommandeur Hiller von Gärtringen einen zu Tode verwundeten österreichischen General mit den Worten: »Wir sind doch alle Deutsche.« Aber mit der militärischen Entscheidung zwischen Österreich und Preußen war der Deutsche Bund, der fünf Jahrzehnte bestanden hatte, am Ende. Der Prager Friede beendete den tausendjährigen staatsrechtlichen Zusammenhang von Österreich und Deutschland. Im Artikel IV hieß es: »Seine Majestät der Kaiser von Österreich erkennt die Auflösung des bisherigen Deutschen Bundes an und gibt seine Zustimmung zu einer neuen Gestaltung Deutschlands ohne Beteiligung des österreichischen Kaiserstaates.«

Das bedeutete die endgültige politische Spaltung des deutschen Volkes, auch wenn das den Deutschen damals nicht so klar vor Augen stand. Es bedeutete einen tiefen, welthistorischen Einschnitt. Es bleibt freilich Spekulation, wie die deutsche und die europäische Geschichte verlaufen wären, wenn der deutsch-deutsche Krieg zugunsten Österreichs ausgegangen wäre. Für die Anhänger Österreichs in Deutschland waren Königgrätz und der Prager Friede ein schwerer Schicksalsschlag. Der Mainzer Bischof von Ketteler schrieb an den Kaiser Franz Josef, ein Deutschland ohne Österreich und ohne das Kaiserhaus sei kein Deutschland mehr. Diese Stimmung war vor allem im katholischen Süden Deutschlands weit verbreitet.

Der Traum Hoffmann von Fallerslebens – »Kein Österreich, kein Preußen mehr, ein einzig Deutschland hoch und hehr« – war nun endgültig zerplatzt. In Deutschland mußte es ohne Österreich weitergehen. Eine große staatsmännische Leistung Bismarcks war es, mit dem unterlegenen Österreich einen Frieden der Mäßigung abzuschließen. Er drohte sogar mit Selbstmord, um den preußischen König für seine Auffassungen zu gewinnen, daß es keine Annexionen und nicht die Demütigung eines militärischen Einzugs in Wien geben dürfe. Der Sieger habe kein Richteramt, den Besiegten dürfe man nicht zum Verbrecher stempeln!

Am 18. August 1866 schloß Bismarck mit den siebzehn norddeutschen Kleinstaaten, die auf preußischer Seite gekämpft hatten, den Norddeutschen Bund. Sachsen, Sachsen-Meiningen und Hessen-Darmstadt nördlich des Mains traten ebenfalls bei. Bei den Wahlen zum Verfassungsgebenden Norddeutschen Reichstag gab es das allgemeine, gleiche und direkte Wahlrecht, das der Reichsverfassung der Frankfurter Paulskirche entsprach. Die Verfassung des Norddeutschen Bundes bildete später die Grundlage der deutschen Reichsverfassung. Bismarck wurde der erste Bundeskanzler des neuen politischen Gebildes. Eine Zeitlang spielte er mit dem Gedanken, den preußischen König zum Kaiser des Norddeutschen Bundes zu machen.

Quer durch Deutschland lief jetzt eine politische Trennlinie. Der Süden wollte zwar am wirtschaftlichen Aufschwung teilhaben, aber die Wahlen zum Zollparlament 1867/68 wurden zu einem Plebiszit gegen Preußen. In Württemberg gewannen die Preußengegner mit der warnenden Parole: »Steuer zahlen . . . Maul halten . . . Soldat sein!« Doch 1868 vereinigte das Zollparlament zum erstenmal alle nord- und süddeutschen Abgeordneten. Es kam zur Vereinheitlichung der Maße und Gewichte und des Handelsrechts. 1869 folgten die Einsetzung eines Obersten Handelsgerichts in Leipzig und die Einführung der Gewerbeordnung mit der allgemeinen Gewerbefreiheit, die vom Norddeutschen Bund übernommen wurde. Mit der Einigung im Zollparlament konnte zwar die wirtschaftliche, aber nicht die politische Angleichung erreicht werden. Bei den Verfechtern einer nationalen politischen Vereinigung blieben Resignation und Pessimismus.

Eine außenpolitische Kontroverse schließlich wird der Auslöser zu einem Krieg zwischen Frankreich und den deutschen Staaten, der am Ende ihre Einigung herbeiführt. Spanien hatte einem Prinzen aus dem preußischen Hohenzollerngeschlecht die Königskrone angeboten. Frankreich, das die Vereinigung der deutschen Staaten bekämpfte, befürchtete nun eine Einkreisung durch Spanien und Deutschland wie zur Zeit des Habsburgers Karl V. im 16. Jahrhundert. Aufgrund der französischen Proteste war der preußische Erbprinz Leopold bereit, auf eine Kandidatur zu verzichten, wenn der preußische König es wünsche. Die französische

Regierung schickte ihren Botschafter Benedetti nach Bad Ems, wo König Wilhelm zur Kur weilte. Dort forderte der Franzose eine Erklärung des Königs, daß er dem Erbprinzen befohlen habe, auf die spanische Krone zu verzichten. Darüber hinaus sollte er sich beim französischen Kaiser Napoleon III. entschuldigen. Andernfalls wäre ein Krieg unvermeidlich.

Am 13. Juli 1870 erreichte Bismarck in Berlin eine Depesche des Königs, in der die Ereignisse in Bad Ems geschildert wurden. Bismarck redigierte den Text und gab ihn zur Veröffentlichung frei. Das zeigte Wirkung. Aus der Herausforderung durch Frankreich war eine Blamage Frankreichs geworden. Die Begeisterung über diese Zurückweisung der Anmaßung des westlichen Nachbarn war im Süden nun genauso stark wie im Norden. Der preußische König, der seine Badekur beendete und nach Berlin zurückkehrte, wurde auf den Bahnhöfen umjubelt. Seiner Frau schrieb er: »Ich habe so etwas nicht für möglich gehalten. Mich erfüllt eine komplette Angst vor diesem Enthusiasmus.«

Am 16. Juli bereits gab der bayerische König Ludwig II. den Befehl zur Mobilisierung. Am 19. Juli erklärte Frankreich Deutschland den Krieg. Damit traten die Schutz- und Trutzbündnisse in Kraft, die zwischen dem Norddeutschen Bund und den süddeutschen Staaten bestanden.

Am 8. August begannen die deutschen Armeen ihre Offensive. Am 2. September bereits kapitulierte die eingeschlossene französische Armee bei Sedan. Unter den Gefangenen war auch der französische Kaiser. Zwei Tage später wurde in Paris die Republik ausgerufen.

Nun trat der Krieg in eine neue Phase. Der neue französische Innenminister Gambetta verstand es, aus der Asche des gescheiterten Kabinettskrieges eine Volkserhebung gegen die Deutschen anzufachen. Aber die Übermacht der Deutschen, die Paris eingeschlossen hatten, wurde auch damit nicht gebrochen.

Während der Belagerung von Paris hatte Bismarck sein Hauptquartier in Versailles aufgeschlagen und Verhandlungen mit den Vertretern der süddeutschen Staaten aufgenommen. Am 15. November 1870 unterschrieben Hessen und Baden einen Vertrag mit dem Norddeutschen Bund, am 23. November folgte Bayern, am 25. November Württemberg. Rechtlich handelte es sich um die Aufnahme neuer Mitglieder in einen Zweckverband, der aber nun seine Bezeichnung »Norddeutscher Bund« unmöglich beibehalten konnte. Bismarck wollte ein »Deutsches Reich« mit einem Kaiser als Oberhaupt. Für den preußischen König hatten nur die deutschen Fürsten das Recht zu einem solchen Angebot, und er weigerte sich zunächst, Bismarcks Vorstellungen zu übernehmen. Er war der Meinung, daß die Kaiserwürde seinen preußischen Königstitel, den er über alles liebte, degradieren würde. Den Ausschlag gab schließlich die Haltung des bayerischen Königs Ludwig II., der den preußischen König, seinen Onkel, bat, die Kaiserkrone anzunehmen. Nun mußte Wilhelm I. auch der Bezeichnung »Deutscher Kaiser« zustimmen. Noch am Vorabend der Kaiserproklamation vom 18. Januar 1871 sagte er: »Ich mache mir nicht ein Haar breit daraus und halte zu Preußen« und »Morgen ist der unglücklichste Tag meines Lebens. Da tragen wir das preußische Königtum zu Grabe, und daran sind Sie, Graf Bismarck schuld.«

Am 18. Januar 1871 um zwölf Uhr mittags versammelten sich im Spiegelsaal des Schlosses von Versailles, in dessen Mitte ein Altar errichtet worden war, die deutschen Fürsten. Bismarck verlas die Proklamierung, und der badische Großherzog brachte das erste Hoch auf den deutschen Kaiser aus, das von der Versammlung aufgegriffen wurde.

Für die große Mehrheit der Deutschen ging mit diesem Akt der uralte Kaisertraum in Erfüllung. Was die Patrioten von 1848 erträumt und erhofft hatten, die Gründung eines neuen Reiches, war Wirklichkeit geworden, wenn auch nicht durch die Kraft der Bürger, sondern durch die politische Schläue eines Bismarck, den Friedrich Engels einen »preußischen Revolutionär von oben« genannt hatte.

Am 3. März 1871 wurde von Nord bis Süd der erste deutsche Reichstag gewählt, der das Zollparlament und den Reichstag des Norddeutschen Bundes ersetzte. Am 21. März wurde er im Weißen Saal des Königlichen Schlosses zu Berlin mit Pomp und höfischem Zeremoniell eröffnet. Um die Größe des Tages zu unterstreichen, war aus der Pfalz zu Goslar der Thronsessel Heinrichs III. herbeigeschafft worden. Preußische Generale hielten die alten Reichsinsignien in den Händen. Die Reichstagsabgeordneten wirkten in dieser Kulisse eher wie Statisten.

Während des französisch-deutschen Krieges hatten die deutschen Soldaten an der Front und die Bürger zu Hause dem Lied »Die Wacht am Rhein« mit ihren martialischen Strophen den Vorzug vor Hoffmanns Lied der Deutschen gegeben.

Es braust ein Ruf wie Donnerhall,
Wie Schwertgeklirr und Wogenprall:
Zum Rhein, zum Rhein, zum deutschen Rhein!
Wer will des Stromes Hüter sein?
Lieb' Vaterland, magst ruhig sein:
Fest steht und treu die Wacht am Rhein!

Der Siegeslauf der »Wacht am Rhein« war aus der damaligen Zeit
politisch und volkspsychologisch verständlich. Die französische
Bedrohung war unvergessen, zu frisch war noch die Erinnerung an
die Kriege Napoleons I.

Hoffmann von Fallersleben urteilte nach der französischen
Kriegserklärung: »Gott gebe, und er gibt es, daß wir aus diesem
schweren Kampfe glorreich hervorgehen und der Menschheit den
großen Dienst erweisen, daß mein, unser aller ›Deutschland über
alles‹ zur Wahrheit wird.«

Daß es über den Krieg mit Frankreich zur deutschen Einigung
kam, freute den Dichter und Patrioten, der aber lieber ein Deutschland unter Einbeziehung Deutsch-Österreichs gesehen hätte, ganz
im Sinne der Übernahme der Haydnschen Melodie der österreichischen Kaiserhymne für sein »Lied der Deutschen«.

Daß sein Deutschlandlied gegenüber der »Wacht am Rhein« so
wenig gesungen wurde, ließ Hoffmann 1870 feststellen: »Erfreuli-
cher wäre mir dagegen, wenn endlich einmal mein Lied ›Deutschland, Deutschland über alles‹ zu allgemeiner Geltung gelangte,
also das würde, was es jetzt endlich sein kann: ein Lied für ganz
Deutschland.« Und im Sommer 1871 klagte er:

»Deutschland, Deutschland über alles!«
O wie sang ich es so oft!
Niemals wollt' Erfüllung werden
Was ich lang und heiß gehofft.
Ach! die Tage der Erfüllung
Meiner Hoffnung kamen nicht,
»Deutschland, Deutschland über alles!«
Blieb nur immer mein Gedicht.

Und im Jahre neunundfünfzig
Ward es mir gar wunderbar,
So als böte mir ein Engel

Der Erfüllung Rose dar.
Und ich sang von Deutschland wieder,
Sang in Freud' und Hoffnung nur,
Doch mein »Deutschland über alles!«
Kam und ward – Maculatur.

Daß nach der Gründung des Deutschen Reiches durch die Fürsten nicht vergessen wurde, wie Hoffmann als Burschenschafter gegen die Obrigkeiten zu Felde gezogen war, zeigt folgendes Beispiel. Am 26. Mai 1871 richtete ein Hamburger Freund Hoffmanns eine Eingabe an Bismarck, in der er unter Hinweis auf Hoffmanns vaterländische Gesinnung und patriotische Dichtung um dessen Wiedereinsetzung in seine Professur bat. Die Antwort des preußischen Kultusministers enthielt nur eine kühle Absage. Während dem Komponisten der »Wacht am Rhein« – der Dichter war längst tot – von staatlicher Seite Ehrungen zuteil wurden – Bismarck setzte persönlich für ihn einen jährlichen Ehrensold aus –, blieb dem Dichter des Deutschlandliedes Anerkennung in der breiten Öffentlichkeit versagt.

Am 19. Januar 1874 starb der Schöpfer des »Liedes der Deutschen« sechsundsiebzigjährig in Corvey in Westfalen, wo er mehr als ein Jahrzehnt lang als Bibliothekar, Forscher und Dichter gewirkt hatte. Am Grabe sagte man über ihn: »Er war ein deutscher Mann. Das Wort: ›Ich müßte mich selbst aufgeben, wollte ich den Glauben an ein einiges Deutschland je verlieren‹, ist in seinem Munde keine Phrase gewesen. Und das ist das wunderbar Einheitliche in dem Wesen dieses Mannes, daß von Jugend auf bis in das hohe Greisenalter sein Leben sich stets allen Widerwärtigkeiten zum Trotz auf einer geraden Linie bewegt. Sein Leitstern ist Größe und Ehre des Vaterlandes.« Hoffmanns Freund Ernst Scherenberg sprach sodann die pathetischen Verse:

Deutschland galt Dein erstes Lieben,
Deutschland galt Dein letztes nur;
Ja, Du bist ihm treu geblieben,
Deinem edlen Sängerschwur;
Riefst ihn großen Liederschalles
Jubelnd einst zum Himmelszelt:
»Deutschland, Deutschland über Alles,
Über Alles in der Welt!«

Und du fielst! Aus Deinen Händen
Sank des Liedes Feldherrnstab!
Uns're letzten Grüße senden
Trauernd wir dem Dichtergrab.
Aber dann – wie Donner hall' es –
Steig' der Schwur zum Sternenzelt:
»Deutschland, Deutschland über Alles,
Über Alles in der Welt!«

Auch nach dem Tod des Dichters verzögerte sich der Aufstieg seines Liedes. Die »Wacht am Rhein« dröhnte weiter durch die deutschen Lande. Und die preußische Königshymne wurde nunmehr, da der Hohenzollernherrscher deutscher Kaiser war, zum Staatslied des neuen Reiches. Auch wenn es nicht offiziell dazu erklärt wurde, sangen nun auch die Süddeutschen zu Ehren des Kaisers:

Heil Dir im Siegerkranz,
Herrscher des Vaterlands;
Heil Kaiser, Dir!
Fühl in des Thrones Glanz
die hohe Wonne ganz,
Liebling des Volks zu sein!
Heil, Kaiser, Dir!

Die Melodie war die gleiche wie die der englischen Hymne. Aber auch nach der Schaffung des deutschen Nationalstaates bestanden die einzelnen Länder mit ihren Herrscherhäusern weiter und wachten eifersüchtig über die Unversehrtheit der innerdeutschen Grenzpfähle.

Die Gründung des Deutschen Reiches hätte Anlaß sein können, ein schon bekanntes Lied offiziell zur Reichshymne zu erklären. Doch hat man weder von Staats wegen eine Hymne bestellt, noch hat sich ein Dichter oder Komponist gefunden, der zu Ehren des neuerstandenen Reiches von sich aus etwas Neues geschaffen hätte. Die Ergebnisse eines von einem Verlag veranstalteten Preisausschreibens blieben dürftig. Der Verfasser des Buches *Die Volkshymnen aller Staaten des deutschen Reiches*, Professor O. Boehm, schrieb 1901 resümierend: »... daß das Verlangen nach einer allen Anforderungen genügenden und alle Reichsdeutschen begeisternden Kaiserhymne bis jetzt unerfüllt geblieben ist und wahrscheinlich auch bleiben wird. Denn wenn in den ersten dreißig Jahren seit der begeistert aufgenommenen Neugründung des deutschen Reiches unter preußischer Führung keine der erschienenen Hymnen allgemeine Anerkennung gefunden hat, so müssen wir jetzt wohl überhaupt darauf verzichten, daß für das so große deutsche Reich eine eigene, textlich wie musikalisch völlig neue und allen Anforderungen genügende Hymne entsteht. Da nun aber jeder der folgenden Kaiser dem preußischen Königshause angehören wird, so liegt der schon geäußerte Gedanke nahe, daß die preußische Landeshymne zugleich zur Reichshymne erhoben werden wird.«

In besagtem Buch wurden die Hymnen der einzelnen deutschen Staaten vorgestellt, darunter die von Bayern, Sachsen, Württemberg und Baden. Vom »Lied der Deutschen« war keine Rede, denn weder war es bisher Hymne, noch scheint der Autor etwas für das Lied übrig gehabt zu haben. Es steht jedoch fest, daß um 1900 das Deutschlandlied schon einen recht beträchtlichen Bekanntheitsgrad hatte. 1883 wurde es in Jena bei der Enthüllung des Burschenschaftsdenkmals gesungen, sieben Jahre später ebenfalls in Jena bei der Feier zum fünfundsiebzigsten Jahrestag der Burschenschaftsgründung von 1815. Im Sommer 1890 wurde es bei einer der ersten Bismarck-Huldigungen nach seiner Entlassung als Reichskanzler angestimmt, wobei Bismarck gerührt und ergriffen mit der Hand den Takt zur Melodie schlug.

Im August 1890, bei der Feier der Übergabe der bislang zu Großbritannien gehörenden Insel Helgoland an Deutschland – sie war gegen Sansibar eingetauscht worden –, wurde das »Lied der Deutschen« zum erstenmal bei einem offiziellen Staatsakt gesungen – ein halbes Jahrhundert, nachdem es hier geschrieben worden war.

Um die Jahrhundertwende war Hoffmann von Fallersleben als Dichter des Liedes bekannt und geschätzt, wozu sicher auch die Würdigungen anläßlich seines hundertsten Geburtstags im Jahre 1898 beigetragen hatten. 1901 wurde sein Lied bei der Enthüllung des Bismarck-Denkmals vor dem Reichstagsgebäude in Berlin in Gegenwart des Kaisers angestimmt, der zwei Monate vorher in Bonn seine Rede zur Immatrikulation des Kronprinzen mit »Deutschland, Deutschland über alles« beendet hatte.

Zu Beginn unseres Jahrhunderts gehörte das »Lied der Deutschen« mit der Melodie von Haydn zum festen Bestand der deutschen Schulbücher. Wegen der Bedenken von Pädagogen, die jugendlichen Sänger die deutsche Frau und den deutschen Wein hochleben zu lassen, wurden gelegentlich Hoffmanns Verse verändert. Statt »Deutsche Frauen, deutsche Treue, deutscher Wein und deutscher Sang« hieß es dann: »Deutsche Sitte, deutsche Treue, deutscher Mut und deutscher Sang«.

Aber auch viele Mißdeutungen und mancher Mißbrauch blieben dem Lied schon damals nicht erspart. Als sich in der Gründerzeit unter dem Eindruck des Geleisteten und Erreichten das Selbstgefühl der Deutschen steigerte, wurde das »Deutschland über alles« nur allzu gern als einseitiger Machtanspruch aufgefaßt. Nachdem die nationale Einheit erreicht war und der Sinn des Liedes aus der demokratisch geprägten Vormärzzeit nicht mehr verstanden wurde, geriet es mehr und mehr zum Ausdruck völkischer Selbstüberschätzung, eines übersteigerten Nationalismus und eines inhaltsleeren Hurra-Patriotismus.

Jetzt wurde den Worten »Deutschland über alles!« auch der entstehungsgeschichtlich und sprachlich unmögliche Sinn untergeschoben, daß Deutschland befähigt und berufen sei, über alles in der Welt zu herrschen.

»Westlich Langemarck ...«
Das Lied wird Volkslied

Am Anfang stand ein Heeresbericht. Es ist Mittwoch, der 11. November 1914. Der Erste Weltkrieg ist erst vierzehn Wochen alt, die Fronten sind noch nicht im Schützengrabenkampf erstarrt. An diesem Tag gibt die Deutsche Heeresleitung bekannt: »Westlich Langemarck brachen junge Regimenter unter dem Gesange ›Deutschland, Deutschland über alles‹ gegen die erste Linie der feindlichen Stellungen vor und nahmen sie.«

Manche Sätze machen Geschichte. Dies war einer von ihnen. Es war ein Satz, der eine Metzelei zum Ideal verklärte, einen Mythos schuf, den viele Deutsche drei Jahrzehnte lang mit gläubiger Inbrunst immer mehr als bare Tatsache empfanden, weil sie so empfinden wollten – die »Langemarck-Legende«.

Gewiß: Hunderttausende von Gymnasiasten und Studenten hatten sich nach Kriegsausbruch als Freiwillige gemeldet. Einer von ihnen, der Dichter Ernst Jünger, beschreibt, wie achtzehnjährigen Primanern binnen dreier Tage ein Notabitur, genannt »Kriegsabitur«, verpaßt wurde. Eine Woge nationalen Rausches schwappte damals über England, Frankreich, Rußland – und vor allem über Deutschland. Das »Augusterlebnis« nannten es die Zeitgenossen später in ergriffener Erinnerung. Nie zuvor war die Nation so einig und so einmütig im Glauben, daß das Reich von mißgünstigen Feinden wie dem »schnöden und perfiden Albion« in den Krieg gezwungen worden sei und sich nun »mit der alten Wucht der deutschen Waffen« wehren müsse. In den Straßen deutscher Städte schmückten Mütter, Schwestern, Bräute die Bajonette der ausziehenden Söhne, Brüder, Freunde mit Blumen. Und die Soldaten, schien es, sie marschierten in den Krieg nicht nur mit klingendem Spiel und gutem Gewissen, sondern oft geradezu fröhlich: »Bis Weihnachten sind wir zu Hause.«

Nur wenige bewahrten kaltes Blut und einen kühlen Kopf. Kurt Riezler, Berater des Reichskanzlers Bethmann-Hollweg, schrieb in diesen Tagen eher mit Verwunderung: »Ein ungeheurer, wenn auch wirrer Betätigungsdrang im Volke, eine Gier nach großer Bewegung, aufzustehen für eine große Sache, seine Tüchtigkeit zu zeigen.« Und der Dichter Stefan Zweig, der Ende Juli 1914 mit Freunden an der belgischen Kanalküste kurte, beschrieb den Kriegsausbruch mit staunendem Entsetzen als »Rückfall in die Barbarei«.

Doch das Gros der Nation schwelgte im Gefühl, nun den gerechten Volkskrieg entfesseln zu können. »Deutschland gibt der Welt jetzt ein bleibendes Vorbild ungeheurer Willenskraft«, schreibt der Dichter Richard Dehmel, der sich mit seinen fünfzig Jahren noch als Kriegsfreiwilliger zur Waffe meldet und in seine stürmischen Gesänge auch das Deutschlandlied einflicht:

> Über jedem blitzt das Eisen,
> Das ihn auf die Probe stellt,
> Freu Dich Volk, wir wollen erweisen,
> Daß Du wert bist, Dich zu preisen,
> Über alles in der Welt,
> Deutsches Volk!

Dem Geist der Zeit gemäß, ist hier das »über alles in der Welt« in jenem Sinn gebraucht, der dem »Lied der Deutschen« später so zu schaffen machen sollte: Keine Liebeserklärung an ein Vaterland, sondern eine Proklamierung nationaler Überheblichkeit.

»Ich kenne keine Parteien mehr, ich kenne nur noch Deutsche«, ruft vom Balkon des Berliner Schlosses Kaiser Wilhelm II., und er tut dies im Bewußtsein, daß auch die »vaterlandslosen Gesellen« der Sozialdemokratie sich der nationalen Woge nicht entziehen. Der junge Arbeiterdichter Karl Bröger formuliert in diesen Tagen rechte Knittelverse:

> Immer schon haben wir eine Liebe zu Dir gekannt,
> Doch wir haben sie nie mit einem Namen genannt.
> Herrlich offenbarte es erst Deine größte Gefahr,
> Daß Dein ärmster Sohn auch Dein getreuester war.
> Denk es, o Deutschland.

Ein SPD-Führer wie Heinrich Lersch verstieg sich zu dem Aufruf »Ich glaub' an Deutschland wie an Gott«. Der eher auf dem linken Flügel stehende Konrad Haenisch wehrte sich anfangs noch gegen die Angst, seiner internationalistischen Überzeugung untreu zu werden, bis auch er nach eigenem Bekunden wagte, aus vollem Herzen – mit gutem Gewissen und ohne jede Angst, dadurch zum Verräter zu werden – einzustimmen in den brausenden Sturmgesang: »Deutschland, Deutschland über alles«.

Immerhin: Für die SPD des Kaiserreichs war das Anstimmen der Nationalhymne ein ebenso revolutionärer Akt wie die Bewilligung der Kriegskredite.

Nationale Zeiten brauchen nationale Lieder – »Vaterländisches«. Was hören wir in jenen Tagen in den Straßen, auf den Bahnhöfen deutscher Städte? »Ein feste Burg ist unser Gott« von Martin Luther; die »Wacht am Rhein«, natürlich; die Kaiserhymne, immer noch, das »Heil Dir im Siegerkranz«; das Lied »Vom guten Kameraden«, immer häufiger zum Kriegsende hin, es wurde bald das Grablied der Gefallenen; gelegentlich das »Niederländische Dankgebet«; »O Deutschland hoch in Ehren«. Doch endgültig am populärsten wurde nun die Hymne von Hoffmann und Haydn, die erste Strophe, wohlgemerkt: »Wenn es stets zu Schutz und Trutze, brüderlich zusammenhält« – das entsprach dem deutschen Grundgefühl in jenen Tagen, »gegen eine Welt von Feinden« ganz allein auf sich gestellt zu sein. Selbst in der Hamburger Börse, deren Stammgäste sich in der Regel ja noch anglophiler gaben als gewöhnliche Hanseaten, erscholl das Lied spontan, als die Nachricht von dem ersten Sieg über britische Truppen die Runde machte.

Solange im Westen, an der Front in Belgien und Nordfrankreich, der Bewegungskrieg andauerte, solange deutsche Truppen vorwärts stürmten, hielt die patriotische Begeisterung noch an. Doch das »Wunder an der Marne« – das im Grunde keines war, denn es war berechenbar – vereitelte den waghalsigen, im Grunde wahnwitzigen deutschen Kriegsplan, mit einer gigantischen Zangenbewegung durch Belgien am Kanal entlang Paris von Norden her zu nehmen, das französische Heer in einem riesenhaften Cannae zu erdrücken, um sich dann mit Ruhe im Rücken gegen Rußland zu wenden. Die Chance eines »Blitzkriegs« war vorbei, der Rückzug aus der überdehnten Sichelstellung folgte. Der Versuch der deutschen Führung, nahe der Kanalküste in zwei massiven Offensiven doch noch die Entscheidung im Bewegungskrieg zu suchen, endete mit 80 000 Gefallenen – unter ihnen die Toten von Langemarck.

Sie waren nicht die einzigen gewesen, die damals »Deutschland, Deutschland über alles« sangen. Überall, wo in den ersten Kriegsmonaten deutsche Truppen kämpften, waren Hoffmann und Haydn dabei. Das Lied wurde nicht allein aus patriotischer Begeisterung angestimmt. Die Soldaten, die auf den Feldern Flanderns im Herbstnebel umherirrten, signalisierten damit: »Hier sind Deutsche, nicht schießen!« Zu diesem Zweck war das Deutschlandlied schon deshalb besser geeignet als die offiziöse Nationalhymne »Heil Dir im Siegerkranz«, weil deren Melodie dem britischen »God save the Queen« entsprach – also nicht gerade dazu angetan war, Freund von Feind zu unterscheiden. Dutzendfach bezeugen Regimentsgeschichten, daß mehr noch als die »Wacht am Rhein« das Deutschlandlied zum einen als Erkennungssignal diente, zum anderen als ein Ausdruck patriotischer Begeisterung gesungen wurde.

In der Bataillonsgeschichte der Dreiundzwanziger Reservejäger wird über die Nacht vom 21. zum 22. Oktober 1914 berichtet, »wie die Jäger, die in der stockfinsteren Nacht die Orientierung verloren haben, im Gelände umherirrten. Sie stießen auf Engländer, die aber, da es sich wohl um schwache Postierungen handelte, vor ihnen flüchteten. Stundenlang krochen sie in Rübenfeldern und Furchen hin und her, immer wieder machten sie sich durch laute Rufe bemerkbar«. Und, so beschreibt es der Chronist: »Unwillkürlich entringt sich unseren immer wieder ›Deutsche‹ rufenden Lippen das Lied ›Deutschland, Deutschland über alles!‹«

Da mochte noch ein anderes Motiv dahinterstecken: sich selbst und anderen Mut machen – wie ein Kind im dunklen Walde etwa gerne pfeift.

Nicht ohne Galgenhumor schildert die Geschichte des 209. Infanterieregiments, wie die Soldaten in der Nacht vom 22. zum 23. Oktober bei Bixschote von eigenen Truppen beschossen werden: »Dauernd knallte es von allen Seiten, war es Freund oder Feind? Man wollte wenigstens den Freund beruhigen, und so sang die Kolonne ›Deutschland, Deutschland über alles‹. Die Wirkung war verblüffend, jetzt prasselte es erst recht, und so war man mucksmäuschenstill.«

Die wohl eindrucksvollste Schilderung findet sich wiederum in der Bataillonsgeschichte der Dreiundzwanziger Reservejäger:

Am 22. 10. wird zur festgesetzten Stunde der Sturm angetreten, in Wellen gehts durch feindliches Artilleriefeuer sprungweise vorwärts. Das Dorf lag noch weit entfernt. Bis sich die Wellen gesammelt hatten, um zum letzten Sprung auszuholen, vergehen verlustreiche Stunden. Schottländer verteidigen in gut angelegten Stellungen den Dorfrand von Bixschote. Auf ein Pfeifensignal hin stürzen die dicht gedrängten Wellen zum letzten Sprung vor. Die deutschen Jäger stehen im feindlichen Graben und ringen den letzten Widerstand nieder. Im Graben häufen sich Tote und Verwundete. Inzwischen ist es wieder dunkel geworden. Das brennende Bixschote soll weiter gestürmt werden. Wir denken an die Ungewißheit und Aufregung der vergangenen Nacht, das Singen gibt Mut in Not und Gefahr, und wir rufen den stürmenden Kameraden zu:»Deutschland, Deutschland über alles, wer nicht singt, ist Feind.« Ohne Schuß, nur mit dem Bajonett, wird jedem Nichtsingenden zu Leibe gerückt. Der Gesang ringt sich immer weiter durch, die ganze deutsche Front vor Bixschote sang stoßweise und brüllend »Deutschland über alles«. – Auf den Dorfstraßen entsteht ein wildes Handgemenge ... Dann brechen die Schottländer zwischen uns durch, wir werfen sie wieder zurück, mit trockener Kehle unser Deutschlandlied singend. Endlich ist Bixschote unser! Das brennende Dorf im Rücken, liegen wir auf Feldwache. In später Stunde kommt der Befehl »Sofort im Dorf sammeln!« – Ablösung sei im Anmarsch. Im feindlichen Feuer ziehen wir uns zurück und warten weitere Befehle ab. Plötzlich ist der Feind wieder in Massen vor uns, wütend geht's gegeneinander, da geht der laute Befehl durch: »Alle Deutschen zurück marsch, marsch!« In wahnsinnigem Tempo, der Feind hinterher, gehts zurück.

Bei allem nachträglichen Pathos, das Regimentsgeschichten eigen ist – der Text geht unter die Haut. Doch deutlich wird bereits an diesem Beispiel, welches Schindluder die Stäbe mit den Regimentern trieben, welches Chaos eigentlich in der so sehr gerühmten »deutschen Kriegsmaschine« steckte. Aus welchen Gründen immer: Die in Bixschote eingedrungenen deutschen Truppen sollten abgelöst werden. Doch sie verließen den Ort, ehe die Ablösung zur Stelle war. Der Feind stieß sofort nach. Der ganze Angriff war umsonst – ein Versagen der Führung.

Und noch ein Beispiel: Im Bayerischen Reserve-Infanterieregi-
ment Nummer 16, dem »Regiment List«, diente ein österreichischer Kriegsfreiwilliger namens Adolf Hitler. Zehn Jahre später
schreibt er in seinem Buch *Mein Kampf:*

> Und dann kommt eine feuchte, kalte Nacht in Flandern, durch
> die wir schweigend marschieren, und als der Tag sich dann aus
> dem Nebel zu lösen beginnt, da zischt plötzlich ein eiserner
> Gruß über unsere Köpfe uns entgegen und schlägt in scharfem
> Knall die kleinen Kugeln zu unseren Reihen, den nassen Boden
> aufpeitschend; ehe aber die kleine Wolke sich noch verzog,
> dröhnt aus 200 Kehlen dem ersten Boten des Todes das erste
> Hurra entgegen. Dann aber begann es zu knattern und zu dröh-
> nen, zu singen und zu heulen, und mit fiebrigen Augen zog es
> nun jeden nach vorne, immer schneller, bis plötzlich über Rü-
> benfelder und Hecken hinweg der Kampf einsetzte, der Kampf
> Mann gegen Mann. Aus der Ferne aber drangen die Klänge
> eines Liedes an unser Ohr und kamen immer näher und näher,
> sprangen über von Kompanie zu Kompanie, und da, als der Tod
> gerade geschäftig hineingriff in unsere Reihen, da erreichte das
> Lied auch uns, und wir gaben es nun wieder weiter: Deutsch-
> land, Deutschland über alles, über alles in der Welt!

Es ist in diesem Fall nicht ohne Pikanterie, daß ausgerechnet die
offizielle Regimentsgeschichte den späteren Gefreiten widerlegt.
Dort nämlich heißt es:

> Seit 1915 kehrt in fast allen Veröffentlichungen die Nachricht
> wieder, daß die Lister beim Sturm auf Ypern das Deutschland-
> lied sangen. Das ist ein geschichtlicher Irrtum. Aber vierzehn
> Tage vor Langemarck sangen die Lister, sangen Münchener
> Studenten und Freiwillige beim Sturmlauf auf Gheluvelt das
> alte deutsche Trutzlied »Wacht am Rhein«. Es ist der höchste
> Ruhm des Regiments, daß seine Frontsoldaten nicht in jugend-
> licher, überquellender Begeisterung auf dem Vormarsch in die
> Schlacht das Lied sangen, sondern in Not und Tod, mitten im
> schwersten Ringen, wie das Regiment es befahl, um sich deut-
> schen Landsleuten zu erkennen zu geben.

Und wie war es bei Langemarck selbst? Der Angriff, von dem der vielzitierte Heeresbericht spricht, fand exakt bei dem bereits erwähnten Dorf Bixschote statt, fünf Kilometer westlich von Langemarck.

»Bixschote«? Das klingt nicht. Also wählten die Offiziers-Redakteure der Obersten Heeresleitung »Langemarck«. Das klang kerniger und markiger – wie »Bismarck« eben. Überdies war die Hinzufügung des »c« zum »k« eine reichsdeutsche Großzügigkeit – auf flämisch heißt der Ort schlicht »Langemark«.

Im übrigen haben die Deutschen an diesem 10. November Langemarck selbst – bleiben wir bei der gewohnten Schreibweise – unbehelligt gelassen. Der Grund: Die Alliierten hatten den Ort zu einem festen Stützpunkt ausgebaut. Wie viele Opfer dieser Sturm bei Langemarck genau gekostet hat, ist heute nicht mehr feststellbar. Nachweisbar ist lediglich die Zahl der deutschen Toten der gesamten ersten Flandernschlacht im Oktober und November 1914: Es waren 80 000.

Wer waren nun die vielzitierten »jungen Regimenter«? Nicht nur Schüler und Studenten, sondern auch Familienväter, Handwerker und Angestellte wurden bei Langemarck geopfert. Militärisch gesehen, handelte es sich bei den in Flandern eingesetzten Einheiten im wesentlichen um vier der sechs Reservekorps, die durch Erlaß des Preußischen Kriegsministeriums am 16. August 1914 gebildet worden waren: um das 22., 23., 26. und 27. Reservekorps. »Westlich Langemarck« standen diverse Regimenter dieser Korps im Kampf – Reservisten, Landwehrleute und Freiwillige.

Es ist heute belegbar, daß der Anteil der Freiwilligen an dem Korps – nicht alle waren Studenten oder Schüler – maximal zwanzig Prozent betrug. Wir haben also selbst bei großzügiger Auslegung davon auszugehen, daß allenfalls fünfzehn von hundert Soldaten in Flandern Schüler und Studenten waren. Doch gerade sie waren die am meisten vom Kriege Berauschten. Sie waren die ersten, die patriotische Lieder anstimmten. Sie waren die Wort- und Meinungsführer, und dadurch schien es, als ob auch alle anderen so gewesen seien wie sie.

Selbst britische Armee-Chronisten haben sich die Legende von dem »schoolboy-corps« zu eigen gemacht, das mit wehenden Fahnen gegen die eigenen Linien gestürmt sei. Was hat nur die historische Legende gegen Grauköpfe?

Die skandalöse Tragik von Flandern und Langemarck lag in anderem begründet als im Alter der Soldaten: Miserable und zu kurze Ausbildung der Truppen, schlechte Verpflegung, unzulängliche Ausrüstung sowie grobe strategische und taktische Fehler der militärischen Führung trieben die Soldaten zu Tausenden in den Tod. Vier Wochen Kurzausbildung auf irgendeinem Kasernenhof und dann ins Feld, Sturmangriff über freie Ackerflächen hinweg auf aktive britische Kolonialtruppen, die wohlverschanzt hinter Sandsäcken mit ihren Maschinengewehren auf die »Fritzen« warteten – das war ein Selbstmordkommando. Daß der deutschen Militärführung nichts Besseres einfiel, als immer wieder den meist schlecht vorbereiteten Angriff zu befehlen, in der wahnwitzigen Hoffnung, den Schlieffenplan um fünf nach zwölf doch noch zu erfüllen, ist unentschuldbar – eigentlich ein Kriegsverbrechen. Das war nicht Kriegskunst à la Clausewitz, sondern ein barbarisches Gemetzel.

Alle diese Korps gehörten zur vierten Armee, deren Oberbefehlshaber Herzog Albrecht von Württemberg war, ein eher mittelmäßiger Soldat. Das Oberkommando saß in Gent, rund siebzig Kilometer vom Schauplatz der mörderischen Flandernschlacht entfernt, und es fällt leicht, sich vorzustellen, wie die betagten Herren aus ihren behaglichen Büros immer neue Angriffsbefehle an die Front schickten, weil Falkenhayn, der Chef des Generalstabs, es eben so befohlen hatte. Fast alle Kommandeure waren überzeugt, sämtliche Probleme dieser Schlacht mit einem frisch-fromm-fröhlich-freien Vorwärtsstürmen lösen zu können. Brach der Angriff dann zusammen, waren sie ratlos – oder befahlen gleich einen neuen Angriff. Doch glühende Begeisterung gegen Maschinengewehre – diese Gleichung ging nicht auf.

Was nun den Sturm »westlich Langemarck« am 10. November betrifft, so gibt es zwei Schilderungen von Augenzeugen. Beide Chronisten kämpften vor Langemarck. Beide widersprechen einander. In der Regimentsgeschichte der 206er Infanteristen heißt es hierzu:

In der Nacht zum 10. November wurden in unseren Stellungen die Ausfallstufen für den auf sechs Uhr dreißig vormittags angesetzten Sturm hergestellt. Noch bei vollkommener Dunkelheit verließen die deutschen Soldaten mit ungeladenen Gewehren und aufgepflanzten Bajonetten fast geräuschlos ihre Gräben.

Atemlos lauscht jeder nach vorn. In dichter Linie geht es vorwärts. Plötzlich – rechts MG-Feuer, das ist das Zeichen für ein rasendes, aus einer Entfernung von kaum 20 Metern abgegebenes Schützenfeuer. Die Angreifer stürzen, ein Teil wirft sich nieder, der andere weicht zähneknirschend in die alte Stellung zurück. Durch die Reihen geht es wie ein unwilliges Raunen. Da ertönt, nein, da gellt wie ein Schrei um Hilfe gen Himmel Gesang! Erst singt einer, dann eine kleine Gruppe, dann mehr und immer mehr, bis die ganze Front singt: »Deutschland, Deutschland über alles!« Die Verwundeten stimmen mit ein. Den zu Tode Getroffenen entflieht das Lied als letzter Seufzer. Getragen von dem Gesang stürmt alles wieder vorwärts, singend wird der Graben erreicht und mit Gesang der Feind geworfen und seine Stellung erobert.

Dagegen schreibt der Chronist des 214. Regiments:

Deutschland über alles – das klang auch in unseren Herzen, wenn wir es auch nicht gerade beim Angriff sangen, weil uns dabei die Puste ausging auf den Rübenfeldern und in den Wassergräben und Hecken Flanderns.

Wir neigen eher diesem Autor zu.

Fassen wir zusammen: Das »Lied der Deutschen« wurde bei Langemarck als Erkennungssignal, aber auch aus patriotischer Begeisterung gesungen – wenn auch wohl nicht gerade während eines tausend Meter langen Sturmlaufs mit vollem Gepäck. Es waren nicht nur junge Kriegsfreiwillige, die in den Schlachten Flanderns kämpften und starben, sondern auch Soldaten mittlerer Jahrgänge. Sie waren schlecht ausgebildet und noch schlechter geführt. Von einer zynischen Heeresführung wurden sie als Kanonenfutter in den Tod getrieben. Ihr Patriotismus wurde mißbraucht.

Doch mit Langemarck hatte die Nation, was sie brauchte: Wie von der alten Nibelungen »Heleden Lobebaeren«, griffen national gesonnene Autoren in die Saiten. Franz Herwig schrieb in seinem Gedicht »Die Freiwilligen«:

Und sie gingen vor, und einer hub an
»Deutschland über alles« – und jeden Mann
durchzuckte des Weihegesanges Feuer,
und sie fielen ein, und ungeheuer
erhob sich das Lied von Deutschlands Ehre
und übertönte die donnernden Chöre
das Brüllen der Schlacht. Falle, was fällt!
Deutschland über alles in der Welt!
Von deutscher Treue, von deutschen Frauen,
der Feind vernahms mit starrem Grauen,
von deutschem Sang, von deutschem Wein,
klang es aus den stürmischen Reih'n.
Noch war nicht verklungen der letzte Ton,
da würgten die Bajonette schon.

Die nationale Legende um die »jungen Regimenter« verfestigte
sich rasch. Schon 1916 begannen die ersten Autoren von Kriegsbü-
chern am »Mythos Langemarck« zu weben – wobei sich niemand
die Mühe der genauen Recherche machte. Aus den »jungen Regimentern« wurden bald Studenten, aus den Studenten Schüler,
und als nach Krieg und Revolution die »Dolchstoßlegende« auf-
kam, die falsche Mär von dem »im Felde unbesiegten« deutschen
Heer, da breitete sich auch die Meinung aus, daß man den Krieg
eigentlich nicht hätte verlieren müssen, wenn dies und das im
Rücken der Front nicht geschehen wäre. Der Frontsoldat gewann
an Ansehen, er hatte seine Pflicht getan, er hatte den Krieg nicht
verloren; dieser Makel haftete an anderen, an Demokraten, Parlamentariern, Journalisten – feigen Zivilisten also. Und so hatte es
bei Langemarck nur Tapferkeit und Heldenmut gegeben, aber
keine Angst, keine Panik, keine Verzweiflung.

Langemarck war kein Sieg, sondern ein Opfergang, der in eine
Niederlage mündete. Doch das »Und ihr habt *doch* gesiegt« begann schon bald nach Kriegsende. Schon im Herbst 1919 trafen
sich Überlebende des 22. Reservekorps in der Berliner Kaiser-Wil-
helm-Gedächtniskirche zu einer Langemarck-Feier. 1921 versammelten sich Berliner Studenten und nationale Jugendverbände
zu einer Langemarck- Kundgebung in der Potsdamer Garnisonkirche. 1929, zum 15. Jahrestag der Schlacht, kam es gar zu einer
großen Langemarck-Veranstaltung im Berliner Sportpalast: 15 000
Menschen feierten die Toten als »Helden der Nation«.

Nach der Machtergreifung Hitlers, der sein Mittun in den Flandernschlachten selbst zum Mythos stilisierte, ging es erst richtig los. Nun war nur noch die Rede von Studenten, Schülern und Jungarbeitern, ja sogar von »Knaben und Kindern«, die bei Langemarck gefochten hätten. Folgerichtig übernahm die Hitlerjugend die Pflege des Langemarck-Mythos. Reichsjugendführer Baldur von Schirach proklamierte am nun offiziell eingeführten »Langemarck-Tag« 1934 die »Langemarck-Spende der deutschen Jugend« – eine Geldspende, die nicht nur der Pflege des deutschen Soldatenfriedhofs Langemarck diente, sondern auch die Schul- und Hochschulausbildung von Arbeitern und Handwerkern, eine Art »Zweiten Bildungsweg«, förderte.

So waren binnen zwanzig Jahren die miserable Ausbildung, die mangelhafte Ausrüstung, die unzureichende Verpflegung, die verbrecherische Führung jenes Gemetzels vergessen und verdrängt. Die Langemarck-Legende konnte sich verbreiten. Und niemand hatte wirklich daran Interesse, die Wahrheit hinter all dem zu erforschen.

Doch was geschah nach Langemarck? Die erste Kriegsbegeisterung war nach den Stürmen von Flandern erstickt. Die patriotischen Gesänge wurden spärlicher. Doch das Deutschlandlied war nunmehr so fest im allgemeinen Bewußtsein verankert, daß es als Vehikel für zahlreiche Umdichtungen diente. Noch in den ersten Kriegsmonaten schlug ein ungenannter Dichter derbe Töne an:

Alles, alles über Deutschland!
Seht doch, wie die ganze Welt
gegen uns zu Schutz und Trutze
brüderlich zusammenhält!
Von Marseille bis an die Themse,
von der Maas bis an den Don –
alles, alles über Deutschland,
an der Spitze Albion.

Wahrlich, ja so ist's gekommen,
alles brach auf uns herein –
deutscher Zorn ist da entklommen,
von der Weichsel bis zum Rhein.
Alles, alles über Deutschland,
ach es macht uns gar nicht bang,

Deutschland, Deutschland über alles!
Brause, alter Heldensang!

Heißa! Wie die Schwerter fliegen
aus der Scheide frank und frisch –
Brüder, sterben oder siegen!
Immer feste! reinen Tisch!
Alles, alles über Deutschland,
was Natur und Sitte schied –
Deutschland, Deutschland über alles,
deutsches Schwert und deutsches Lied!

Doch schon im zweiten Kriegsjahr kommt auch Ironie zum Vor-
schein. Die Menschen ahnen, daß der Krieg länger dauern wird,
sie spüren am eigenen Leib den ersten Mangel, die erste Not.
»Wenn es stets im Bruch und Dalles brüderlich zusammenhält«,
singen die ersten »Wehrkraftzersetzer« in der Etappe. Und 1916
dichtet ein Mainzer Soldat, mitten im Karneval:

Deutschland, Deutschland schwer im Dalles
schwer im Dalles in der Welt,
wenn die Marmelad nit alles
brüderlich zusammenhält.
Eier, Butter, Wurscht und Schinke
sin nur für die Reiche da
nur mir arme, arme Schlucker
gucke zu und kreische: Hurra.

Neben diesen Variationen wird der Hoffmann-Text seit Kriegsausbruch von der Entente-Propaganda als willkommener Beleg
für deutsche »imperiale Machtgier« angeführt. Lloyd George fragt
in einer Kriegsrede im Unterhaus am 19. September 1914: »Was
bleibt nun übrig? Die Staatsverträge sind weg, die Nationen sind
weg, die Freiheit ist weg. Was bleibt übrig? Deutschland – Deutschland bleibt übrig – Deutschland über alles. Weiter bleibt nichts
übrig. Dagegen kämpfen wir an, gegen diese angebliche Überlegenheit einer Zivilisation, welche, wenn sie einst die Welt regiert,
dahin führen wird, daß die Freiheit untergeht und die demokratische Regierungsform verschwindet.«
Jahre vorher hatte der französische Philosoph A. Fouillé den

68

Grundstein für ein Denken dieser Art gelegt, als er die erste Strophe des Deutschlandliedes seinen Landsleuten so übersetzte:

L'Allemagne, l'Allemagne par-dessus tout,
par-dessus tout dans le monde
si, pour se defendre et attaquer,
elle s'unit fraternellement.

Das war eine Übersetzung, die den Keim gelegt hat für jahrzehntelange Mißverständnisse. »Deutschland über alles« – das galt gerade in den ersten Monaten des Weltkriegs als anmaßender Ausdruck germanischen Selbstbewußtseins. Ein Amerikaner übersetzte den Anfang des Liedes, gewiß in bester Absicht, so, wie es Hoffmann nun gewiß nicht gemeint hatte: »Deutschland, Deutschland, first of nations, over all in this wide world.« Der schwedische Graf Birger vermochte in der ersten Zeile nichts anderes zu sehen als »lärmende Prahlerei« und führte als Beleg hierfür gleich auch noch einen Aufruf Fichtes an: »Versinkt Deutschland, so versinkt die Menschheit.«

Immerhin, es erhoben sich auch Stimmen von Verteidigern. Als George Bernard Shaw, der in Kreuzworträtseln hierzulande gern auf seine Rolle als »zwei senkrecht: irischer Spötter« reduziert wird, sich in zwei Kriegsaufsätzen scharf gegen »die Großmannssucht des Deutschlandliedes« wandte, erwiderte ihm der Schwede Gustav Steffen:

Es gehört also unter anderem zur Geschichte, daß Shaws vorzügliche Kenntnisse der deutschen Sprache und der deutschen Literatur ihn zur Auffassung geführt haben, daß »Deutschland, Deutschland über alles« eine imperialistische Erobererhymne sei, die wortgetreu aussage, daß Deutschland sich zum Herrn über alles machen werde. Er ahnt nicht das Vorhandensein des wirklichen Gesinnungsunterschiedes zwischen »Rule Britannia« und dem Vaterlandsliede »Deutschland, Deutschland über alles«... Beiläufig und mit der Wirkung, die es haben mag, bitte ich meinen Freund George Bernard Shaw darüber aufklären zu dürfen, daß »Das Lied der Deutschen« im Jahre 1841 von einem Manne namens August Heinrich Hoffmann von Fallersleben gedichtet wurde und daß es absolut nichts mehr, aber auch nichts Geringeres ist als der wohl herrlichste Hymnos an die

Einigkeit und Treue der deutschen Stämme, Einigkeit unterein-
ander und Treue gegen ihr eigenes Wesen, welcher in dem lieder-
reichsten, sangesfrohesten und sangesandächtigsten Lande in
der ganzen weiten Welt – Deutschland – gedichtet worden ist.

Dieser Streit war nur ein Indiz dafür, daß Hoffmanns Lied die
heimliche »wahre Hymne« des Reiches geworden war – so sehr
bereits, daß selbst Kaiser Wilhelm II. bei Truppenbesuchen mitunter nicht, wie es der Majestät gebührte, mit »Heil Dir im Siegerkranz« empfangen wurde, sondern mit dem Deutschlandlied.

In der Tat war der schon recht antiquierte und auch etwas naive
Text der offiziellen Kaiserhymne sehr, zu sehr bezogen auf die
Glorie von 1870/71. Doch der Ruhm von Sedan und Versailles
verblaßte, trug nicht mehr, entsprach nicht mehr dem Grundge-
fühl der Zeit, Identität und Nationalbewußtsein nicht von der
Person des Souveräns, sondern von der Bindung an Nation und
Volk ableiten zu wollen.

Und so war es denn kein Wunder, daß besorgte Geister da-
nach trachteten, eine neue Nationalhymne zu schaffen – auch im
Sinne des Gedankens einer Rettung der bedrohten Monarchie. Im
Frühjahr 1917 erschien in deutschen Zeitungen ein Aufruf, an-
geregt von dem jüdischen Musikwissenschaftler Max Friedlaen-
der, unterzeichnet von prominenten Publizisten, Wissenschaft-
lern, Künstlern und Kirchenmännern wie Bischof Michael von
Faulhaber, Adolf von Harnack, Engelbert Humperdinck, Hans
Thoma, Ulrich von Wilamowitz- Moellendorf und Wilhelm Wundt.
Hier werden die Bedenken gegen »Heil Dir im Siegerkranz« offen
ausgesprochen. Und dann heißt es weiter, ganz im Stil der Zeit:
»In den zwei Jahren des Weltkrieges ist Ungeheures geschehen.
Jetzt, da die ungebeugte Kraft unseres Volkes zum letzten, entscheidenden Gang rüstet, soll uns Erhebung und Stärkung aus
deutschem Dichterwort und deutscher Liederweise werden.« Die
»Bedingungen für das neue Vaterlandslied«: Es soll »volksmäßig
und sangbar« sein und nicht mehr als drei Strophen enthalten.

Jeglicher Hinweis auf »Deutschland, Deutschland über alles«
fehlt. Um so deutlicher wird die Anwartschaft des Liedes, zur
offiziellen Nationalhymne ernannt zu werden, in den Kommenta-
ren der Tagespresse zu dem Aufruf unterstrichen. Der eher liberale Publizist Walter Jesinghaus schreibt im *Berliner Tageblatt* –
und das ist sicherlich auch ein Beleg dafür, daß das Lied der

Deutschen während des Weltkriegs keine Grabenkämpfe zwischen »links« und »rechts« provoziert hat: »Ich kenne nur eine Nationalhymne. Sie ist überschrieben ›Das Lied der Deutschen‹ ... Das Lied ist so über jeden Partikularismus erhaben, daß es ein Bayer ebensogut singen kann wie ein Preuße und Hamburger. Es drückt in wenigen Worten alles aus, was wir in den Stunden patriotischer Erhebung empfinden, so daß es eigentlich alle unsere Empfindungen erschöpft.«

Das Echo auf den Aufruf war quantitativ beachtlich, qualitativ bescheiden: 2400 Einsendungen, 60 kommen in die engere Wahl. Doch keine war »hymnenreif«.

Schließlich wurde der »Fall Nationalhymne« im Juli 1918 – der kommende Zusammenbruch des Kaiserreichs war nur für wenige Eingeweihte schon erkennbar – durch eine Erklärung des preußischen Kultusministeriums (offenbar galt die Schaffung einer neuen Nationalhymne zuvörderst als Angelegenheit der deutschen Vormacht Preußen) ad acta gelegt, und zwar auf unbestimmte Zeit. Dort findet sich die recht vernünftige Bemerkung, eine Grundlage zu eigenem Vorgehen der Staatsregierung sei erst dann gegeben, wenn es gelänge, ein Werk zu schaffen, das aus sich heraus Geltung im Volke erlangen könnte, denn »nur eine nationale Überzeugung« könne eine Nationalhymne tragen.

Die Deutschen aber hatten sich schon zu Beginn des Weltkriegs ihre künftige Hymne gewählt. Und es grenzt an Ironie, daß die preußischen Kulturbeamten dies nicht einmal merkten.

».. . der festliche Ausdruck unserer vaterländischen Gefühle«
Das Volkslied wird Hymne

November 1918: Das war eine echte Revolution – ein revolutionärer Rausch, in dem das Deutschlandlied so gut wie keine Rolle spielte. Die Soldaten und Arbeiter, die binnen weniger Tage im ganzen Reich das morsche Regime der deutschen Fürsten stürzten und revolutionäre Räte bildeten, sangen Kampflieder der deutschen Arbeiterbewegung wie »Brüder zur Sonne, zur Freiheit«, »Dem Morgenrot entgegen«, »Wann wir schreiten Seit an Seit« und, natürlich, die »Internationale«.

So konnte es nicht überraschen, daß die Haydn-Hoffmann-Hymne nach einer Phase der Lähmung von der frustrierten Rechten mehr denn je als eigenes Kampflied entdeckt wurde – nicht nur gegen den »äußeren Feind«, sondern vor allem gegen die »Novemberverbrecher«: die Genossen von SPD, USPD, Spartakusbund und später KPD.

Als die junge Republik im März 1920 durch den Putsch des ostpreußischen Landwirtschaftsdirektors Kapp und seines militärischen Beraters General Lüttwitz ihre erste große Machtprobe erlebte und bestand, diente das Deutschlandlied den Aufständischen als Fanal gegen die verhaßte Demokratie. Die Brigade Ehrhardt, Prätorianergarde der Putschisten, marschierte, wie die *Vossische Zeitung* schrieb, »mit flatternder Marinefahne unter dem Gesange ›Deutschland, Deutschland über alles‹ durch das Brandenburger Tor«. Viele der Arbeiter und Angestellten, die die bedrängte Republik durch einen Generalstreik retteten, konnten das oft noch nach Jahren nicht vergessen.

Zunächst jedoch gab es auch Manifestationen spontaner Einigkeit. Am 12. Mai 1919 hörte die geschockte Deutsche Nationalversammlung erstmals von den harten Friedenskonditionen der Entente – »ein Diktat«, so sagte selbst der linke Unabhängige Sozialdemokrat Kurt Geyer. Da forderte der zum ersten Präsidenten der Konstituante gewählte Konstantin Fehrenbach, Vorsitzender des katholischen Zentrums, die Abgeordneten auf, mit ihm das Deutschlandlied anzustimmen – eine Geste des Trotzes, freilich auch der Ohnmacht. Doch alle sangen mit – bis auf das Gros der Unabhängigen Sozialdemokraten. Deren Vorsitzender Hugo Hase rief in den Saal: »Kriegstreiberei!«

Alle Illusionen über den Frieden, den die Alliierten in Versailles gewähren würden, waren nun zerplatzt. Die nackte Wirklichkeit war bitter für die Deutschen, die sich insgeheim seit November 1918 in der Hoffnung wiegten, es werde schon nicht gar so schlimm kommen. Aber alles kam noch schlimmer als befürchtet, und das Ärgste waren nicht einmal die Landverluste – mehr noch wog die düstere Erkenntnis, künftig auf Jahrzehnte der Entente zur wirtschaftlichen Ausbeutung zu dienen.

Als dann der Frieden unterzeichnet werden mußte, schrieb die Autorin Bernarda von Nell:

> Deutschland, Deutschland voller Wunden,
> Mit dem Antlitz gramentstellt,
> Du bist unser Liebstes, Nächstes,
> Unser Höchstes in der Welt!
>
> Land, im Innern tief zerrissen,
> Land, von Feinden ganz umstellt,
> Deutsches Land! Du, das wir ehren
> Über alles in der Welt!
>
> Dir getreu sind Deine Söhne
> Hingesunken in den Streit;
> Heb Dein Haupt! Sieh, Dich umstrahlet
> Ihres Ruhmes Herrlichkeit!
>
> »Deutschland lebe, ob wir sterben!«
> War ihr stolzes Wort im Tod;
> Ob wir leiden, Deutschland lebe!
> Sprechen wir in Schmach und Not.
>
> Alle Arbeit, alles Leiden
> Sei in Deinen Dienst gestellt.
> Deutschland, Deutschland über alles,
> Über alles in der Welt!

Und alles zu den Tönen Haydns – doch das Gedicht blieb eine Marginalie. Ganz anders erging es den zur gleichen Zeit entstandenen Zeilen des Münchener Schriftstellers Albert Matthäi, der im Sommer 1919 schrieb:

> Deutschland, Deutschland über alles
> Und im Unglück nun erst recht.
> Nur im Unglück kann die Liebe
> Zeigen, ob sie stark und echt.
> Und so soll es weiter klingen
> Von Geschlechte zu Geschlecht:
> Deutschland, Deutschland über alles,
> Und im Unglück nun erst recht.

Als »Trutz-Strophe« wurden diese Zeilen bald so populär, daß sie zeitweise häufiger gesungen wurden als das Hoffmann-Original. Sie entsprachen der allgemeinen Überzeugung, daß den Deutschen in und nach Versailles ein historisches Unrecht widerfahren sei.

In diesen ersten Nachkriegsjahren war das Deutschlandlied Volkslied und Kampflied zugleich, aber immer noch nicht offizielle Hymne. Die äußerste Linke sang die Internationale, die Anhänger der Monarchie sangen nach wie vor, auch als Ausdruck ihrer Verachtung für die »Pöbelherrschaft«, »Heil Dir im Siegerkranz«. Für die junge Republik, die sich in Weimar eine eigenständige Verfassung gab, stellte sich die Frage, welche nationalen Symbole sich das neue Deutschland geben sollte. Dabei ging es nicht nur um die Hymne, sondern auch um die Flagge: Schwarz-Weiß-Rot oder Schwarz-Rot-Gold?

Kaum eine innere Auseinandersetzung erhitzte Bürger und Politiker im Sommer 1919 so wie der »Flaggenstreit« im Parlament. Schwarz-Weiß-Rot – das war die Farbe des »Ancien régime«. Die Kommunisten schlugen vor, die Rote Fahne, die Farbe der Revolution, zur Reichsflagge zu machen. Was diesen Vorschlag betraf, ging man rasch zur Tagesordnung über. Doch Zentrum, SPD und linke Liberale wollten Schwarz-Weiß-Rot durch Schwarz-Rot-Gold ersetzen – »als die Farben der Paulskirche, der Freiheit, aber auch der großdeutschen Idee, die Österreich einschließt«. Für diese Demokraten »war Schwarz-Weiß-Rot in erster Linie eine Parteifahne«, die, wie es der sozialdemokratische Innenminister David am 2. Juli 1919 vor der Nationalversammlung formulierte, im Kaiserreich dazu mißbraucht worden sei, »einen großen Teil unseres Volkes durch Ausnahmegesetze und Ächtung als Vaterlandsfeinde zu beschimpfen«. In seinem leidenschaftlich vorgetragenen Plädoyer erklärte er:

> Auch jetzt wieder ist das Schwarz-Weiß-Rot als ein Parteibanner entfaltet worden mit der Devise: Gegen Demokratie, gegen die Republik! Bei Demonstrationen nationalistischer und reaktionärer Gruppen in Berlin wird dieses Banner als ein Kampfbanner vorangetragen gegen diejenigen, die auf anderem Boden stehen... Als Symbol für diese innere Einheit, für dieses nationale Gemeinschaftsgefühl, glaube ich, ist das Schwarz-Rot-Gold durch seine eigene Geschichte gegeben. Das Schwarz-Rot-Gold hat auch noch eine andere Bedeutung. Es ist das Symbol der großdeutschen nationalen Zusammengehörigkeit ... Das großdeutsche Ideal wurde durch die großpreußische Idee verdrängt, und das Symbol der letzteren, das Schwarz-Weiß-Rot, war das Symbol der Vorherrschaft und Vormachtstellung Preußens in Deutschland. Das preußisch-deutsche Gebilde ist zusammengebrochen. Das großdeutsche Einheitsideal ist mit der Auflösung der habsburgischen Dynastie aufs neue das Ziel unserer Sehnsucht geworden, und das Schwarz-Rot-Goldene Banner soll ein Symbol dieses großdeutschen Zieles, ein sichtbarer Ausdruck dafür sein.

Diese Worte zeigen, daß auch die gemäßigte Linke für »nationale Ziele« wie das damals noch fast unumstrittene großdeutsche Ideal zu haben war. Die Argumente der Rechten für Schwarz-Weiß-Rot formulierte Dr. Kahl von der Deutschen Volkspartei, jener national-liberalen Strömung, die damals noch nicht auf den gemäßigten Kurs ihres späteren Führers Stresemann eingeschwenkt war:

> Unter Schwarz-Rot-Gold hat die deutsche Reichseinheit Schiffbruch erlitten, man hat sie unter dieser Farbe nie erreicht. Unter Schwarz-Weiß-Rot aber haben wir die Reichseinheit gewonnen. Mit ihrem Werdegang ist die Geschichte des Reiches aufs engste verknüpft. Unter dieser Fahne sind unsere Helden gefallen. Schon die Achtung vor diesem Opfer erfordert, daß wir sie jetzt nicht wechseln. Vor allem aber fordert es die Selbstach-

tung vor uns als Deutsche. In den Augen der Feinde würde der Wechsel eine Selbstentwertung sein, die uns geradezu verächtlich macht. Die Trikolore hat im Kaiserreich wie im republikanischen Frankreich bestanden, und nach der Niederlage von 1871 ist es den Franzosen nicht eingefallen, ihre Flagge zu wechseln. Kein Staat der Welt würde etwas Derartiges tun, und jetzt, nach den Demütigungen dieses Friedens, sollte man es erst recht nicht tun. Das Volk fühlt sich in seinem innersten Empfinden an der Lösung dieser Frage beteiligt. Durch die Beibehaltung des Bisherigen würde niemand, wohl aber werden durch die Beseitigung Millionen verletzt!

Es war, wie man sieht, ein Grundsatzstreit, der über bloße Farbsymbolik weit hinausging. In der Abstimmung am 3. Juli 1919 votierte eine Minderheit der Liberalen mit den Rechtsparteien für Schwarz-Weiß-Rot. Die Sozialdemokraten stimmten geschlossen für Schwarz-Rot-Gold. Ihnen folgten die meisten Liberalen und fast alle Abgeordneten des katholischen Zentrums. Gerade für sie haftete dem Schwarz-Weiß-Rot noch allzusehr der bittere Beigeschmack des Bismarckschen Kulturkampfes an.

Noch waren die Parteien der Mitte, der »Weimarer Koalition«, stark genug, um sich durchzusetzen: Mit 211 gegen 90 Stimmen wurde Schwarz-Rot-Gold als Reichsflagge bestimmt. Doch der entsprechende Artikel drei der Reichsverfassung mußte mit einem fatalen Kompromiß erkauft werden: »Die Reichsfarben sind Schwarz-Rot-Gold. Die Handelsflagge ist Schwarz-Weiß-Rot mit den Reichsfarben in der oberen inneren Ecke.« Das war ein Teilerfolg der nationalen Rechten, zumal ab 1926 alle diplomatischen Vertretungen des Reiches außerhalb Europas außerdem die Handelsflagge hissen durften – womit de facto die Gleichwertigkeit von Schwarz-Rot-Gold und Schwarz-Weiß-Rot hergestellt war. So untergrub die Republik selbst ihre Autorität. Überdies führte dieser Kompromiß zu keinem Ausgleich der bestehenden Gegensätze, sondern hielt vielmehr die Erbitterung in beiden Lagern wach, ja steigerte sie noch.

Da schien die Sache mit der Hymne einfacher. Als nach dem Flaggenstreit nun deren Nominierung auf der Tagesordnung stand, war es der sozialdemokratische Reichsinnenminister Köster, der für das Deutschlandlied plädierte – trotz dessen »Belastung« durch »rechte Interpretatoren«. Und es gelang ihm, sowohl die

SPD-Fraktion im Reichstag als auch den zuständigen Reichspräsidenten Friedrich Ebert zu überzeugen, daß nach dem »Flaggenstreit« nicht auch noch ein »Hymnenstreit« im Reichstag ausbre-
chen dürfe. So proklamierte Ebert am Verfassungstag des Jahres
1922 das Deutschlandlied zur »Nationalhymne«, ohne freilich
diesen Ausdruck zu verwenden.

Die Republik von Weimar, ungeliebte Erbin einer Niederlage,
die von anderen verschuldet worden war, beging alljährlich am
11. August die Verkündung der Reichsverfassung von 1919. Doch
dieser »Verfassungstag« fand bei den Deutschen damals keinen
Widerhall. Für Schulen und Behörden glich er einer offiziellen
Pflichtübung. Wie sah es aus in Deutschland an jenem 11. August
1922?

Das Reich stand nach wie vor unter dem Schock des »Versailler
Diktats«. 226 Milliarden Goldmark Reparationen sollten in gleichen Jahresraten bis 1963 gezahlt werden – dazu ein Achtel vom
Goldwert des gesamten deutschen Exports. Im Sommer 1922 war
es offenkundig, daß das Reich bei Beibehaltung dieser wahnwitzigen Forderungen nicht bestehen konnte. Der Dollar stand am
11. August bei rund 900 Reichsmark, sieben Tage später bei 1285,
nach weiteren sieben Tagen schon bei 1420 Mark – und die deutsche Währung fiel und fiel.

In London tagte gerade wieder einmal die alliierte Reparations-
konferenz. Frankreichs Präsident Poincaré forderte dabei, den
säumigen Zahlern östlich des Rheins noch härtere Bedingungen
aufzuerlegen, um sie zur strikten Einhaltung der in Versailles
unterzeichneten Verpflichtungen zu zwingen. Nicht mehr zwölf,
sondern sechsundzwanzig Prozent aller Deviseneinnahmen aus
dem Export des Reiches sollten künftig beschlagnahmt werden;
das Rheinland sollte als »Faustpfand« völlig aus dem deutschen
Zollgebiet gelöst werden; alle Steuern links des Rheines sollten an
die Alliierten gezahlt werden und weiteres mehr.

Die Schlagzeilen der Zeitungen Berlins an jenem 11. August
1922 gehörten diesen Forderungen. Für den Staatsakt im Reichstag genügte eine einspaltige Meldung. Für die Berliner war es
ohnedies ein ganz normaler, obendrein recht trüber Arbeitstag. Es
regnete den ganzen Tag, die schwarz-rot-goldene Fahne wehte nur
auf einigen Ministerien. Nur wenige Passanten standen vor dem
Parlament, als Reichspräsident Ebert die Ehrenkompanie der
Reichswehr abschritt. Um zwölf Uhr mittags betrat er den Reichs-

tag. Als Redner der Verfassungsfeier trat ausgerechnet der badische Staatsminister Hummel auf, ein braver Demokrat, doch alles andere als ein Rhetor. Dann intonierte das Orchester die Hymne. Um ein Uhr war der Festakt schon zu Ende.

Ebert selbst hatte aus unerfindlichen Gründen auf eine eigene Rede verzichtet. Seinen Aufruf zum Verfassungstag hatte er schon tags zuvor an die Presse gegeben. Dort finden sich freilich Worte von historischem Gewicht. Eberts Absicht war es, mit der Hoffmann-Haydn-Hymne dazu beizutragen, die Gegensätze zwischen rechts und links wenn nicht auszugleichen, so doch allmählich zu versöhnen. Wohl wissend, daß seine Proklamierung nicht den ungetrübten Beifall von Gewerkschaften und Arbeiterparteien fand, war seine Interpretation des Liedes, im Sinne Hoffmanns, eine demokratisch-liberale:

Einigkeit und Recht und Freiheit! Dieser Dreiklang aus dem Liede des Dichters gab im Zeichen innerer Zersplitterung und Unterdrückung der Sehnsucht aller Deutschen Ausdruck, er soll auch jetzt unseren harten Weg zu einer besseren Zukunft begleiten. Sein Lied, gesungen gegen Zwietracht und Willkür, soll nicht Mißbrauch finden im Parteikampf, es soll nicht der Kampfgesang derer werden, gegen die es gerichtet war; es soll auch nicht dienen als Ausdruck nationalistischer Überhebung. Aber so wie einst der Dichter, so lieben wir heute Deutschland über alles. In Erfüllung seiner Sehnsucht soll unter den schwarz-rot-goldenen Fahnen der Sang von Einigkeit und Recht und Freiheit der festliche Ausdruck unserer vaterländischen Gefühle sein!

Von Einigkeit in Sachen Hymne konnte freilich auch an jenem Tage nicht die Rede sein. Abends gab das Berliner Staatstheater eine Festvorstellung zum Verfassungstag. Nach Schluß erwartete ein Menschenauflauf am Gendarmenmarkt den obligaten Fackelzug zu Ehren Eberts. Der Reichspräsident und sein Reichskanzler Wirth forderten in Stegreifreden eine »Versöhnung der europäischen Völker«. Aus der Menge – offenkundig waren die Anhänger der Arbeiterparteien in der Mehrheit – klangen laute Hochrufe auf die Weltrevolution. Dann erscholl die Internationale. Das Deutschlandlied war nicht zu hören.

Es war kein Wunder, daß der Präsident in seinem offiziellen

Aufruf fast nur auf die dritte Strophe abgehoben hatte. Denn die Benennung eines in der ersten Strophe namentlich genannten Flusses hätte von den »Deutschenfressern« der Entente leicht als Forderung nach Revision des Versailler Vertrags verstanden werden können. Die Etsch lag mittlerweile in Italien, und ihre Nennung in der frisch proklamierten Nationalhymne konnte – bei der aufgeheizten Atmosphäre – durchaus als Aufruf für den Anschluß Österreichs mißverstanden werden.

Daß dieser Anschluß 1938 keineswegs nur dem länderverschlingenden Heißhunger des Ex-Österreichers Hitler entsprang, ist eine Tatsache, die auch heute noch recht gern verdrängt wird – nicht nur in und um Wien. Noch vor den Nazis hatten die österreichischen Sozialdemokraten den »Anschluß« auf ihr Parteiprogramm gesetzt. Am 12. November 1918 erklärte die Wiener Nationalversammlung Österreich einstimmig zum »Bestandteil der deutschen Republik«. Auch in der Weimarer Verfassung war der Anschluß Österreichs vorgesehen. Dies entsprach dem Willen nahezu aller Österreicher und Deutschen. Doch die Absicht scheiterte am Einspruch der Entente.

Die Wiener Regierung beschloß 1929, die Haydn-Melodie – bis dahin mit dem Liedtext »Gott erhalte Franz den Kaiser« versehen – beizubehalten und ihr nur einen anderen Text zu unterlegen: das »Heimatlied« von Ottokar Kernstock.

Zwar hatte sich Österreich gleich nach dem Ersten Weltkrieg eine neue Volkshymne gegeben: »Deutsch-Österreich, Du herrliches Land«, nach einer Melodie von Wilhelm Kienzl, geschrieben vom Politiker Karl Renner. Doch die vertraute Weise Haydns war nicht zu verdrängen. Das Kernstock-Lied (Text: »Sei gesegnet ohne Ende, Heimat-Erde wunderhold«) wurde zur »Österreichischen Bundeshymne« erklärt und in allen Schulen eingeführt. Daneben war es – Reverenz an Deutschland – immerhin erlaubt, »bei nicht amtlichen Anlässen« den Hoffmann-Text zu singen. Doch den Anschlußfreunden reichte das nicht. Der Wiener Professor Rudolf Much schrieb für die Wiener Tagung des Allgemeinen Deutschen Lehrerinnenvereins zu Pfingsten 1929 eine »Anschlußstrophe«, die den »großdeutschen Gedanken« feierte:

> In den Schoß des Mutterlandes
> kehre Österreich zurück,
> Nur im Bund der Bruderstämme,

winkt uns Freiheit, blüht uns Glück!
Auch vom Donaustrand erschall' es
Wie ein Schwur zum Himmelszelt
Deutschland, Deutschland über alles
Über alles in der Welt.

Neun Jahre später war es dann so weit, und es gehört zur Tragik deutscher Zeitgeschichte, daß *dieser* Anschluß den Gedanken einer staatlichen Gemeinschaft zwischen Österreichern und Deutschen wohl für immer diskreditiert hat.

Deutsch-Österreich war in den zwanziger Jahren das einzige Land, in dem der Hoffmann-Hymne ungeteilte Zustimmung entgegenschlug. Bei der vom Ersten Weltkrieg physisch gebeutelten Grande Nation hingegen fanden Haydn und Hoffmann erst recht keine Gnade, als ihr Werk das offizielle Lied des Reiches wurde. In den besetzten Gebieten westlich des Rheins wurde das Deutschlandlied schon 1919 verboten. Fast ein Jahrzehnt lang bedrohten die Besatzer schon das Summen mit Gefängnis – auch dann, wenn sich Beschuldigte auf Haydns »Kaiserquartett« herausreden wollten. Ein ausführlich begründeter Antrag der Reichsregierung durch den Reichskommissar für die besetzten rheinischen Gebiete an die Interalliierte Rheinlandkommission vom 22. August 1922, das Singen des Deutschlandliedes für das besetzte Gebiet freizugeben, wurde am 9. September 1922 mit einer Begründung abgelehnt, deren Geist dem Propaganda-Grabenkampf des Ersten Weltkriegs entsprach.

Wer dennoch sang, der wurde leicht zum Märtyrer. In der Nacht vom 10. zum 11. Januar 1923 marschierten 45 000 französische Soldaten ins bislang noch unbesetzte Ruhrgebiet ein, um »Faustpfänder« in Form von Stahlwerken und Kohlegruben für Paris zu sichern. Vier Tage später demonstrierten fünfhundert Menschen auf Bochums Königsallee gegen diesen Einmarsch mit dem Deutschlandlied – für die »Poilus« eine Provokation. Mit Maschinengewehren schossen sie auf die Demonstranten. Ein Toter und zwei Schwerverletzte waren die Opfer dieses traurigen Tages. Es war wohl ein einmaliger Zustand, daß Bürgern eines Staates das Singen ihrer Hymne im eigenen Lande verboten war. Das Hoffmann-Lied als Kampfgesang der Deutschen gegen die Besatzung – da waren »Rechts« und »Links« im Rheinland für kurze Augenblicke einig.

Doch als das Sturmjahr 1923 – mit Rheinlandkampf und Kommunistenaufstand, mit Hitlerputsch und Inflation – vorüber war, glaubte Ebert feststellen zu können, daß die Hymne doch ein wenig dazu beigetragen habe, die Republik im Innern zu befrieden. Das erste der »fünf guten Jahre Weimars« hatte gerade begonnen, als der Präsident zum 50. Todestag von Hoffmann am 19. Januar 1924 an den Sohn des Dichters schrieb: »Voll Stolz und Genugtuung können Sie darauf blicken, daß Wunsch und Sehnsucht Ihres Vaters, sein ›Lied der Deutschen‹ möchte von allen Deutschen einheitlich gesungen werden, jetzt erfüllt ist.«

Das Deutschlandlied war Eberts Symbol für die Versöhnung zwischen rechts und links, zwischen »Reaktionären« und »Novemberverbrechern« gewesen. Doch zu dieser Versöhnung kam es nicht – das war die Tragik dieser Republik. Weil die Rechte Hoffmanns Lied aus Trotz gegen Versailles und gegen jene, denen sie aus Ignoranz die Schuld an Deutschlands Niederlage gab, als Trutzlied sang, blieb es bei der Linken diskreditiert. Im liberalen Sinne Hoffmanns verstand man die Hymne nur bei der von Wahl zu Wahl schrumpfenden demokratischen Mitte. Gegen Ende der zwanziger Jahre stand »Deutschland über alles« in allen Liederbüchern der Rechtsparteien und der NSDAP wie auch im Liederbuch des »Reichsbanners Schwarz-Rot-Gold«. Doch schon die linken Sozialdemokraten weigerten sich, die Hymne innerlich zu akzeptieren. Im sozialistischen »Jugendliederbuch« fehlte Hoffmanns Lied.

Es war tragisch, daß gerade jene, die für mehr Freiheit im politischen und wirtschaftlichen Leben Weimars kämpften, den Sinn der Hymne so sehr mißverstanden, etwa Kurt Tucholsky. 1929 veröffentlichte er ein »deutsches Bilderbuch« mit dem Titel *Deutschland, Deutschland über alles*. In der Einleitung schreibt er: »Warum das Buch diesen tönenden Titel angenommen hat, jene Zeilen aus einem wirklich schlechten Gedicht, das eine von allen guten Geistern verlassene Republik zu ihrer Nationalhymne erkor, und leider mit sehr viel Recht, das wollen wir uns erzählen, wenn wir uns am anderen Ende des Buches wiedertreffen.« Dort heißt es dann in höchst fataler Fehldeutung:

Aus Scherz hat dieses Buch den Titel »Deutschland über alles« bekommen, jenen törichten Vers eines großmauligen Gedichts. Nein, Deutschland steht nicht über allen und ist nicht über allem – niemals. Aber mit allen soll es sein, unser Land. Und hier stehe das Bekenntnis, in das dieses Buch münden soll: Ja, wir lieben dieses Land. Und nun will ich Euch mal etwas sagen: Es ist ja nicht wahr, daß jene, die sich »national« nennen und nichts sind als bürgerlich-militärisch, dieses Land und seine Sprache für sich gepachtet haben – wir sind auch noch da. Sie reißen den Mund auf und rufen: »Im Namen Deutschlands . . .!« Sie rufen: »Wir lieben dieses Land, nur wir lieben es!« Es ist nicht wahr. Im Patriotismus lassen wir uns von jedem übertreffen – wir fühlen international. In der Heimatliebe von niemand – nicht einmal von jenen, auf deren Namen das Land grundbuchlich eingetragen ist. Unser ist es . . . Wir pfeifen auf die Fahne. Aber wir lieben dieses Land . . . Wir haben das Recht, Deutschland zu hassen – weil wir es lieben. Man hat uns zu berücksichtigen, wenn man von Deutschland spricht . . . Deutschland ist ein gespaltenes Land. Ein Teil von ihm sind wir.

Ein bewegender Text, ein tragisches Mißverständnis. Viele dieser Sätze hätte auch ein Hoffmann schreiben können – unter anderen Bedingungen. Tucholsky sah den richtigen Gegner, doch er drosch aufs falsche Pferd ein. Was konnte Hoffmanns Lied dafür, daß so viele es falsch verstehen wollten und mißbrauchten?

Es war Weimars Tragik, daß auch die, die eigentlich die Freiheit gegen alle Angriffe von links und rechts hätten verteidigen müssen, letzten Endes – geistig – zu den Totengräbern dieser Republik gehörten.

»Die Fahne hoch . . .«
Die Hymne wird mißbraucht

»Von allen guten Geistern« sei die Republik verlassen gewesen, als sie das Deutschlandlied zur Nationalhymne erkor, hatte Kurt Tucholsky 1929 geschrieben. Doch erst vier Jahre später verließen die letzten guten Geister das sinkende Schiff von Weimar, Kurt Tucholsky war dabei, und weniger gute übernahmen das Ruder. Erste Szene: 30. Januar 1933, Hitlers Machtergreifung. Fackelzüge der SA huldigen dem neuen Reichskanzler und dem alten Reichspräsidenten, der dem Ex-Österreicher in den Sattel geholfen hatte. Und sie singen, natürlich, das gleiche Deutschlandlied, das ihr Erzfeind Ebert elf Jahre zuvor zur Nationalhymne proklamiert hatte. »Bei dieser großen Huldigung brauste machtvoll, gesungen von vielen Tausenden, das Lied der Deutschen durch die nächtliche Hauptstadt«, schrieb in ergriffener NS-Diktion der *Völkische Beobachter.*

Indes, das Lied war damals durchaus nicht ein Kampfgesang des neuen Regimes. Viel eher war es die Hymne derer, die dem »Dritten Reich« am Anfang skeptisch gegenüberstanden und darauf bauten, daß der greise Reichspräsident Hindenburg als Garant des Hergebrachten schon dafür sorgen werde, daß es gar so schlimm nicht kommen würde. Doch der senile »hölzerne Titan« war damit überfordert.

Zweite Szene: Die Garnisonkirche von Potsdam am 21. März 1933. Hier fand das Weihespiel »Versöhnung des alten mit dem neuen Deutschland« statt, inszeniert von Hitlers Chefdramaturg Joseph Goebbels. Drinnen zwängten sich die Abgeordneten des neu gewählten Reichstags in die engen Kirchenbänke – die SPD-Vertreter kamen nicht, die Kommunisten durften nicht, sie waren längst schon in die Illegalität gedrängt –, draußen drängten sich Zehntausende von Schaulustigen auf den Straßen und Plätzen der alten preußischen Residenzstadt. Goebbels hatte dieses Schauspiel inszeniert, weil Hitler vorerst noch die Stimmen und Köpfe der Konservativen, der Deutschnationalen und des Zentrums brauchte: für das Ermächtigungsgesetz, den Freibrief seiner Diktatur. Deshalb auch hatten die SA-Verbände strikte Anweisung, das Singen von NS-Liedern an diesem Tag zu unterlassen. Statt dessen drang, wie es ein Korrespondent formulierte, »durch das eherne Dröhnen der Glocken von Potsdam jenes Lied, mit dem die Besten unseres Volkes auf den Schlachtfeldern des Krieges ihr Leben opferten für Deutschland, wie ein Schwur der Einigkeit«.

Dritte Szene: Berlin, 1. Mai 1933 – der alte Kampftag der internationalen Arbeiterbewegung, vom Reichspropagandaminister Goebbels soeben zum »nationalen Tag der Arbeit« proklamiert. Auf dem Tempelhofer Feld sind anderthalb Millionen Menschen zusammengekommen – die größte Kundgebung, die Berlin bislang erlebt hat. Im *Völkischen Beobachter* liest sich das so:

> Während das Deutschlandlied aufklingt und nachklingt, hat eine Abordnung der Hitlerjugend begonnen, auf dem Platz der blendend angeleuchteten Mitteltribüne neben der Kaiserpappel eine junge Eiche zu Ehren des Reichskanzlers zu pflanzen. Eifrig und in glühender Begeisterung hat sie die Erde fest rund um den Platz gestampft, den eine rote Hakenkreuzbinde schmückt. Einer der jungen Menschen im braunen Hemd tritt vor und spricht: Wie diese Eiche wächst, so wollen wir hineinwachsen in das Reich, um Hüter zu sein des Vaterlandes, das Deutschland heißt.

Zwischen diesen Daten, dem 30. Januar und dem 1. Mai 1933, liegen nur drei Monate. Doch in diesen neunzig Tagen hat die NS-Führungsclique das gesellschaftliche, wirtschaftliche und politische Leben Deutschlands gleichgeschaltet. Vizekanzler Papen – einer jener Traumtänzer, die sich vorgegaukelt hatten, sie könnten einen Hitler »in die Ecke drücken, bis er quietscht« – mußte öffentlich bekennen: »Wer von uns hätte es für möglich gehalten, daß die unwiderstehliche Angriffskraft des Nationalsozialismus . . . dieses Deutsche Reich mit Haut und Haar für sich eroberte, daß keine der bürgerlichen Parteien mehr das Feld behauptete, daß die Institutionen des demokratischen Jahrhunderts wie mit einem Federstrich ausgelöscht wurden, daß der Reichskanzler eine Machtfülle in sich vereinigt, die kein deutscher Kaiser vor ihm besessen hat . . .?«

84

In diesem Vierteljahr entschied sich auch das Schicksal der Symbole Weimars. Schwarz-Rot-Gold, die Fahne einer liberalen Tradition, wurde als erste liquidiert. Reichspräsident von Hindenburg verordnete am 13. März 1933, »daß vom morgigen Tage bis zur endgültigen Regelung der Reichsfarben die schwarz-weiß-rote Fahne und die Hakenkreuzfahne gemeinsam zu hissen sind«. Die Hakenkreuzfahne hatte Hitler 1923 eigenhändig entworfen, und er hat sich dabei ganz bewußt der Farben schwarz-weiß-rot bedient, um das nationale Bürgertum zu ködern. Doch dieses Bürgertum wurde enttäuscht; Hindenburgs Verordnung hielt gerade zwei Jahre. 1935 bestimmte das erste der fatalen Nürnberger Gesetze zwar: »Die Reichsfarben sind schwarz-weiß-rot.« Doch dann hieß es: »Reichs- und Nationalflagge ist die Hakenkreuzflagge. Sie ist zugleich Handelsflagge.«

In Sachen Fahne hatte Hitler also die Konservativen getäuscht. Schon in seinem Buch *Mein Kampf* hatte er geschrieben, es sei geradezu ein Segen, daß die Revolution von 1918 sich nicht unter die Farben schwarz-weiß-rot gestellt habe. Darauf könne man nun bauen. Und so richtete er unter der schwarz-weiß-roten Hakenkreuzfahne Deutschland zugrunde.

Anders war es mit dem Deutschlandlied. Dessen demokratischliberale Tradition war schon in Weimar von der Rechten ignoriert worden. Jede Interpretation war möglich – und die Interpretation der Nazis deckte sich mit jener der Entente im Ersten Weltkrieg: »Deutschland über alles« – eine imperialistische Fanfare. Um das nationale Bürgertum bei der Stange zu halten, schien die Hoffmann-Haydn-Hymne in der expansiven Interpretation wie geschaffen.

Da gab es aber außerdem noch einen eher primitiven Kampfgesang, den ein Berliner SA-Sturmführer namens Horst Wessel 1927 für seinen SA-Sturm geschrieben hatte:

Die Fahne hoch, die Reihen fest geschlossen
SA marschiert mit ruhig festem Schritt
Kam'raden, die Rotfront und Reaktion erschossen
marschieren im Geist in unsern Reihen mit.

Die Straße frei den braunen Bataillonen
Die Straße frei dem Sturmabteilungsmann
Es schau'n aufs Hakenkreuz voll Hoffnung schon Millionen
Der Tag für Freiheit und für Brot bricht an.

Zum letztenmal wird nun Appell geblasen
Zum Kampfe stehen wir alle schon bereit
Bald flattern Hitlerfahnen über allen Straßen
Die Knechtschaft dauert nur noch kurze Zeit.

Horst Wessel, 1907 als Pfarrerssohn in Bielefeld geboren, Jurastudent an der Berliner Universität und Mitglied einer renommierten studentischen Verbindung, trat im Dezember 1926 als Neunzehnjähriger der NSDAP und der SA bei. Als er 1930, nach NS-Diktion, bei einem »Straßenkampf« von einem Kommunisten angeschossen wurde und an den Folgen starb – tatsächlich ging es um ein Mädchen –, da witterte der NSDAP-Gauleiter von Berlin, Joseph Goebbels, die Chance, einen Märtyrer zu schaffen. Er erhob den Toten zum »Blutzeugen der nationalsozialistischen Bewegung«. Bei seiner Beisetzung wurde das Lied zum erstenmal öffentlich gesungen, verbreitete sich rasch im ganzen Reich und wurde Kultgesang der braunen Kolonnen.

Woher die Melodie des Kampflieds stammt, ist allerdings umstritten. Da gibt es gleich ein halbes Dutzend Versionen: Ein hessisches Soldatenlied? Ein Operettenschlager aus dem Ersten Weltkrieg? Der Seemannssong »Ich lebte einst im deutschen Vaterlande«? Ein preußisches Reservistenlied? Eine rheinische Fischerweise? Ein altes böhmisches Scherzlied? Oder gar ein Schlager, den vor 1914 Matrosen in Hamburger Bordells gesungen haben? Sie klingen allesamt ähnlich. Am wahrscheinlichsten ist aber wohl, daß es sich um die Übernahme eines sozialistischen Arbeiterliedes handelt – wie übrigens bei vielen Gesängen der NS-Bewegung. Kurz vor dem Ersten Weltkrieg erschien im Dresdner Musikverlag Joseph Günther in der Reihe »Arbeiter-, Freiheits- und Kampflieder für Männerchor« ein »Lied für das arbeitende Volk«, geschrieben von einem Th. Schnabel. Wörtlicher Titel: »Die Fahne hoch«. Es ist fatal, daß alle Exemplare dieser Musikalie heute verschollen sind. Doch es ist verbürgt, daß nicht nur der Titel, sondern auch die Melodie bis ins Detail den Klängen des Horst-Wessel-Liedes entsprach.

Deutschland- und Horst-Wessel-Lied – das blieb nun zwölf Jahre lang eine untrennbare Einheit. Acht Wochen nach der Machtergreifung, am 27. März 1933, preschte ein bayerischer Staatsminister in Sachen Horst-Wessel-Lied vor. Hans Schemm, zuständig für Unterricht und Kultur, verordnete: »Dieses zu historischer Bedeutung gelangte Lied soll in allen Schulen des Landes Bayern an erster Stelle gesungen werden neben dem Deutschlandlied, welches letzte und größte Sinngebung sein muß.«

Für den »Mitteldeutschen Rundfunk« wurde jedoch bestimmt, am Programmschluß sei das Deutschlandlied zu spielen – und nur dieses. Das Horst-Wessel-Lied solle »der Stunde der Nation« vorbehalten bleiben. Immerhin: ein deutliches Werturteil.

Schließlich erging am 19. Mai 1933 ein »Reichsgesetz zum Schutz der nationalen Symbole«, das »beide nationale Lieder vor Mißbrauch schützen« sollte. In ihm wurde ganz allgemein verboten, »die Symbole der deutschen Geschichte, des deutschen Staates und der nationalen Erhebung in Deutschland öffentlich in einer Weise zu verwenden, die geeignet ist, das Empfinden von der Würde dieser Symbole zu verletzen«.

Vergeblich richtete sich das Gesetz gegen die geschäftliche Ausnutzung staatlicher Symbole. Tatsächlich aber wurden Haydn-Hoffmann-Hymne und Horst-Wessel-Lied damit von Staats wegen verkuppelt und als »Doppelhymne« proklamiert. Wer sich über die Verbindung der beiden ungleichen Gesangsstücke lustig machte, mußte mit zum Teil drakonischen Strafen rechnen. Dies betraf durchaus nicht nur die »Märzgefallenen«, die nationalen Mitläufer oder gar die stillen Gegner des Regimes, die sich allein schon durch den »Fahnenschwanz« in ihrem ästhetischen Empfinden verletzt sahen, sondern auch NS-Fanatiker, die die Haydn-Hoffmann-Hymne als »Fanal der Reaktion« auf den Kehrichthaufen der Geschichte wünschten.

Originalton Goebbels bei der Einweihung des »Horst-Wessel-Sterbezimmers« 1933: »Das Lied, das unser Kamerad uns hinterließ, ist nun auch unser Lied geworden. In seinem Sinne und in seinem Geiste haben 66 Millionen sich in herrlicher Wiedergeburt neu erhoben. Deutschland steht wieder groß und stolz und ehrlich da. Und die Fahnen, die man damals von seinem Sarge herunternahm, sind jetzt auf den Zinnen des Reiches aufgegangen.«

Der so tönte, wurde bald auch amtlich für die Hymne zuständig. Am 30. Juni 1933 befahl Hitler, daß das Propagandaministerium künftig »für alle Aufgaben der geistigen Einwirkung auf die Nation« zuständig sei – ausdrücklich auch für die Nationalhymne.

Von dieser durfte fortan nur die erste Strophe gesungen werden. Die dritte Strophe, das lag auf der Hand, paßte rein politisch nicht mehr ins Konzept. »Einigkeit und Recht und Freiheit« – das konnte auch als Forderung an das Regime verstanden werden! Und zur zweiten Strophe schrieb der NS-Autor Ernst Hauck zwar: »Mit der Würdigung der deutschen Frau sind über ein Jahrtausend christlicher Demütigung hinweg wieder Fäden zur germanischen Weibsbewertung hingeknüpft.« Dann aber folgte die unnachahmliche Verdammnis: »Das Lob des Weines vermag freilich keinen Widerhall mehr in uns zu wecken, seit wir mit Kräpelin den Alkohol als keimschädigend erkennen.«

Die erste Strophe wurde nun, wie das Horst-Wessel-Lied, in Tempo und Instrumentation als Marsch intoniert. Die auf deutsches Machtstreben zielende Mißdeutung des Liedes war damit amtlich sanktioniert. Vom Choralcharakter der Haydn-Hymne war ebensowenig übriggeblieben wie vom Volkslied im Sinne Hoffmanns.

Interessanterweise war es Hitler selbst, dem dies mißfiel. Schon im Juli 1933 klagte Reichsinnenminister Frick – nach einer Demarche aus Hitlers Reichskanzlei – per Rundschreiben an alle Reichsbehörden und Regierungen der Länder, daß es allgemeine Übung werde, »beim Singen des Liedes der Deutschen und des Horst-Wessel-Liedes den Hitlergruß zu erweisen«. In Preußen wurde daraufhin per Polizeiverordnung das Singen und Spielen beider Lieder in Lokalen aller Art ab 1. September verboten, »um zu verhindern, daß sie durch häufiges Absingen und bei unpassenden Gelegenheiten in ihrem Charakter als vaterländische Weihelieder Einbuße erleiden«.

Weihelieder also – was Hitler darunter verstand, erklärte er in Bezug auf das Deutschlandlied am 1. August 1937 in Breslau:

So ist denn auch gerade das Lied, das uns Deutschen am heiligsten erscheint, ein großes Lied der Sehnsucht. Viele, besonders in anderen Völkern, sie verstehen es nicht. Sie wollen gerade in dem Lied etwas Imperialistisches erblicken, das ihrem fremden Imperialismus am weitesten abgeneigt ist. Denn welch schönere Hymne für ein Volk kann es geben als die Hymne, die ein Bekenntnis ist, sein Heil und sein Glück in seinem Volke zu suchen und sein Volk über alles zu stellen, was es sonst auf dieser Erde zu geben vermag.

Ein »Lied der Sehnsucht«, intoniert als Marsch – das paßte nicht. Und so verkündete ein Jahr später Heinrich Himmler, erster Polizist des Reiches, der Führer habe beanstandet, das Deutschlandlied werde »allgemein seitens des Musikkorps zu schnell gespielt«. Es sei jedoch »ein Weihelied« und daher »für schnelles Tempo nicht geeignet«. Deshalb, so Himmler in einem Runderlaß, »wird das Tempo des Deutschlandliedes auf 80 festgesetzt (80 halbe Noten pro Minute). Die zuständigen Dienststellen haben dafür zu sorgen, daß dieses Tempo genau eingehalten wird.«

Es ist eine Legende, daß im NS-Regime Deutschlandlied und Horst-Wessel-Lied schon von Anfang an zusammen hätten dargeboten werden müssen. Zwar wurden beide Hymnen meistens gemeinsam aufgeführt. Doch erst seit 1940, nach dem Frankreichfeldzug, verpflichtete ein Ukas Himmlers die Kapellen und Orchester zwingend zu der »Doppelhymne«.

Es blieb dem Deutschen Reichstag vorbehalten, bei seinen spärlichen Zusammenkünften erst ergeben dem Führer zu lauschen, dann enthusiastisch Beifall zu spenden und schließlich die beiden »Nationallieder« zu singen – dies war sogar die eigentliche kreative Aufgabe dieses »teuersten Gesangsvereins Deutschlands«. Um diesen »hymnischen Zweiklang« zu rechtfertigen, griffen insbesondere in den Friedensjahren des Regimes Wissenschaftler und NS-Autoren gehörig in die Saiten. Heinrich Gerstenberg schrieb 1933:

Begeisterter als jemals seit den ersten Monaten des Weltkriegs braust heute Hoffmanns »Lied der Deutschen« als nationales Bekenntnislied himmelwärts. Neben ihm steht als jüngerer Bruder ein Kind der neuen Bewegung, so recht ein Kampf- und Sturmlied, von Horst Wessel gedichtet und nach ihm genannt, zeitgebunden und daher dem Dampfpfluge vergleichbar, der tief einschneidend den Boden der Muttererde gewaltsam aufreißt, damit aus ihm fruchtbares Ackerland werde.

Noch pathetischer schreibt nach dem »Anschluß« Österreichs der frischgebackene »Ostmärker« Rudolf Alexander Moißl zu Haydn und Hoffmann:

In ihren kühnsten Visionen hätten weder Sänger noch Dichter zu hoffen gewagt, daß ihr Lied einst wirklich zu dem alles umschlingenden Bande der Deutschen werden würde. Hunderttausende Arme steilen empor, sobald die ersten feierlichen Töne mit der ihnen eigenen Ruhe und Würde deutschen Wesens aufklingen. Sie sind wie ein Gebet, in dem sich alles heiße Wünschen, aller Dank und alles Glück zum Gelöbnis immerwährender Treue zusammenballt. Jubelnd steigt die Wiederholung des Kehrreims zu den höchsten Gipfeln der Kraft und des Selbstvertrauens empor. Was noch etwa zu sagen bliebe, spricht dann das Horst-Wessel-Lied aus. Das »Deutschland über alles« verkörpert die festliche Würde unseres Reiches. Sturmfahnen wehen dagegen im Horst-Wessel-Lied, das die Hymne von Haydn und Hoffmann besser ergänzt, als es irgendeine hinzugedichtete Strophe vermöchte. Wenn man auch von zwei Liedern unserer Nation spricht, so sind sie doch längst zu einer unlösbaren Einheit geworden. Wo immer Deutsche leben, kämpfen und siegen, werden sie zusammen erklingen alle Zeit.

Den Vogel schoß jedoch Ernst Hauck ab, der in seinem Buch *Das Deutschlandlied* allen Ernstes nachzuweisen suchte, daß Hoffmann ganz gewiß ein treuer Gefolgsmann des Führers geworden wäre, hätte es den damals schon gegeben. Hauck macht aus dem demokratisch gesinnten Dichter einen Blut- und Boden-Hoffmann:

Von uns Nachgeborenen hat aber niemand das Recht, sich auf den Dichter dort zu stützen, wo er aus innerer Unklarheit heraus irren mußte. Wir haben vielmehr die Pflicht, ihm dort Gefolgschaft zu sein, wo er sich mit Leib und Leben dem Vaterland verschworen, damit die Erhaltung des Volkes als einer einmaligen, einzigartigen und nie wiederkehrenden Rassepersönlichkeit gesichert ist.

Als Hitler mit dem Überfall auf Polen den Zweiten Weltkrieg auslöste, wurde das Horst-Wessel-Lied zumindest in der Wehrmacht in den Hintergrund gedrängt. Für die Soldaten paßte das großmäulige Lied von Weimars Straßenkämpfen zum blutigen Alltag an den Fronten wie die Faust aufs Auge. Das Deutschlandlied hingegen spielte gelegentlich – wenn auch nicht in gleichem

Ausmaß wie in Flandern 1914 – die Rolle eines Erkennungssignals versprengter Einheiten. »Durch den Versuch, das Deutschlandlied anzustimmen, hofften wir uns eigenen Kräften kenntlich zu machen«, heißt es beispielsweise in einem Gefechtsbericht der 134. Infanteriedivision von der Ostfront 1944. Bezeichnend, daß der Berichterstatter einer Propagandakompanie diesen Akt à la Langemarck pathetisch überhöhte. In seinem Artikel hieß die entsprechende Passage: »Gläubig wie ein Choral erklang das Deutschlandlied beim Durchbruch.«

Derlei Pathos war den Menschen der besetzten Staaten fremd. Im »Reichsprotektorat Böhmen und Mähren« kursierte 1942 folgende Version, deren Verbreitung Heydrichs Schergen mit Gefängnisstrafen ahndeten:

Deutschland, Deutschland nimmt sich alles
nimmt sich alles in der Welt
Ohne Maß bis an den Kreml
bis es dann zusammenfällt.

Für manche Männer und Frauen des deutschen Widerstands jedoch hatte das Deutschlandlied bald eine andere Bedeutung. Wer sich an seine altvertrauten Klänge hielt, gab oft auch einer stillen Fronde Ausdruck, zählte zu den vielen, die zwar noch immer an Deutschland, aber nicht mehr an den »Führer« glauben wollten.

Das Haydn-Hoffmann-Lied war also gerade in der Tyrannei auch Trost. Der zweite Satz des Kaiserquartetts ist eben eine wahrhaft kaiserliche Melodie. Der Unterschied zu Wessels Gassenhauer, der in den Kneipen der SA am Alexanderplatz zu Popularität kam, sprang ins Ohr. »Einigkeit und Recht und Freiheit« den Machthabern entgegenzusingen, ein legalisierter Hohn auf die bestehende Diktatur – das erleichterte nicht nur das Herz, sondern war auch ein Bekenntnis zum »anderen Deutschland«.

Dennoch: Durch die unglückselige Verknüpfung mit dem Horst-Wessel-Lied war die Haydn-Hoffmann-Hymne nun zu dem geworden, was der Dichter einst beklagt hatte: »Makulatur«. Manche Deutsche, die die Hitlerzeit als Tyrannei erlebten, konnten das Deutschlandlied noch Jahre später nicht hören, weil sie es aus leidiger Gewohnheit mit dem Horst-Wessel-Lied assoziierten. Am Ende des »Tausendjährigen Reiches« war nicht nur Deutschland in Verruf gekommen, sondern auch das Deutschlandlied.

»Wir sind die Eingeborenen von Trizonesien ...«
Die hymnenlose Zeit

Was die Alliierten von der deutschen Hymne hielten, dokumentiert ein nüchternes Edikt der britischen Militärregierung vom 18. August 1945: »Es ist verboten, das Horst-Wessel-Lied und andere nationalsozialistische Lieder zu spielen oder zu singen. Dieses Verbot bezieht sich auch auf das Deutschlandlied.«

Das war nur wenige Tage nach der Konferenz von Potsdam, in der die Sieger Deutschlands längst beschlossene Teilung in vier Zonen im Detail bekräftigten. Die Wassergrenzen Maas und Memel, Etsch und Belt lagen – nicht nur nach alliierter Interpretation – nun »ein für allemal« auf französischem, sowjetischem, italienischem und dänischem Gebiet. »Deutschland über alles« – das klang in den Ohren anderer Europäer, vor allem bei den Bürgern ehemals besetzter Länder, nur noch nach Gestapo, Unterdrückung, Haft und Krieg. Für das Gebiet der vier Besatzungszonen hatte der Alliierte Kontrollrat schon am 14. Juli 1945 ohne Kommentar »das Singen oder Spielen« des verpönten Liedes verboten.

Die hymnenlose, die schreckliche Zeit? Für die Deutschen war das damals keine aufregende Nachricht. Die Sorge um das eigene Überleben, Wohnungsmangel, Flüchtlingselend und das Schicksal von vermißten Männern, Vätern, Söhnen, Brüdern – das war näher, wichtiger.

Und dann der Hunger: Zum Überleben braucht ein Erwachsener 2200 Kalorien pro Tag. In der US-Zone bekam ein deutscher Normalverbraucher 1946 ganze 1330 Kalorien, in der Sowjetzone 1083, bei den Briten 1050 und in der französischen Zone nur 900 Kalorien pro Tag – zum Sterben zu viel und zum Leben zu wenig. Die Zeitschrift *Tat* gab dem verbotenen Horst-Wessel-Lied im Herbst 1946 einen neuen, zeitgemäßen Text:

Die Preise hoch, die Zonen fest geschlossen!
Die Kalorien sinken Schritt für Schritt!
Es hungern stets dieselben dummen Volksgenossen,
die andern hungern nur im Geiste mit.

Die deutsche Nation war nur noch Fiktion. Sie war wieder geteilt –
wie zu Hoffmanns Zeiten. Dessen Handschriften waren übrigens
vor Kriegsende von Truppen der Roten Armee in Breslau erbeutet
worden, wohin die staatlichen Archive von Berlin aus Furcht vor
Bomben ausgelagert worden waren. Fünf Jahre lag das Original
des Deutschlandliedes in einem sowjetischen Armeedepot, bis es
die DDR erhielt.

Auch ohne Verbot wären nationale Gesänge im Nachkriegs-
deutschland eher verpönt gewesen. Mehr als alles andere hatte
die schockierende Entdeckung der Konzentrationslager alles, was
nach Nationalstolz aussah, auf Jahre hinaus diskreditiert.

Unberührt blieb davon nur die regionale Tradition. »Schleswig-
Holstein, meerumschlungen« sangen Friesen auch weiterhin, von
des Zweifels Blässe ebensowenig berührt wie Franken, Bayern
und Schwaben beim Singen von »Gott mit Dir, Du Land der
Bayern«.

Da mochte es nicht wundern, daß ausgerechnet ein Karnevals-
schlager zur heimlichen Hymne der Trümmerjahre avancierte.
»Wir sind die Eingeborenen von Trizonesien«, ein Kölscher Song,
geboren in der Karnevalskampagne 1948, hatte gerade die richtige
Balance von Ironie und Frechheit, die die Bevölkerung entzückte
und die Besatzungsmacht veräppelte, ihr aber dennoch nicht zu
weh tat.

Der angehende Kalte Krieg der Supermächte USA und UdSSR,
die Furcht vor der »sowjetischen Gefahr«, die Bolschewisierung
Osteuropas und der wirtschaftliche Zwang, die drei westlichen
Besatzungszonen bald auf eigene Füße stellen zu müssen, be-
wirkte seit dem Herbst 1946, daß westliche Politiker und Diplomaten umzudenken begannen. Mehr und mehr verstummte die
Forderung, die Deutschen seien generell und kollektiv hart zu
bestrafen. An ihre Stelle trat die Perspektive einer in den Westen
integrierten Demokratie, die sich zugleich als Bollwerk gegen
Osteuropa etablieren und bewähren müsse.

So trafen sich seit September 1948 fünfundsechzig von den
Landtagen bestimmte Damen und Herren als »Parlamentari-

scher Rat« in Bonn, um ein »Grundgesetz« zu formulieren. Am 8. Mai 1949 wurde die neue Verfassung angenommen, am 12. Mai von den drei Westmächten mit Vorbehalten akzeptiert und am 23. Mai offiziell verkündet.

Im Artikel 22 dieses neuen Grundgesetzes heißt es lapidar: »Die Bundesflagge ist schwarz-rot-gold.« Doch an das heiße Eisen »Bundeshymne« wagten sich die Damen und Herren des Parlamentarischen Rates nicht – trotz einer flammenden Denkschrift, die ein gewisser J. Arndt den Verfassungsvätern und -müttern Anfang 1949 zusandte. Darin sprach er von der »wundervollen Haydn-Melodie« und von einem Lied, das »gegenwärtig praktisch totgeschwiegen« werde. »Deutschland, Deutschland über alles«, stand da geschrieben, bedeute nur, daß der Sänger sein Vaterland über alles liebe. Die Erwähnung von Maas und Memel, Etsch und Belt habe »eine rein geographische Bedeutung«. Im übrigen würde sich auch »die wundervolle dritte Strophe, die uns die Ideale ›Einigkeit und Recht und Freiheit‹ verheißt, als Haupt- beziehungsweise Eingangsstrophe eignen«.

Arndts Vorschlag fand zwar kein Gehör, doch er ist das erste Dokument einer nun folgenden dreijährigen Debatte. Es wäre den Parlamentariern ein leichtes gewesen, im Grundgesetz eine Nationalhymne zu proklamieren. Dies hätte allerdings dem von den Verfassungsvätern gewollten Charakter eines Provisoriums widersprochen. Überdies kam Arndts Initiative schlicht zu früh: Kein westdeutscher Politiker mochte sich im ersten Halbjahr 1949, den Klang der Doppelhymne noch im Ohr, zudem gefordert von den praktischen Problemen eines tristen Nachkriegsalltags, die Finger an der unbequemen Frage nach der deutschen Tradition verbrennen. Denn der gerade entstehende Staat, so fürchteten viele, würde mit dem Streit um eine Hymne allzusehr belastet werden. Dafür war das neue Kunstgebilde, obwohl gewiß kein Retortenbaby aus dem Brutkasten der Alliierten, noch nicht reif genug.

Dennoch: Als im August 1949 die Wahlen für den ersten Deutschen Bundestag stattfanden, schrieb der spätere Kultusminister von Rheinland-Pfalz, Dr. Albert Finck, in einem Leitartikel für die Zeitung *Rheinpfalz:*

Jedes Volk hat das Bedürfnis, den Idealen, auf denen sein politisches Dasein beruhen soll, in feierlichem Gemeinschaftsgesang Ausdruck zu verleihen. Wer hätte das Recht, uns ein solches zu verwehren? ... Es erhebt sich nun die Frage: Was nehmen wir als vorläufiges Bundeslied? Wie steht es in dieser Hinsicht mit unserem früheren Deutschlandlied?... Die zweite und dritte Strophe wurden unbeachtet gelassen. Unsere heutige Jugend kennt sie kaum. Und doch sind diese beiden Strophen inhaltlich voller Wahrheit und Weisheit und künden von hohen Idealen. Das gilt in erster Linie von der dritten Strophe ... Wie wäre es, wenn wir diese Strophe als vorläufiges deutsches Bundeslied benützen würden? Wer kann gegen die Ideale »Einigkeit und Recht und Freiheit« etwas einwenden?

Die Franzosen haben bei ihrer Revolution den Neuaufbau ihres Staatswesens unter das Dreigestirn »Freiheit, Gleichheit, Brüderlichkeit« gestellt. Wir gründen unser neues Deutschland auf »Einigkeit und Recht und Freiheit«.

Dieser Artikel war es, der eine interfraktionelle Abgeordneten-gruppe des neu gewählten Deutschen Bundestages am 29. September 1949 zu folgendem Antrag bewegte:

Betr. Bundeshymne
Der Bundestag wolle beschließen:

Die Bundesregierung wird ersucht, dem Bundestag den Entwurf eines Gesetzes über die Anerkennung des »Deutschland-liedes« in seiner ursprünglichen unveränderten Form als Bundeshymne für die Bundesrepublik Deutschland vorzulegen.

Der Text von Heinrich Hoffmann von Fallersleben ist nicht überheblich und will nicht ein anderes Volk oder einen anderen Staat als zweitrangig degradieren, sondern entspringt einem natürlichen selbstverständlichen Volksbewußtsein.

Wortführer der zwölf Abgeordneten war der sudetendeutsche katholische Pfarrer Dr. Franz Ott, im Bundestag einziger Repräsen-tant der sogenannten »Notgemeinschaft«, einer politischen Verei-nigung, die sich vor allem auf die Stimmen von Vertriebenen und Flüchtlingen stützte. Das Rotenburger bischöfliche Ordinariat hatte Ott – im Wahlkreis Esslingen mit zweitausend Stimmen Vorsprung vor dem SPD-Kandidaten direkt gewählter Abgeordne-

ter – freilich zuvor wegen eines generellen päpstlichen Verbots
politischer Betätigung von Geistlichen von seinen priesterlichen
Ämtern suspendiert.

Mitunterzeichner waren unter anderem ein Doktor Dorls, MdB
der rechtsradikalen, 1951 verbotenen »Deutschen Sozialistischen
Reichspartei«, aber auch Margot Kalinke von der CDU, später
Vorsitzende des Verbandes der weiblichen Angestellten e. V. Vier
Wochen später wurde dieser interfraktionelle Antrag von den
Abgeordneten des Bundestags an den »Ausschuß für Rechtswe-
sen und Verfassungsrecht« überwiesen. Für die meisten Parla-
mentarier war das »Deutschland über alles« – trotz aller gutge-
meinten Deutungen – zu mißverständlich, um die junge Republik
mit einer solchen »Bundeshymne« zu belasten. Und so erklärte
sich auch der Rechtsausschuß für »eigentlich nicht zuständig«. Am
7. November 1949 wurde bekannt, daß der Ausschuß keinen Entschluß über die Hymne fassen wolle, weil dies Sache des Bundespräsidenten sei.

Im Archiv des Bundespräsidialamts finden sich noch heute Ak-
tenordner mit Hunderten von Bürgerbriefen, die einen neuen Text
zur Haydn-Melodie vorschlagen. Ein Carl Erwin Bruchhäuser formulierte in seiner »deutschen Volkshymne« (Tempoangabe: »breit
und wuchtig«):

> Heil Dir Deutschland, Volk der Treuen,
> Heil Dir Teures alle Zeit,
> Laßt uns heut den Schwur erneuen,
> Heil'ger Lieb im Glück und Leid,
> Mögen Not und Knechtschaft drohen,
> Mögen Völkerbrände lohen,
> Unsere Herzen schlagen Dir,
> Für und für.

Ein anderer Entwurf versuchte etwas holprig, den scheinbaren
Großmachtsanspruch aus der ersten Strophe zu entfernen:

> Deutschland, Deutschland, Du mein alles,
> Du mein alles in der Welt,
> Du wirst uns die Treue halten,
> Und wer Dir die Treue hält,
> Liebt die Maas und liebt die Memel,

Liebt die Etsch und liebt den Belt,
Deutschland, Deutschland, Du mein alles,
Du mein alles in der Welt.

An Krieg und Vertreibung wollte ein anderer Vorschlag erinnern:

Unheil schlug uns tiefe Wunden,
Schmerzlich haben wirs empfunden,
Not aufs höchste stieg,
Von der Scholle losgerissen,
Viele jetzt noch leiden müssen,
Ärger als im Krieg,
Ärger als im Krieg.

Nun veranstaltete die *Süddeutsche Zeitung* eine Umfrage. Der Generalsekretär der CSU, Franz Josef Strauß, war »prinzipiell für die Wiedereinführung des Deutschlandliedes«. Doch vorerst, so betonte er, müsse man noch etwas vorsichtig sein, »da man noch immer das Gefühl habe, es müsse in unmittelbarer Folge das Horst-Wessel-Lied erklingen«. Die KPD hingegen meinte: »Wir sind der Meinung, daß es eine neue deutsche Nationalhymne gibt, und zwar ›Auferstanden aus Ruinen‹, die neue Hymne der Deutschen Demokratischen Republik der Sowjetzone. Dieses Lied sollte auch in Westdeutschland Geltung haben.«

In der Tat: Der zweite deutsche Staat, der sich soeben konstituierte, vermied in Sachen Hymne die Last der Tradition und eine Traditionsdebatte. Die DDR verfügte schlicht, sie sei etwas völlig Neues, unbelastet von der Kriminalität des »Dritten Reiches«, gleichsam die Erfüllung einer guten, emanzipatorischen Linie der deutschen Geschichte. Folgerichtig gab sie sich auch eine neue Nationalhymne. Das hatte allerdings durchaus pragmatische Gründe. Das neue DDR-Regime, das sich am 7. Oktober 1949 etablierte, fand außerhalb des Ostblocks nicht die erhoffte diplomatische, schon gar nicht völkerrechtliche Anerkennung. Diese Zurücksetzung verstärkte das Bestreben, sich um so rascher mit den Symbolen eigener Staatlichkeit zu schmücken.

Wenige Tage nach Gründung der DDR, am 10. Oktober 1949, wandte sich Staatspräsident Wilhelm Pieck an den Dichter Johannes Robert Becher und bat ihn, »eine neue deutsche Nationalhymne« zu schreiben. Der Bayer Becher, Jahrgang 1891, ein Bürgersohn und Philologe, war im Ersten Weltkrieg Pazifist geworden und 1923 in die KPD eingetreten. Er war mit Tucholsky, Brecht, Hermann Hesse, Arnold Zweig und den Gebrüdern Mann befreundet. Er wurde Redakteur der *Roten Fahne* und emigrierte 1933 in die Sowjetunion. 1943 zählte er zu den Mitbegründern des »Nationalkomitees Freies Deutschland«.

»Sein Kommunismus ist durchaus patriotisch gefärbt... Zuerst und zuletzt steht der heiße Wunsch, seinem Volke, dem deutschen, zu dienen«, attestierte Thomas Mann dem Dichter Becher. Becher selbst schrieb in der Moskauer Emigration von seiner »Hoffnung auf ein neues Deutschland« nach dem Fall des Hitler-Staates: »Wir haben in wahrhaft nationalen Begriffen denken zu lernen und den nationalen Willen eines freien Reiches deutscher Nation machtvoll in uns zu verkörpern.«

Von solchen Überlegungen geprägt, schrieb Becher 1942 in Moskau folgendes Gedicht:

Auferstanden aus Ruinen
Und der Zukunft zugewandt,
Laß uns Dir zum Guten dienen,
Deutschland unser Vaterland,
Deine Einheit zu erringen,
Haben wir uns fest geeint,
Alte Not gilt es zu zwingen,
Daß die Sonne, daß die Sonne
Über Deutschland scheint.

Das Gedicht war also schon vorhanden. Doch nach dem Antrag Piecks machte sich der Autor an die Korrektur des Verses – denn, so meinte er zu seiner Sekretärin, »das Ergebnis muß jede Gemüsefrau verstehen«. Nach »Deutschland« strich er »unser« aus und schrieb »einig« darüber. Die nächsten beiden Zeilen strich er ganz und setzte dafür hinter die Zeile »Alte Not gilt es zu zwingen« zwei neue Zeilen: »Und wir zwingen sie vereint, Denn es muß uns doch gelingen«. Den Schluß veränderte er in »Daß die Sonne schön wie nie / über Deutschland scheint«.

Diese Fassung schickte er an den Komponisten Ottmar Gerster und bat ihn um eine Vertonung. Gerster machte sich sofort an die Arbeit. Doch er war nicht der einzige Kandidat. Denn als Becher wenige Tage später in Warschau den Komponisten Hanns Eisler traf und ihm von Piecks Auftrag erzählte – ausgerechnet im Geburts- und Wohnhaus Frédéric Chopins –, setzte sich Eisler sofort an den Chopin-Flügel und entwarf aus dem Stegreif eine Melodie, die Becher gefiel. Doch dieser mochte Gerster nicht düpieren, und so begann ein Komponisten-Wettstreit.

Am 4. November 1949 versammelten sich im Berliner »Club der Kulturschaffenden« an die dreißig Funktionäre von SED und FDJ. Zwei Chöre traten auf. Gerster und Eisler dirigierten ihre Fassungen des Becher-Textes. Eisler, bekannt durch zahllose Arbeiterlieder und Vertonungen von Brecht-Gedichten, wurde klarer Punktsieger. Gersters Fassung wirkte eher wie eine Bach-Kantate, ihr fehlte das erbetene »hymnische Pathos«.

Doch die letzte Entscheidung behielt sich das Politbüro der SED vor. Einen Tag später, am 5. November, schrieb Wilhelm Pieck in sein Tagebuch:

... 10.00 Uhr Zusammenkunft des Pol-Büros in meiner Wohnung, Majakowski-Ring, wo der Text und die Komposition von Eisler und Gerster vorgelegt und von zwei Künstlern der Staatsoper gesungen wurden, wozu Eisler und Gerster jeder seine Komposition spielte. Vom Pol-Büro wurde dem Text von Becher zugestimmt. Außerdem wurde die Komposition von Eisler angenommen. Es erfolgte eine Verständigung, daß Grotewohl am gleichen Tag nachmittags dem Ministerrat den Text und die Komposition vortragen lassen sollte. Der Ministerrat stimmte dem Text und der Komposition zu.

Zwei Tage später, am 7. November 1949, bei einer Feier zum 32. Jahrestag der Oktoberrevolution, sang der Chor des Berliner Rundfunks die Hymne zum erstenmal öffentlich von Handzetteln ab. Das Publikum applaudierte, wie das *Neue Deutschland* schrieb, »ergriffen und begeistert«.

Doch die ungeteilte Freude hielt nicht lange an. Nur wenige Monate später meldete sich aus Österreich der Schlagerkomponist Peter Kreuder (»König der Evergreens«), der im »Dritten Reich« unter anderem die Musik zu dem Hans-Albers-Film »Wasser für Canitoga« geschrieben hatte, und beanspruchte für Eislers Melodie das Urheberrecht. Diese Melodie, so Kreuder, sei in wesentlichen Teilen ein glattes Plagiat seines Schlagers »Good bye Jonny« aus »Wasser für Canitoga«: »Good bye Jonny, good bye Jonny, schön war es mit uns zwei'n; aber leider, aber leider, kann's nicht immer so sein.«

Die Ähnlichkeit war in der Tat frappierend, und Kreuder behauptete bis zu seinem Tod 1981 steif und fest, die Melodie der DDR-Hymne stamme eigentlich von ihm: Doch einen regulären Rechtsanspruch erstritt er nie, obwohl er sogar die Urheberrechtskommission der UNO bemühte. Allenfalls errang er ideelle Befriedigung: Als er auf einer DDR-Tournee in den siebziger Jahren sein Orchester infamerweise »Good bye Jonny« spielen ließ, erhob sich das Publikum von den Plätzen.

Späte Rache an Eisler. Der hatte 1950 überdies die Melodie zu einer »Kinderhymne« Bertolt Brechts geschrieben, deren Text die aktuellen Nachkriegsgrenzen schilderte:

> ... und nicht über und nicht unter
> andern Völkern wolln wir sein.
> Von der See bis zu den Alpen
> Von der Oder bis zum Rhein
> Und weil wir dies Land verbessern
> Lieben und beschirmen wir's
> Und das Liebste mag's uns scheinen
> So wie andern Völkern ihrs.

Ein schönes Gedicht – doch Textdichter Brecht war hier zu spät gekommen. Textdichter Becher hingegen erfuhr die Fülle offizieller Ehrungen: Er wurde Kulturpräsident, Nationalpreisträger, DDR-Kultusminister. Doch die Entwicklung »seines« deutschen Staates, dessen Führer zwar – wie auch im Westen – Lippenbekenntnisse zur deutschen Einheit ablegten, tatsächlich aber immer stärker an der deutschen Teilung bastelten, befremdete ihn mehr und mehr. Becher nahm das »Deutschland, einig Vaterland« der Hymne ernst. Er zählte zu den eifrigsten Verfechtern der SED-Kampagne »Deutsche an einen Tisch«. Und als er 1958 starb, da war er in Sachen Einheit, wie Vertraute schildern, resigniert, verbittert, illusionslos.

Während der zweite deutsche Staat also Nägel mit Köpfen machte, setzte sich die Hymnendiskussion im Westen fort. Im Bundespräsidialamt häuften sich die Vorschläge, darunter Verse wie:

100

Deutschland, Deutschland Du mein alles,
Du mein alles in der Welt,
Wenn es stets zu Schutz und Trutze,
Brüderlich zusammenhält,
Menschlichkeit und Fried und Freiheit,
Klar ist unser Blick erhellt,
Deutschland, Deutschland, Du mein alles,
Du mein alles in der Welt.

Der Autor, Theo Dick, formte im Dezember 1949 die zweite Strophe so um:

Einigkeit und Recht und Freiheit
Jedes Volkes höchster Ruhm
Soll uns neue Zukunft winken
Nur durch reines Menschentum.
Einigkeit und Recht und Freiheit
Unsere Losung: Krieg dem Krieg!
Daß den Frieden wir gewinnen,
Sichern so der Menschheit Sieg!

Das Bundespräsidialamt antwortete den Einsendern schon längst nicht mehr einzeln, sondern versandte einen Schemabrief: »Sobald der Bundestag an die gewiß bedeutende und wichtige Frage herangeht, wird selbstverständlich auch Ihre Zusendung mit zur Prüfung gegeben ... Sie dürfen sicher sein, daß man im Bundestag über dieses Thema noch ausführlich sprechen wird.«

Theodor Heuss, der liberale Präsident, war also anfangs durchaus nicht geneigt, die Kompetenz in Sachen Hymne ganz an sich zu ziehen. Doch der Widerstand des Bundestags, sich des Themas anzunehmen, drängte ihn allmählich in die Rolle der entscheidenden Instanz. Und die Hunderte von Deutschen, die Monat für Monat neue Textvorschläge an den Präsidenten sandten, unterstellten ohnehin, daß er und nur er eine Hymne für den neuen Weststaat proklamieren könne.

Bei den weitaus meisten Einsendern war die Haydn-Melodie so gut wie unumstritten. Mehr oder minder sachte verändert wurde in der Regel nur der Text. Das nervte Heuss gelegentlich. »Alte Jacke!« schrieb er mit Rotstift auf einen Brief, der die Zeile »Deutschland, Deutschland über alles« durch »Deutschland, Du mein alles« ersetzen wollte, womit, wie der Verfasser schrieb, »den Feinden ein Giftzahn gezogen, uns aber nicht geschadet wäre«.

Anfang April 1950 stellte Bundesinnenminister Gustav Heinemann lakonisch fest, daß Eberts Proklamierung 1922 »kein Staatsakt im Rechtssinne« gewesen sei und daher »ein neues Staatslied« frei gewählt werden könne. Doch da übernahm Adenauer den »Fall Hymne«. Und der »Alte« tat dies auf höchst pragmatische Weise. Er spürte, daß die weitaus meisten Deutschen an der Hoffmann-Haydn-Hymne hingen. Meinungsumfragen hatten inzwischen ergeben, daß 75 Prozent der Bundesbürger für die Wiedereinführung des Deutschlandliedes waren.

Überdies mehrten sich die Peinlichkeiten – etwa bei internationalen Sportveranstaltungen. Bei Siegerehrungen für Deutschland (West) wurden statt der offiziös verordneten Schiller-Beethovenschen Behelfshymne »Freude, schöner Götterfunken« schon mal versehentlich die »Eingeborenen von Trizonesien« oder gar »In München steht ein Hofbräuhaus« zum besten gegeben. Und bei Adenauers Auftritten neigten die Kapellen nördlich des Mains mehr und mehr zu »Heidewitzka, Herr Kapitän!«.

Nicht jedoch am 18. April 1950 in Berlin. Dort stimmte der Kanzler, nach einer Rede im Titania-Palast, überraschend die dritte Strophe des Deutschlandliedes an, nachdem er die Zuhörer aufgefordert hatte, aufzustehen und mitzusingen – ein »fait accompli«. Während die Mitglieder des SPD-Parteivorstands den Raum verließen und die drei Westberliner Stadtkommandanten sitzenblieben, sangen Oberbürgermeister Ernst Reuter und seine Vorgängerin Luise Schröder mit.

Das State Department in Washington sprach anschließend von einem »Fehler«; das »Foreign Office« in London etwas deutlicher von einer »Geschmacklosigkeit«. Darüber wiederum erregte sich Premierminister Winston Churchill, der darauf bedacht war, dem künftigen antisowjetischen Bollwerk Bundesrepublik nicht zu viele kriegsbedingte Lasten aufzubürden. Im Unterhaus erklärte er: »Ich war empört, als ich sah, welches Aufheben wir machten, weil einige Deutsche ihre Nationalhymne gesungen haben.« Dies sei nicht die richtige Weise, in der eine große Nation eine andere, auch wenn sie besiegt sei, behandeln dürfe. Und sein Außenminister Eden fragte: »Sollen wir etwa den Deutschen die Internationale als Nationalhymne vorschlagen?«

Die schwedische Zeitung *Expressen* erklärte den Kanzler zum

»Meistersinger von Berlin«. Der SPD-Vorsitzende Kurt Schumacher, obwohl im Grunde selbst auch für das »Deutschlandlied« als Hymne, sprach von einem »Handstreich« des Kanzlers. Adenauers deutschlandpolitischer Gegenspieler, Minister Jakob Kaiser, hielt dem Kanzler allerdings die Stange: »Ein schöner Staatsstreich. Früher oder später hätte es doch geschehen müssen.« Zwar tat der »Alte« ob der Reaktion erstaunt und wiegelte ab: Nie habe er daran gedacht, »eine Nationalhymne quasi diktatorisch einführen zu wollen«. Doch Heuss war höchst erzürnt und fühlte sich nun doch in seiner Kompetenz beschnitten. Schon tags darauf veröffentlichte das Bundespräsidialamt eine Erklärung, in der es hieß, mit dem Absingen der dritten Strophe sei noch keine Entscheidung über die künftige Hymne gefallen. »Die Bestimmung einer Nationalhymne gehört nach deutschem Staatsrecht als Teil des Organisationsgebietes zum Prärogativ des Bundespräsidenten.«
Doch Adenauers Vorstoß gab den Amateurdichtern im Lande nun erst recht den rechten Schub. Schon am 23. April erreichten das Bundespräsidialamt folgende markige Zeilen:

> Deutschland hebe Deine Schwingen,
> Breite sie im Äther weit,
> Deutscher Aar, ins Licht zu dringen,
> Mach Dich wieder startbereit.

Neben einem »Weihe-Marsch« erreichte auch ein »Bundesmarsch« die Villa Hammerschmidt. Ein »treudeutsches FDP-Mitglied« schlug vor:

> Wenn der Heimat Wälder rauschen
> An Gestaden schmuck und grün,
> Horcht der Geist, die Sinne lauschen,
> Auf den Klang der Harmonien,
> Alles jauchzet, zieht und schwebet
> Hin die Brust ins Grüne fort,
> Hin, wo heilge Freiheit lebet,
> Deutscher Sang und deutsches Wort.

Nun blieb Heuss keine andere Wahl, als einen neuen Schemabrief zu versenden: »Der Bundespräsident will trotz des ihm begreiflichen Drängens nach einer Nationalhymne gerade in dieser Frage keine übereilten Schritte unternehmen, weil ihm ein lähmender Streit um diese Dinge in der augenblicklichen Situation nicht tragbar erscheint. Er hat gewichtige Gründe dafür, die Entscheidung – die ihm hierbei zusteht – erst nach reiflicher Klärung mit allen maßgeblichen politischen Faktoren zu treffen.« Und am 31. August 1950 teilte das Bundespräsidialamt kategorisch mit, »daß Professor Heuss entschieden hat, daß bis zum Vorliegen einer neuen deutschen Nationalhymne das schöne Lied ›Ich hab mich ergeben‹ zu singen ist«.

Tatsächlich aber hatte Heuss längst einen anderen Plan. Schon Anfang 1950 hatte er insgeheim den Dichter Rudolf Alexander Schröder gebeten, den Text für eine neue Nationalhymne zu schaffen. Schröder, Jahrgang 1878, war der Typ des »allumfassend orientierten Künstlers«. In jungen Jahren war er Innenarchitekt und Landschaftsmaler gewesen. Als Lyriker fühlte er sich »stets dem Humanismus der Klassik verpflichtet«. In mitunter weihevollen Versen (»Heilig Vaterland«) beschwor er die Werte abendländischer und patriotischer Gesinnung. Aus dem politischen Alltag hielt Schröder sich bewußt heraus. Der Dichter kam der Bitte des Präsidenten gerne nach und verfaßte eine »Hymne an Deutschland«:

Land des Glaubens, deutsches Land,
Land der Väter und der Erben,
Uns im Leben und im Sterben
Haus und Herberg, Trost und Pfand.
Sei den Toten zum Gedächtnis,
den Lebendgen zum Vermächtnis,
Freudig von der Welt bekannt,
Land des Glaubens, deutsches Land.

Heuss gefiel der Text recht gut. Er fand ihn, wie er später schrieb, unprätentiös und unpathetisch, der deutschen Lage angemessen, »eine schöne und bedeutende Lösung«. Schröder selbst hatte, nach einigen recht abgehobenen Anfangsversen, selbst sprachliche Vereinfachungen vorgenommen – bis hin zur Endfassung. Bei einer »Hausprobe« im Präsidialamt entwarf der Dichter selber

»Ich spiele dieses Lied an
jedem Morgen.« Joseph
Haydn komponiert im
Januar 1797 die Melodie
zur österreichischen Hymne
»Gott erhalte Franz den
Kaiser«. (Gemälde von
Christian Ludwig Seehas,
1785.)

»Ich habe ein Lied gemacht,
das kostet aber vier Louisdor.« August Heinrich
Hoffmann von Fallersleben
schreibt am 26. August
1841 auf der Insel Helgo-
land sein Gedicht »Das Lied
der Deutschen«. (Stich
von Christian Hoffmeister
nach einer Zeichnung von
Ernst Fröhlich, um 1850.)

». . . über Alles in der Welt.«
Die Originalhandschrift
des Hoffmannschen
Gedichts.

Helgoland 26. Aug. 41.

Das Lied der Deutschen.

Deutschland, Deutschland über Alles,
Über Alles in der Welt,
Wenn es stets zu Schutz und Trutze
Brüderlich zusammenhält,
Von der Maas bis an die Memel,
Von der Etsch bis an den Belt –
Deutschland, Deutschland über Alles,
Über Alles in der Welt!

Deutsche Frauen, deutsche Treue,
Deutscher Wein und deutscher Sang
Sollen in der Welt behalten
Ihren alten schönen Klang,
Uns zu edler That begeistern
Unser ganzes Leben lang –
Deutsche Frauen, deutsche Treue,
Deutscher Wein und deutscher Sang!

Einigkeit und Recht und Freiheit
Für das deutsche Vaterland!
Danach laßt uns alle streben
Brüderlich mit Herz und Hand!
Einigkeit und Recht und Freiheit
Sind des Glückes Unterpfand –
Blüh' im Glanze dieses Glückes,
Blühe deutsches Vaterland!

ANSICHT VON HELGOLAND,
von der Sand-Insel.

»Hoffmann, Ihr Lied braucht eine Melodie!« Bei einem Spaziergang auf der Insel Helgoland erzählt Hoffmann seinem Verleger Campe zum erstenmal von seinem Gedicht. (Ansicht von Helgoland, um 1840. Kolorierter Stahlstich.)

»Hinauf Patrioten, zum Schloß . . .« Im Mai 1832 ziehen mehr als dreißigtausend Menschen zum Hambacher Schloßberg. Sie fordern Deutschlands Einheit, Freiheit und ein freies und vereinigtes Europa. (Kolorierter zeitgenössischer Holzstich.)

»Wir haben die größte Aufgabe zu erfüllen.« In der Frankfurter Paulskirche tagt in den Jahren 1848/49 die erste Deutsche Nationalversammlung. (Kolorierte zeitgenössische Zeichnung.)

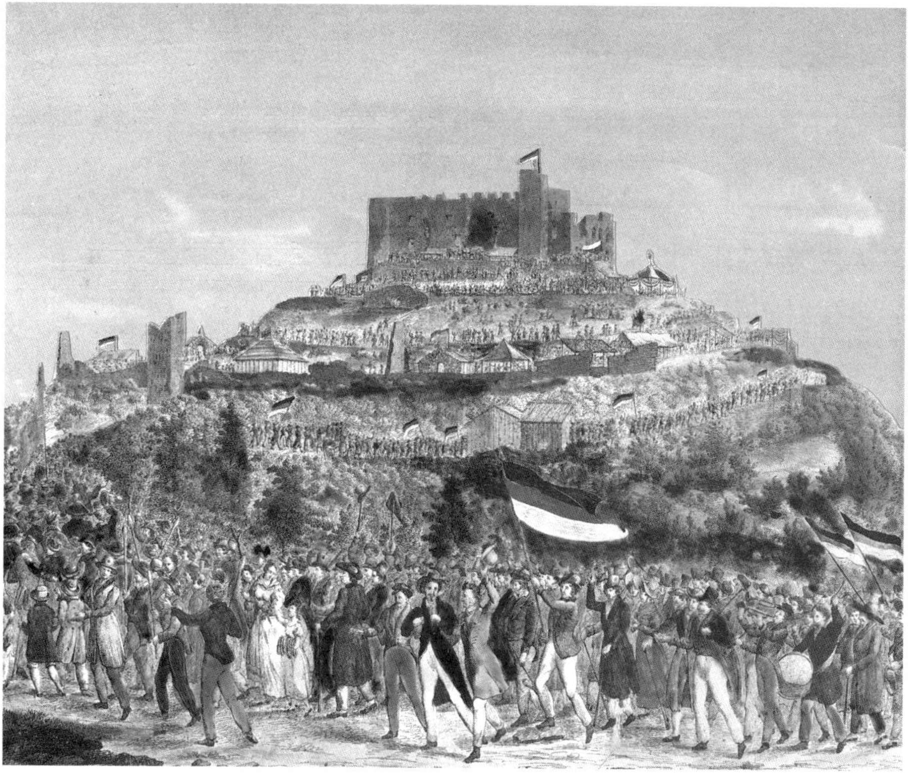

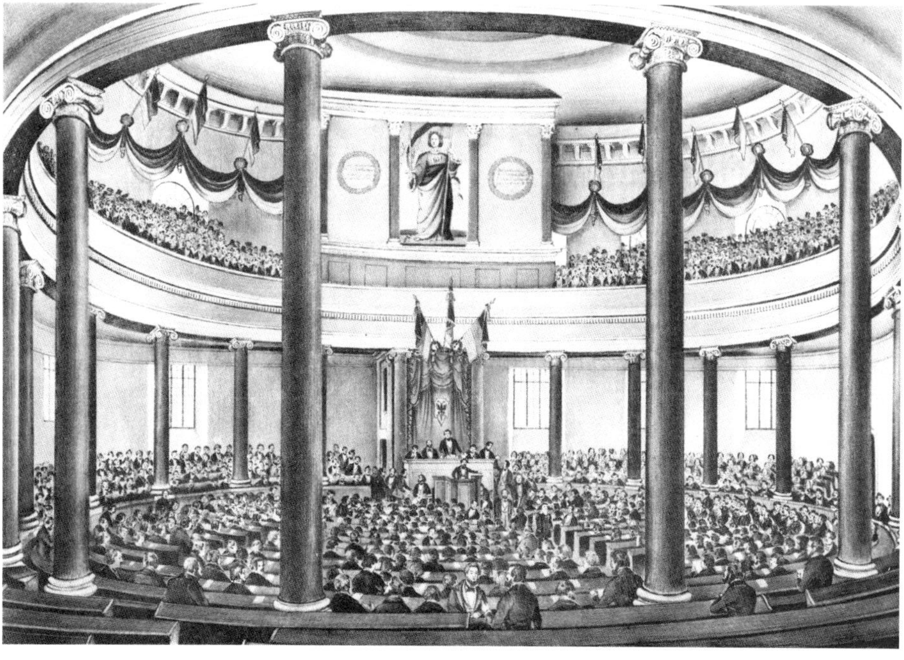

»Heil Dir im Sieger-
kranz...« Im Januar 1871
wird im Spiegelsaal des
Schlosses von Versailles
das deutsche Kaiserreich
proklamiert. Inoffizielle
Hymne wird das alte preu-
ßische Herrscherlied.
(Gemälde von Anton von
Werner.)

»Blüh' im Glanze dieses
Glückes...« Helgoland
wird deutsch. Bei der Feier
am 10. August 1890 wird
das Lied der Deutschen
zum erstenmal bei einem
Staatsakt gesungen.

»Westlich Langemarck...«
Am 10. November 1914
ziehen junge deutsche Infan-
teriesoldaten, das
Deutschlandlied singend, in
die Flandernschlacht.
(Gemälde von Fritz Grote-
meyer.)

Folgende Doppelseite:
Die Erstausgabe vom »Lied
der Deutschen« im Hoff-
mann und Campe Verlag,
Hamburg, 1. September
1841.

Das Lied der Deutfchen.

Andante.

Deutſch=land, Deutſch=land ü = ber Al = les, Ü = ber Al = les in der Welt,

Wenn es ſtets zu Schutz und Truz = ze Brü=der=lich zu = ſam=men hält,

Von der Maas bis an die Me = mel, Von der Etſch bis an den Belt —

Deutsch-land, Deutsch-land ü = ber Al = les, ü = ber Al = les in der Welt!

2.

Deutsche Frauen, deutsche Treue,
Deutscher Wein und deutscher Sang
Sollen in der Welt behalten
Ihren alten schönen Klang,
Uns zu edler That begeistern
Unser ganzes Leben lang —
Deutsche Frauen, deutsche Treue,
Deutscher Wein und deutscher Sang!

3.

Einigkeit und Recht und Freiheit
Für das deutsche Vaterland!
Danach laßt uns alle streben
Brüderlich mit Herz und Hand!
Einigkeit und Recht und Freiheit
Sind des Glückes Unterpfand —
Blüh' im Glanze dieses Glückes,
Blühe deutsches Vaterland!

»Einigkeit und Recht und
Freiheit...« Bei der Ver-
fassungsfeier im Reichstag
zu Berlin am 11. August
1922 wird das Deutschlandlied zur Nationalhymne
erklärt.

»Gesungen gegen Zwie-
tracht und Willkür...«
Der sozialdemokratische
Reichspräsident Fried-
rich Ebert, auf dessen Initiative hin das Deutsch-
landlied Nationalhymne
wird. (Aufnahme 1924.)

»Die Fahne hoch . . .« Das
Horst-Wessel-Lied, ein
Marschlied der SA, wird im
NS-Staat mit dem
Deutschlandlied zur
»Doppelhymne«.

»Auferstanden aus Ruinen ...« Der Bayer Johannes R. Becher, Textdichter der 1949 proklamierten DDR-Hymne, hatte seinen Erstentwurf schon 1942 im Moskauer Exil geschrieben. (Aufnahme 1955.)

»Good-bye, Jonny ...« Hanns Eisler schreibt die Melodie der DDR-Hymne – nach Ansicht des Komponisten Peter Kreuder ein Plagiat seines Schlagers. (Aufnahme 1949.)

BULLETIN

DES PRESSE- UND INFORMATIONSAMTES
DER BUNDESREGIERUNG

6. Mai 1952   Nr. 51/S. 537

Das Deutschlandlied ist Nationalhymne

Ein Briefwechsel zwischen Bundespräsident Theodor Heuss und Bundeskanzler Konrad Adenauer

Der Brief des Bundeskanzlers

Bundesrepublik Deutschland
Der Bundeskanzler   **Bonn, 29. 4. 52**
An den
Bundespräsidenten der
Bundesrepublik Deutschland
Herrn Prof. Dr. Theodor Heuss
B o n n

Sehr geehrter Herr Bundespräsident!

Die Frage einer „National-Hymne" ist in den vergangenen zwei Jahren wiederholt zwischen uns besprochen worden. Ich achtete wenn auch mit Zweifel an dem Gelingen, Ihren Versuch, durch einen neuen Text und durch eine neue Melodie über die unliebsamen Zwischenfälle hinwegzukommen, die bei der Wiedergabe oder bei dem Absingen des „Deutschland-Liedes" sich ereignet haben; es sollte vermieden bleiben, hier einen neuen Streit in unser Volk zu tragen.

Sie haben mir selber gelegentlich zum Ausdruck gebracht, daß Sie das Bemühen als gescheitert betrachten müssen. Die Gründe mögen jetzt unerörtert bleiben. Als das Kabinett Sie vor Monaten durch mich bitten ließ, sich für die dritte Strophe des „Deutschland-Liedes" zu entscheiden, gab ich zu, daß Ihre damalige Gegenargumentation eine innere Berechtigung besaß.

Inzwischen ist nun die Frage dringend geworden, und ich muß den Wunsch der Bundesregierung darum pflichtgemäß wiederholen. Sie wissen selber um die Lage, in der bei amtlichen Veranstaltungen unsere ausländischen Vertretungen sich befinden. Ich will in diesem Augenblick die innerdeutschen Gefühlsmomente, deren Gewicht von uns beiden gleich hoch gewertet wird, gar nicht in Anschlag bringen. Es ist wesentlich der außenpolitische Realismus, der uns, Ihnen wie mir, nahelegen muß, die Entscheidung nicht weiter hinauszuzögern; ich möchte auch hoffen dürfen und glaube, dazu Grund zu haben, daß die innenpolitischen Vorbehalte, die sich auf den Mißbrauch des „Deutschland-Liedes" durch die Vernichter des alten Deutschland beziehen, an Schärfe verloren haben — war es doch der Reichspräsident Friedrich Ebert, der das „Deutschland-lied" durch eine staatsmännische Entscheidung zur Nationalhymne erklärte.

Daher die erneute Bitte der Bundesregierung, das Hoffmann-Haydn'sche Lied als Nationalhymne anzuerkennen. Bei staatlichen Veranstaltungen soll die dritte Strophe gesungen werden.

Mit freundlichen Grüßen
Ihr
gez. Adenauer

Die Antwort des Bundespräsidenten

Der Präsident
der Bundesrepublik Deutschland   **Bonn/Berlin, 2. 5. 1952**

Sehr geehrter Herr Bundeskanzler!

Sie haben recht: ich wollte vermieden wissen, daß in öffentlichen Veranstaltungen mit einem vaterländischen Akzent, gleichviel wie ihre Ausdehnung oder wie ihr Rang sei, ein Mißklang ertöne, weil sehr viele Menschen unseres Volkes Haydns große Melodie nur eben als Vorspann zu dem „dichterisch" und musikalisch minderwertigen Horst-Wessel-Lied im Gedächtnis haben, dessen banale Melodie den Marsch-Takt in ein Volksverderben abgab.

Doch das ist es nicht allein. Als mich die Frage nach einer Nationalhymne bewegte — und das liegt immerhin längst vor meiner Wahl zum Bundespräsidenten — glaubte ich, daß der tiefe Einschnitt in unserer Volks- und Staatsgeschichte, einer neuen Symbolgebung bedürftig sei, damit wir vor der geschichtlichen Tragik unseres Schicksals mit zugleich reinem und freiem Herzen, in klarer Nüchternheit des Erkennens der Lage bestehen werden. Ich weiß heute, daß ich mich täusche. Ich habe

den Traditionalismus und sein Beharrungsbedürfnis unterschätzt. Man hat mir wegen meines Planes manche herzhafte Zustimmung gegeben, und zwar aus schier allen heute wesentlichen politischen Gruppen, man hat mich bewegend, entrüstet, töricht, banal in zahllosen Briefen, Telegrammen, Resolutionen belehrt, daß man in der Not der Vergangenheit nicht verleugne usf. usf. Wenn mich jemand über geschichtliches Würdegefühl belehren wollte, habe ich das kühl auf die Seite geschoben. Denn ich bin stolz und selbstbewußt genug, zu meinen, daß einige meiner in der Vergangenheit liegenden literarischen und wissenschaftlichen Arbeiten der deutschen Würde bekümmerter waren als die Leistung mancher „prominenter" Protestler von heute, die besser schweigen.

Da ich kein Freund von pathetischen Proklamationen bin und mit mir selber im reinen bleiben will, muß ich nach meiner Natur auf eine „feierliche Proklamation" verzichten. Wenn ich also der Bitte der Bundesregierung nachkomme, so geschieht das in der Anerkennung des Tatbestandes.

Ich möchte daran zwei Erwartungen und Wünsche knüpfen. In den letzten Jahren habe ich, zum Teil durch recht prominente Mitglieder aus den Reihen der CDU, der FDP, der SPD Versicherungen erhalten, wie richtig, wie falsch das sei, was ich versucht habe — es wäre ein Glück, wenn nun das Kapitel der Parteiauffassungen abgeschlossen wäre, das auch in einigen Landtagen abgehandelt wurde. Zum anderen: Man hatte mir nahegelegt, bei der Freigabe von Helgoland den erwarteten Akt der „Proklamation" zu vollziehen, weil bekanntlich auf dieser Insel Hoffmann seine Verse gedichtet hat. Das ist nun so: Hoffmann von Fallersleben war ein Schwarz-Rot-Goldener, sogar leicht verärgert, daß nach 1870 sein Gedicht gar nicht in Aufnahme kam. Es wäre sehr froh sein, wenn dies jetzt in Briefen und Entschließungen und Artikeln so lebhaft zu ihm bekannt haben, auch die Folgerungen daraus weiter ziehen, und es wäre verdienstlich, Herr Bundeskanzler, wenn die Bundesregierung mit dafür sorgen könnte, daß diese Farben bei festlichen Anlässen, da man diese Worte von Hoffmann von Fallersleben singen will und singen wird, nicht bloß an den Amtsgebäuden wehen, sondern von den Mitgliedern der Gruppen, die sich dafür in Beschlüssen erklärt haben, als das Symbol unseres Staates auch öffentlich bekannt würden.

Mit guten Grüßen
Ihr
gez. Theodor Heuss

Herrn Bundeskanzler
Dr. Adenauer
B o n n

INHALT

Theodor Heuss versucht als Bundespräsident vergeblich, eine neue Hymne an die Stelle des Deutschlandliedes zu setzen. (Aufnahme um 1951.)

Linke Seite: Ein Bulletin der Bundesregierung teilt am 6. Mai 1952 mit, daß Heuss dem Drängen Adenauers nachgegeben hat. Das »Lied der Deutschen« ist damit Nationalhymne in der Bundesrepublik Deutschland.

Konrad Adenauer drängt auf die Wiedereinsetzung des Deutschlandliedes als Nationalhymne. (Aufnahme 1953.)

»Was du hier siehst, ist eine
Volkserhebung . . .« Am
17. Juni 1953 ziehen De-
monstranten, das
Deutschlandlied singend,
durch das Brandenburger
Tor.

eine Melodie, die jedoch für sich allein genommen »nicht bestehen würde«, wie Heuss bedauernd meinte.

Schröder bat daraufhin den mit ihm befreundeten Komponisten Lahusen, den Text zu vertonen. Auch diese Komposition jedoch war Heuss und seinem Kreis im Präsidialamt »zu choralhaft, wozu ja in der Architektur der Hymne einige Verlockung ruht«.

In dieser Lage schrieb der Präsident am 27. September 1950 »streng vertraulich« einen Brief an den Komponisten Carl Orff, in dem er seine Intentionen kurz skizzierte und Orff um eine Melodie zu Schröders Text bat. Die Bundesrepublik brauche eine neue Hymne, denn, so Heuss:

... Die Frage der deutschen Nationalhymne beschäftigt mich, wie Sie sich denken können, seit meinem Amtsantritt als Bundespräsident. Viele Versuche bedrängen mich, das Hoffmannsche Deutschlandlied wieder zu wählen, aber ich war von Anbeginn dazu entschlossen, es nicht zu tun, denn die erste Strophe paßt nicht mehr in die geschichtliche Landschaft, die zweite ist trivial und immer trivial gewesen, die dritte allein für sich zu wenig. Die mannigfaltigen Versuche, auf die Haydnsche Melodie einen neuen Text zu stülpen, halte ich für aussichtslos. Ich glaube, die Deutschen genug zu kennen, um zu wissen, daß dann die »loyalen« Patrioten den sogenannten amtlichen Text, die »militanten« Patrioten, oder die sich dafür halten, den Hoffmannschen Text singen, und wir kommen aus dem ewigen Sängerwettstreit der stärkeren Stimmen nicht heraus ...

Orff jedoch blieb skeptisch. In Schröders Text, meinte er, stecke so viel geistige Verhaltenheit, »daß es schwer sein wird, ihn irgend geeignet zu vertonen. Mir persönlich erscheint diese Aufgabe unlösbar«. Der Text verhalte sich zu dem, was er seiner Meinung nach sein sollte, »wie eine Konzertarie zu einem Volkslied«. Er rege deshalb an, zuerst nach einem besseren Text zu fahnden. Dann erst könne die Vertonung angegangen werden. Ob, so Orff, »sich nicht in unserer unsterblichen Klassik (Mozart oder Beethoven) ein Satz fände, der neben Haydn standhielte«? Im übrigen, so schrieb der Komponist dem Präsidenten elegant ab, halte er den Frankfurter Kollegen Hermann Reutter »für einen ausgezeichneten, mit hymnischer Ausdruckskraft begabten Musiker«.

Heuss blieb also gar nichts anders übrig, als sich an Reutter zu wenden. Der akzeptierte prompt und freudig und lieferte vier Wochen später eine Melodie. Nun änderte Heuss erneut seinen Schemabrief. Am 15. Dezember 1950 wurde ein Vorschlag mit der Anmerkung zurückgesandt, »daß mit einer endgültigen Entscheidung in dieser Frage wohl bald zu rechnen ist«. Am 18. Dezember meldete die Düsseldorfer *Rheinische Post,* daß beim NWDR in Köln schon heimlich Aufnahmen stattgefunden hätten: »Die Teilnehmer mußten vom Blatt singen und die Texte wieder abliefern.« Das war eine Indiskretion, die Heuss verstimmte. Für ihn war der »Fall Hymne« so etwas wie »geheime Präsidentensache«. Das Präsidialamt ließ noch am gleichen Tage listig dementieren, daß Heuss zu Silvester eine neue Nationalhymne »anordnen« wolle. Richtig sei vielmehr, daß dem Bundespräsidenten von einem bekannten deutschen Dichter eine »Hymne an Deutschland« gewidmet worden sei, die inzwischen »auch eine Vertonung« gefunden habe.

Es war gerade dieses »abschwächende Dementi«, das Parteifreunde des Präsidenten, einige junge FDP-Abgeordnete des nordrhein-westfälischen Landtags, die späteren Düsseldorfer »Jungtürken« Walter Scheel, Willy Weyer und Liselotte Funcke, alarmierte. Zwei Tage vor Silvester 1950 schrieben sie namens der NRW-Jungdemokraten, die Gerüchte um Heussens neue Nationalhymne erfüllten sie »mit größter Bestürzung«. Sie hielten es natürlich für »völlig ausgeschlossen«, daß Heuss auch nur daran denken könne, etwa anläßlich seiner Neujahrsbotschaft eine neue Hymne zu proklamieren. Dennoch möge der Präsident wissen, daß sie, die Abgeordneten, »in aller Eindeutigkeit und Prägnanz« feststellten: Das Deutschlandlied sei nicht durch eine Willensbildung des Volkes, sondern durch einen Akt der Siegermächte in den Hintergrund gedrängt worden. Die Bundesrepublik habe »nicht die allergeringste Veranlassung«, sich »an dem würdelosen Beginnen ... der Diktatur der Ostzone« zu beteiligen, das Deutschlandlied durch »ein trauriges Machwerk« zu ersetzen. Dabei stehe nicht zur Diskussion, ob Schröders oder Hoffmanns Text besser sei. Entscheidend für ihren Standpunkt sei folgende Überlegung:

Gerade in dem Augenblick, in dem von uns völlige moralische und materielle Gleichberechtigung gefordert und von fast allen unseren Partnern der westlichen Welt anerkannt wird, würde ein solcher Versuch von weitesten Kreisen unseres Volkes und besonders der jungen Generation als ein Rückschritt in die dunkle Zeit nationaler Würdelosigkeiten in den Jahren unmittelbar nach dem Zusammenbruch empfunden werden.

Das Deutschlandlied hat nichts von seiner Popularität eingebüßt. Allerdings hat es den Rahmen eines engen Nationalismus längst gesprengt und wird gerade dann gesungen, wenn es gilt, sich über unser Deutschland hinaus zu der höheren europäischen Gemeinschaft zu bekennen. Franzosen und Engländer besitzen, wie fast alle Kulturnationen, in ihrer Hymne eine jahrhundertealte Tradition. Im Wechsel der Regierungssysteme blieb eines stets konstant und unangetastet: die Hymne dieser Nationen. Warum sollten gerade wir Deutsche einen anderen Weg beschreiten?

Doch Heuss ließ sich nicht beirren. Den Silvesterakt bereitete er fast generalstabsmäßig vor. Schon am zweiten Weihnachtsfeiertag hatte er den SPD-Vorsitzenden Kurt Schumacher in sein Privathaus eingeladen. Heuss' persönlicher Referent intonierte auf dem Klavier die Reutter-Melodie und sang dazu Schröders Text. »Das war irrsinnig komisch«, erinnert sich Annemarie Renger, Schumachers Vertraute, »denn der betreffende Herr konnte nicht besonders gut singen.«

Heuss hatte eigentlich gehofft, mit Schumacher auch gleich die SPD für seine Idee gewinnen zu können. Doch der an nationalen Werten orientierte Sozialdemokrat fand das Ganze nicht besonders attraktiv. Eine Hymne, meinte Schumacher, sei etwas Gewachsenes und könne nicht künstlich geschaffen werden. Er plädierte, ganz im Sinne Friedrich Eberts, für das Deutschlandlied: »Aber eben nur die dritte Strophe«.

Dennoch erklang an Silvester 1950 über alle bundesdeutschen Sender erstmals Schröders Text mit Reutters Melodie. Beides fiel durch. Der Dichter Gottfried Benn schrieb spitz: »Und nun die neue Nationalhymne. Der Text ganz ansprechend, vielleicht etwas marklos. Der nächste Schritt wäre dann ein Kaninchenfell als Reichsflagge.«

Die *Frankfurter Rundschau* zog Parallelen zur NS-Vergangenheit des Dichters: »... Es liegt über dem Ganzen die gleiche Stimmung wie über Schröders ›Heilig Vaterland‹ – jenem Lied, das die Hitlerjugend so gerne zu Morgenfeiern und Sonnwendfeiern benutzte.« Und die *FAZ* höhnte, man spüre überall »den milden Herbergston des alten Mannes aus den frommen Strophen«.

Heuss versuchte nun, auf Zeit zu spielen. In einer weiteren Erklärung des Bundespräsidialamts hieß es, der Silvesterakt habe keineswegs die Proklamierung einer neuen Nationalhymne zum Ziel gehabt, sondern lediglich, das Heuss gewidmete Lied »zur Ehrung von Schröder« der deutschen Öffentlichkeit »zu Gehör zu bringen«. Eine neue Hymne, so das Präsidialamt in gespielter Blauäugigkeit, müsse sich »auf den Wunsch breitester Kreise des deutschen Volkes« stützen und könne »nicht durch einen einfachen Akt des Bundespräsidenten ausgewählt werden«. Man müsse also erst einmal abwarten, ob Schröder populär werden könne.

Doch abwarten war nun nicht mehr gefragt: Einige Blätter forderten ungeduldig ein regelrechtes Preisausschreiben – nach dem Muster des preußischen Innenministeriums von 1917. Der Publizist Axel Eggebrecht wandte sich scharf gegen das Deutschlandlied und erinnerte an dessen Mißbrauch: »Im KZ mußten wir die heiligen Worte Recht und Freiheit nach Kommando herausbrüllen. Wächter mit Knüppeln umstanden uns, brüderliche Gesangslehrer. Und da sollen wir nun wieder singen, als sei nichts gewesen?«

Die Sache stand im Patt. Doch da bekam Hoffmann Hilfe aus dem hohen Norden. Deutsche Leichtathleten siegten im August 1951 in Stockholm über ihre schwedischen Sportfreunde. »Eine große Überraschung«, schrieben Stockholmer Blätter. »Stehend« habe das Publikum »die deutsche Nationalhymne« angehört. Welche Hymne? Es war das alte Deutschlandlied. Hoffmann siegte im Stockholmer Olympia-Stadion über Schröder, Haydn über Reutter. Dem schwedischen Polizeiorchester war der deutsche Hymnenstreit offenkundig unbekannt gewesen. Die Ironie von Stockholm: Der Korrespondent einer Hamburger Zeitung versicherte in seinem Bericht, selbstverständlich habe das Orchester »die dritte Strophe gespielt«.

Daraufhin schlug der *FAZ*-Autor Erich Stückrath im September 1951 als Lösungsweg aus dem Dilemma eine Volksbefragung vor, um dem Bundespräsidenten die Entscheidung zu erleichtern und sie »zu einer Abstimmung der gesamten Bevölkerung zu machen«. Hierfür, plädierte er, müsse das Grundgesetz – das Plebiszite nicht vorsah – durch einen nur für diesen Zweck geschaffenen Zusatzartikel geändert werden. Zwei Vorschläge seien ja bereits vorhanden. Warum stelle Heuss nicht auch noch einen dritten zur Diskussion – und zur Abstimmung?

Doch dieser Vorstoß fand kein Echo. Die Diskussion ging weiter. Nun meldete sich auch noch die 1936 gegründete Hoffmann-von-Fallersleben-Gesellschaft zu Wort. Im Oktober 1951 sandte sie an Präsident und Kanzler, an Minister und Abgeordnete eine Denkschrift, in der sie die demokratische Orientierung betonte und für eine Wiederwahl des »Liedes der Deutschen« zur Nationalhymne plädierte. Heuss aber zeigte sich nun schwäbisch bockig und begründete in einem Brief sein Mißtrauen: »Ich mußte ja in manchen Fällen die zum Teil plump vorgetragene Auffassung zurückweisen, als ob ich das Deutschlandlied ablehne wegen des Mißverständnisses des Auslands.« So einfach sei es nicht, denn: »Neben dem Bedürfnis, den Deutschen in der Sicht ihrer Lage ein Stück realistischer Nüchternheit beizubringen, war es doch die wiederholte Erfahrung, daß beim Absingen und beim Spielen des Deutschlandliedes höchst unerwünschte Demonstrationen erfolgten, die zum Teil bis zur Prügelei führten.«

Verworrener konnte die Lage nun nicht sein. Das alte Lied »belastet«, die neuen Texte langweilig. Was tun? Die Bundesrepublik brauchte dringend eine Hymne. Bei Staatsempfängen und Paraden fehlte etwas. Adenauer drängte auf Vollzug. Anfang Januar 1952 bat er Heuss »im Namen des Kabinetts«, das Deutschlandlied als Nationalhymne zuzulassen. Heuss sah die Dringlichkeit nicht ein: »Im Namen des Kabinetts?« Ob dies auch bedeute, daß Adenauer hinter dem Bundesverkehrsminister Seebohm stehe? Dieser, in Adenauers Koalitionsregierung BHE-Vertreter, hatte im August 1951 bei einer Großkundgebung in Fallersleben vor Hoffmanns Geburtshaus demonstrativ die erste Strophe angestimmt.

Überdies, so Heuss, könne er nur wiederholen: Der Text der Hoffmann-Haydn-Hymne passe nicht mehr zu der Lage Deutschlands in der Nachkriegszeit. Er hatte gerade eine weitere Karte seines Spiels auf Zeit gezückt. An den Olympischen Winterspielen in Oslo nahm im Februar 1952 zum erstenmal eine Mannschaft aus der Bundesrepublik teil – vom Präsidenten persönlich ermutigt, statt der alten Nationalhymne Siegerehrungen mit Schillers und Beethovens »Ode an die Freude« zu bestreiten.

Doch Adenauer gab nicht nach. In einem Brief an Heuss vom

29. April 1952 verwies er auf die außenpolitischen Zwänge eines jungen Staates, der gerade begann, wieder souverän zu werden. Die Frage einer Hymne, so der Kanzler, sei inzwischen »dringend« geworden, auch angesichts der anstehenden Unterzeichnung des Deutschlandvertrages, und er fuhr fort:

> Die Frage einer Nationalhymne ist in den vergangenen zwei Jahren wiederholt zwischen uns besprochen worden... Als das Kabinett Sie vor Monaten durch mich bitten ließ, sich für die dritte Strophe des Deutschlandliedes zu entscheiden, gab ich zu, daß Ihre damalige Gegenargumentation eine innere Berechtigung besaß ... Es ist wesentlich der außenpolitische Realismus, der uns, Ihnen wie mir, nahelegen muß, die Entscheidung nicht weiter hinauszuzögern ... Daher die erneute Bitte ..., das Hoffmann-Haydnsche Lied als Nationalhymne anzuerkennen. Bei staatlichen Veranstaltungen soll die dritte Strophe gesungen werden.

Heuss erkannte, daß er keine Trümpfe mehr zu bieten hatte. Und so schrieb er dann am 2. Mai 1952 zwar resigniert, doch wohlformuliert zurück – ganz eingedenk der Aussicht, daß sein Brief gleichsam Gesetzeskraft erlangen würde: »Als mich die Frage nach einer Nationalhymne bewegte ..., glaubte ich, daß der tiefe Einschnitt in unserer Volks- und Staatsgeschichte einer neuen Symbolgebung bedürftig sei ... Ich weiß heute, daß ich mich täuschte ... Ich habe den Traditionalismus und sein Beharrungsbedürfnis unterschätzt ... Da ich kein Freund von pathetischen Dramatisierungen bin und mit mir selbst im Reinen bleiben will, muß ich nach meiner Natur auf eine ›feierliche Proklamation‹ verzichten. Wenn ich also der Bitte der Bundesregierung nachkomme, so geschieht das in Anerkennung des Tatbestandes.«

Und so geschah es. Das Bulletin des Presse- und Informationsamtes der Bundesregierung teilte mit:

> Durch einen schlichten Briefwechsel zwischen dem Bundespräsidenten und Bundeskanzler Adenauer ist das Deutschlandlied wieder als Nationalhymne anerkannt worden. Der Bundespräsident hat damit einer mehrfach geäußerten Bitte der Bundesregierung entsprochen. Es dürfte kein Zweifel darüber bestehen, daß diese Entscheidung, die das ganze Deutschland be-

trifft, von der inneren Zustimmung der überwiegenden Mehrheit des deutschen Volkes getragen wird ... Auf der anderen
Seite aber ist es nicht die Zeit, nationalen Symbolen eine de-
monstrative Bedeutung zu geben ... Deshalb soll auch bei staatlichen Veranstaltungen die dritte Strophe des Deutschlandliedes gesungen werden ...

Das war am 6. Mai 1952, nachts um 0 Uhr 05. In einer mündlichen
Mitteilung an die Presse wies das Bundespräsidialamt darauf hin,
daß als Nationalhymne alle Strophen des Deutschlandliedes anerkannt seien – unabhängig von der Absicht Adenauers, bei »staatlichen Veranstaltungen« nur die dritte Strophe singen zu lassen.
Damit hatte ein dreijähriger Streit vermeintlich sein Ende gefunden.

»Brüderlich mit Herz und Hand«?
Das ungesungene Lied

Die Wiedereinführung des Deutschlandliedes als Nationalhymne in der Bundesrepublik Deutschland war ein politisches Ereignis, das die Menschen diesseits und jenseits der deutschen Grenzen aufhorchen ließ.

Die Kommentare in den bundesdeutschen Zeitungen waren insgesamt freundlich, wenn auch keineswegs einmütig. In der *Hamburger Freien Presse* war zu lesen: »Nach sieben Jahren hat die deutsche Nation wieder eine Nationalhymne. Keine neue Nationalhymne, sondern das durch eine hundertjährige Tradition geadelte und durch einen 12jährigen Mißbrauch keineswegs entweihte Deutschlandlied ... Für wie viele Deutsche im Osten ist das Deutschlandlied wohl Zuflucht und Trost! Und was die Ressentiments des Auslands betrifft, die weniger durch das Deutschlandlied selbst als durch einen solchen Hinweis der Opposition geweckt werden, so scheint es uns weiß Gott einmal Zeit, in Dingen, die nun wirklich allein deutsche Angelegenheiten sind, weniger an die Ressentiments des Auslandes als an das natürliche Recht und die selbstverständliche Würde der eigenen Nation zu denken. Das Deutschlandlied tut gewiß niemand weh, es ist gewiß kein Aufruf zum Völkerhaß, es ist kein Bekenntnis zu überblichem Hurrapatriotismus. Es ist nichts als eine schöne, leuchtende Fuge, die seit einem Jahrhundert das wechselvolle deutsche Schicksal und die unwandelbare Liebe zu Deutschland begleitet.«

Die *Frankfurter Allgemeine Zeitung* schrieb am gleichen Tag: »Ein Vakuum wird ausgefüllt. Der merkwürdige Zustand, daß das deutsche Volk keine Nationalhymne besitzt, ist beendet. – Symbole sind stark. Nationalhymnen sind mehr als ein dunkler Anzug, den man zu gesellschaftlichen Veranstaltungen im Ausland oder bei inländischen Festen anlegt. Sie verweben mit Gefühlswerten im Unterbewußtsein und gewinnen ein Eigenleben, das sich von der ursprünglichen Bedeutung ihrer Worte weit entfernt, ja damit kaum noch etwas zu tun hat. Diese Tatsache wird von den fremden Mächten respektiert. Auch im Inland sollte sie letzte Unbehaglichkeiten, falls sie sich noch irgendwo rühren, zerstreuen. Vom Volk, in allen seinen Schichten, wird der Entschluß als etwas fast Selbstverständliches begrüßt werden.«

Skeptischer, was die Beurteilung der Hymnenentscheidung in der westdeutschen Bevölkerung und im Ausland anbelangt, äußerte sich der Berliner *Tagesspiegel,* der vor allem die Wirkung bei den Deutschen in der sowjetischen Zone hervorhob: »Mag auch die Aufnahme der von Heuss getroffenen Entscheidung bei einem Teil der westdeutschen Bevölkerung und in manchen Kreisen des Auslandes auf Widerspruch stoßen: die Bevölkerung der Sowjetzone wird die Erneuerung des Einigkeit und Recht und Freiheit verheißenden Liedes uneingeschränkt begrüßen. Sie hat Adenauer beigepflichtet, als er im April 1950 bei einer Berliner Kundgebung die dritte Strophe des Deutschlandliedes anstimmte, und sie wird jetzt dem Bundespräsidenten Dank wissen, daß er der sowjetdeutschen Eisler-Becher-Hymne ein neues Symbol entgegensetzt. Wer an unsere unterdrückten Landsleute im Osten denkt, sieht im Deutschlandlied weniger die Erneuerung einer Tradition als eine in die Zukunft weisende politische Verpflichtung.«

Die parlamentarische Opposition wies auf die unangenehmen Erinnerungen hin, die das Deutschlandlied im Ausland hervorrufen würde. Doch nach und nach ging die SPD dazu über, die Hymne stillschweigend zu tolerieren.

Die Urteile über die Nationalhymnen-Entscheidung waren im Ostblock selbstverständlich vernichtend. Der Vorwurf des Wiedererstarkens des deutschen Militarismus und Revanchismus stand dabei im Vordergrund. Im westlichen Ausland waren die Stimmen unterschiedlich, wie ein Blick in die Presse des Nachbarn Frankreich zeigt. Die gaullistische Zeitung *Le Matin* warnte: »Die Proklamation von ›Deutschland über alles‹ zur Nationalhymne hat in der Bundesrepublik einen Enthusiasmus hervorgerufen, der das Schlimmste befürchten läßt . . .« Mit Verständnis reagierte dagegen das Blatt *L'Aurore:* ». . . Einem Volke verbieten zu wollen, die Strophen zu singen, die seine Soldaten im Sterben sangen – ist das nicht Wahnwitz? . . . Wir werden die klassischen deutschen Forderungen ›von der Maas bis an die Memel, von der Etsch bis an den Belt‹ nicht beim Worte nehmen . . .«

Die drei Hohen Kommissare in Bonn erklärten übereinstimmend, es sei »deutsche Angelegenheit, die Nationalhymne zu bestimmen«. Der amerikanische Hohe Kommissar McCloy meinte: »Es ist nicht entscheidend, was die Völker singen, sondern wie sie handeln.«

So politisch klug die Regelung, das ganze Deutschlandlied zur Nationalhymne zu erheben, bei staatlichen Veranstaltungen aber nur die dritte Strophe zu singen damals erschien – sie führte bald zu Konfusionen und Mißdeutungen, die bis heute andauern. Wie schnell das Lied der Deutschen in den Zwiespalt geriet, darüber gibt ein Artikel der *Kasseler Zeitung* Aufschluß, der Ende Mai 1953 erschien – ein Jahr nach der Heussschen Entscheidung. Ironisch merkte der Autor an: »Bei unserer deutschen Neigung, die Worte auf die Goldwaage zu legen, wäre es ja auch ein unverzeihliches Versäumnis gewesen, wenn wir den Text des Revolutionärs von 1848 nicht einer ebenso peinlichen wie lächerlichen Interpretation unterzogen hätten ... So ist es dazu gekommen, daß das Deutschlandlied bei manchen Gelegenheiten nicht erklingt, bei denen es durchaus angebracht wäre. Damit muß man sich, sofern es sich nicht um offizielle Veranstaltungen handelt, abfinden und darauf warten, daß mit der Zeit der kleinbürgerliche Geist jener Widersacher überwunden wird.«

Und anklagend fuhr der Artikel fort:

Der ernsteste Vorwurf, den wir uns machen müssen, liegt darin, daß wir das Lied nicht mehr als eine Einheit nehmen, es vielmehr fein säuberlich in Strophen zerlegen und diejenige erklingen lassen, von der wir meinen, daß sie die »richtige« sei ... Inzwischen aber schnürt es uns die Kehle zu, wenn wir heute aufgefordert werden, in die erste Strophe einzustimmen, und man uns morgen bittet, es bei der dritten bewenden zu lassen. Denn wir sind der Meinung, daß man eine Nationalhymne nicht in ihre Bestandteile zerlegen darf, sondern sie so nehmen muß, wie sie der Dichter geschaffen hat, was gleichzeitig bedeutet, daß wir auch darauf verzichten sollten, sie um ein Anhängsel zu »bereichern« ... Wir sollten uns doch wenigstens in dem Punkte einig sein, daß wir nicht auch durch unser Verhalten einen Mißbrauch einzelner Teile des Deutschlandliedes zu parteipolitischen Zwecken unterstützen. Wem das Lied in allen seinen Teilen nicht gefällt, der möge die Finger davon lassen ... Es ist unser Wunsch, und es liegt im Interesse des deutschen Ansehens, daß wir in Zukunft den Sinn einer nationalen Hymne besser begreifen, als es bisher der Fall war, hüben wie drüben. Wenn wir selbst das Deutschlandlied wie einen Kuchen behandeln, aus dem sich jeder das Stück herausschneidet, das er für das beste hält, dürfen wir uns nicht wundern, daß das in seinen eigenen Nationalhymnen nicht so zurückhaltende Ausland immer wieder in den Text Hoffmann von Fallerslebens etwas hineingeheimnißt, was gar nicht darin enthalten ist.

Alle Probleme, die sich aus der Hymnen-Regelung ergaben, waren hier bereits erkannt. Aber daß diese Probleme tatsächlich akut wurden, lag weniger an der Regelung selbst als an den Versuchen, sie zum eigenen Vorteil – vor allem parteipolitisch – zu mißbrauchen. Wer die erste Strophe sang, konnte von seinem Gegner nur allzuleicht in die militaristische, revanchistische oder nationalsozialistische Ecke gestellt werden, denn schließlich hatte man sie im »Dritten Reich« zwölf Jahre lang gesungen. Für den Mißbrauch des Liedes im Hitlerreich wurden nun das Lied und seine Sänger verantwortlich gemacht. Eine Praxis, die bis heute nicht überwunden ist.

Am 17. Juni 1953 kam es, von Berlin ausgehend, in 270 Städten und Gemeinden der DDR zu einem Aufstand der Bürger. Der Zorn richtete sich gegen ihre Unterdrückung in einem kommunistischen System, das ihnen aufgezwungen worden war.
Am 5. März war der sowjetische Diktator Stalin gestorben. Unter dem Einfluß der neuen Führung im Kreml mußten die Funktionäre der DDR einen etwas gemäßigteren Kurs einschlagen. Die Bürger schöpften neue Hoffnung.
Der Aufstand begann am 16. Juni als Protest gegen soziale Ausbeutung, gegen eine willkürliche Erhöhung der Arbeitsnormen in der Bauindustrie, aber er steigerte sich zur allgemeinen Forderung nach dem Selbstbestimmungsrecht der Deutschen. Eine Chance schien sich aufzutun, die deutsche Einheit wiederzuerlangen.
An jenem 16. Juni beschlossen die Bauarbeiter in der Stalinallee in Ost-Berlin einen Streik und formierten sich zu einem Demonstrationszug zum Haus der Ministerien. Dieser wuchs rasch auf mehr als zehntausend Menschen an. Sprechchöre verlangten das Erscheinen von Ulbricht und Grotewohl. Als der Minister für Industrie erschien, wurde er mit den Sätzen eines Arbeiters

konfrontiert: »Es geht hier nicht um Normen und Preise, es geht um mehr. Hier stehen nicht allein die Bauarbeiter der Stalinallee, hier steht Berlin und die ganze Zone.« Und weiter: »Was du hier siehst, ist eine Volkserhebung.«

Am nächsten Tag gingen nicht nur die Berliner auf die Straße. In vielen Städten und Gemeinden kam es zu spontanen Protestaktionen – ohne Führung, ohne Organisation, ohne Waffen. Die Forderungen lauteten vor allem: »Nieder mit der Regierung«, »Freie Wahlen«, »Fort mit Ulbricht und Grotewohl«, »Freiheit für alle politischen Häftlinge« und »Russen raus«. In Berlin wurde die rote Fahne vom Brandenburger Tor geholt und durch eine schwarz-rot-goldene ersetzt. An vielen Orten sangen die Menschen das »Lied der Deutschen«.

Gegen den Zorn der aufgebrachten Bürger war das Regime machtlos. Volkspolizisten stellten sich auf die Seite der Aufständischen. Am Abend schien es in manchen Städten, als habe der Aufstand gesiegt. In Görlitz zum Beispiel war bereits ein neuer Magistrat bestimmt, waren die politischen Gefangenen befreit, war die sowjetische Kommandantur von deutschen Arbeitern umringt worden. Aber mit Hilfe der Panzer der Besatzungsmacht erlangte das Regime der kommunistischen Funktionäre die Kontrolle zurück. Die Hoffnung auf »Einigkeit und Recht und Freiheit«, die mit dem spontanen Aufstand so schnell aufgekeimt war, schwand wieder dahin. Die Wiedervereinigung Deutschlands blieb weiter nur ein Wunschtraum vieler Bürger in Ost und West. Die bittere Bilanz des Aufstands: 538 Tote und zahlreiche Verwundete. Von den 5143 Verhafteten wurden 106 zum Tode verurteilt, rund tausend Gefangene erhielten insgesamt 6000 Jahre Zuchthaus.

Der 17. Juni 1953, der ein klarer Volksentscheid gegen das verhaßte SED-Regime war, wurde drei Wochen später vom Deutschen Bundestag in Bonn durch Gesetz zum »Tag der deutschen Einheit« bestimmt. Das Deutschlandlied, das den Aufstand des 17. Juni begleitete, war von den Bürgern als Symbol ihres Strebens nach Einheit und Freiheit gesungen worden.

Als der Regierende Bürgermeister von West-Berlin, der Sozialdemokrat Ernst Reuter, im selben Jahr starb, wurde die Erfüllung seines letzten Wunsches, ihm zum Begräbnis das Deutschlandlied zu spielen, Anlaß zu innerparteilichen Querelen. Wollte man ihm verspätet heimzahlen, daß er als einziger führender Sozialdemo-

116

krat im Saal geblieben war, als Konrad Adenauer am 18. April 1950 bei der Kundgebung im Titaniapalast überraschend die dritte Strophe angestimmt hatte?

Als die deutsche Mannschaft 1954 im Berner Wankdorfstadion die Fußball-Weltmeisterschaft gewann, stimmten die deutschen Besucher bei der Siegerehrung die erste Strophe des Deutschlandliedes an. Daraufhin brach der schweizerische Rundfunk sofort seine Übertragung ab. In der deutschen Presse und in der Öffentlichkeit gab es über dieses Ereignis erregte Debatten. So stand im Berliner *Tagesspiegel* der bissige Satz: »Ja, wir Deutschen sind verstockte Schüler; noch immer haben wir die Teilhymne unseres Teildeutschland nicht ordentlich gelernt.«

Als 1955 die letzten deutschen Kriegsgefangenen aus der Sowjetunion heimkehren durften, sangen sie bei ihrer Ankunft in Friedland »Deutschland, Deutschland über alles«. Die Aufnahmen der Wochenschau zeigen ihre ergriffenen, tränenüberströmten Gesichter. Doch die Zeilen »Von der Maas bis an die Memel, von der Etsch bis an den Belt« wurden im Wochenschaufilm herausgeschnitten. Obwohl das ganze Lied zur Nationalhymne bestimmt war, schien das Singen der ersten Strophe bei diesem Anlaß dem Zeitgeist zu widersprechen.

Wie schwer sich die Deutschen bei öffentlichen Auftritten mit ihrer Hymne taten, belegt der Bericht eines Sportlers aus der Bundesrepublik: »1958 besuchte ich die Europameisterschaften der Leichtathleten in Stockholm. Wir Bundesdeutschen bildeten damals eine gemeinsame Mannschaft mit der DDR. Auf eine Hymne, die bei einem etwaigen Sieg gespielt werden sollte, konnte man sich nicht einigen. Als Armin Hary die 100 m und damit die erste Goldmedaille für Deutschland gewonnen hatte, wurde bei der Siegerehrung anstelle der Nationalhymne ein Trompetensignal gespielt, und wir deutschen Zuschauer kamen uns doch etwas komisch vor und waren mit diesem Ersatz keineswegs einverstanden. Daraufhin wurde irgendwie der Text der dritten Strophe des Deutschlandliedes vervielfältigt und unter den deutschen Zuschauern verteilt. In den nächsten Tagen gab es noch fünf weitere deutsche Siege. Die Überraschung war groß, als nach dem schon bekannten Trompetensignal plötzlich rund zweitausend deutsche Zuschauer die dritte Strophe des Deutschlandliedes anstimmten und alle Anwesenden stehend zuhörten.«

In dem Wirrwarr um die Nationalhymne meldete sich im Januar 1961 der Staatsrechtler und Rektor der Universität Tübingen, Professor Theodor Eschenburg, zu Wort. Er verteidigte ihren Text mit der Begründung: »Wenn man die Nationalhymnen der westlichen Welt mit dem Deutschlandlied vergleicht, so erscheint mir, daß in diesem Lied Nationalbewußtsein, Staatsordnung und Gesellschaftsbewußtsein wie selten sonst in einer Hymne enthalten sind.« Hoffmanns Werk sei ein Lied der Innigkeit und der Sehnsucht, nicht aber des Chauvinismus. Erst in der Zeit des Nationalsozialismus sei es zum Kampflied umgedeutet worden.

Die Schilderung einer Abiturfeier im Jahre 1961 zeigt, wie sehr die Haltung zu ihrer Nationalhymne die Deutschen polarisierte: »Bei meiner Abiturfeier 1961 wurde auf ausdrückliche Anordnung meiner damaligen Schulleitung das Absingen der dritten Strophe des Deutschlandliedes am Ende dieser Feier untersagt. Als damaliger SMV-Sprecher und Mitglied des Schülerorchesters habe ich bei eben dieser Feier in Abstimmung mit meinen Konabiturienten und den Mitgliedern des Orchesters als letzter Redner der Veranstaltung die Gelegenheit beim Schopfe gefaßt, dem Schulleiter sein Verbot vorzuhalten, und dann das Orchester aufgefordert, die Haydn-Melodie als krönenden Abschluß zu spielen, zugleich der Festversammlung anheimgestellt, das ›Textverbot‹ angemessen zu honorieren. Kaum waren die ersten Töne der Haydn-Melodie angestimmt, erhob sich die Festversammlung von ihren Plätzen und sang dazu. Ich selbst konnte vielen Teilnehmern aus dem Orchester, bei dem ich wieder Platz genommen hatte, ins Gesicht schauen. Emotionen überall! Nur welche? Erinnerungen an zurückliegende Ereignisse? Tränen, hervorstechende Wangenmuskulatur, hochrote Köpfe, aschfahle Gesichter, verstohlenes Lippenbewegen, auch überlautes Singen und hier und da der unüberhörbar artikulierte Text der ersten Strophe ... alles Verhaltensweisen von Emotionen getragen.«

Während die Deutschen in der Bundesrepublik sich über den richtigen Gebrauch der Hymne stritten, kam es am 13. August 1961 zu einem Vorgang, der die Teilung des Landes und seiner Bevölkerung besonders grausam deutlich machen sollte: zum Bau der Berliner Mauer quer durch die Stadt. Die Grenzposten erhielten Schießbefehl. Eine Flucht von Berlin-Ost nach Berlin-West war nur noch unter Lebensgefahr möglich. Die Enttäuschung der Berliner darüber, daß die Westmächte nichts unternahmen, war riesengroß.

Der Bau der Mauer in Berlin erregte zwar auch die Gemüter der Deutschen in der Bundesrepublik, aber er führte keineswegs zu dem nationalen Aufschrei, den man hätte erwarten können. Den Westdeutschen, denen die DDR-Flüchtlinge auch schon zuviel geworden waren, war ja nichts »Wesentliches« entzogen. Ihnen blieb die Freiheit – die einige weiterhin zur Diffamierung des Textes der Nationalhymne nutzten. Im Januar 1962 erschien in der *Deutschen Wochenzeitung* unter der Überschrift »Angst vor dem Deutschlandlied – nationale Würdelosigkeit und politische Dummheit« ein Artikel, der darüber Klage führte: »Was ist das doch für ein merkwürdiges Land, in dem wir leben, was sind wir Deutsche doch für ein merkwürdiges Volk: Gelassen nehmen wir es hin, daß die Sieger des Zweiten Weltkrieges (und ihre Helfer bei uns) Deutschland in zwei Teile gespalten haben; an die Mauer in Berlin haben wir uns – nolens volens – gewöhnt; ja wir finden uns sogar damit ab, daß die politischen Spannungen unserer Zeit bis zur Gefahr eines neuen Krieges führen. Wehe aber, wenn irgendwo in unserem Land, in dem doch der Probleme genug zu lösen wären, ein Verwegener es wagt, die Nationalhymne zu singen. Und zwar nicht nur den von der Obrigkeit verordneten dritten Vers, sondern alle drei Strophen, so wie sie Hoffmann von Fallersleben 1841 auf der Insel Helgoland niederschrieb und wie sie nach der Melodie von Joseph Haydn in Ton gesetzt wurden. Dann entrüsten sich die Gemüter, die sonst so leicht nicht aus der Ruhe zu bringen sind, dann hagelt es Resolutionen, man ist ›befremdet‹ und stellt ›traditionsbefangene politische Urteilslosigkeit‹ – nicht etwa bei sich selbst, sondern bei den schamlosen Sängern der Nationalhymne – fest... Warum diese Aufregung?... Glauben denn die aufgeregten Hüter unserer demokratischen Grundordnung, die Franzosen hätten unter Napoleon oder unter Pétain nicht ihre Marseillaise gesungen? Oder die Italiener hätten unter Mussolini auf ihr ›Italien ist erwacht‹ verzichtet? Kein Gedanke daran, und dennoch sind ihre Nationalhymnen nicht entwertet. So etwas ist typisch deutsch und kann nur bei uns geschehen.«

Die Verwirrung in der Bundesrepublik über die Nationalhymne nahm groteske Formen an, als im Frühjahr 1962 das renommierte Allensbacher Institut für Demoskopie den Bürgern die Frage stellte: »Könnten Sie sagen, wie die ersten Worte heißen, mit denen unsere Nationalhymne anfängt?« und dabei als »richtige« Antwort »Einigkeit und Recht und Freiheit« erwartete. Der Gedanke, daß die Frage falsch gestellt sein könnte, ist den Demoskopen nicht gekommen. Daß das ganze Lied der Deutschen Nationalhymne ist, war offensichtlich aus dem Bewußtsein auch derer geschwunden, die es eigentlich hätten wissen müssen. Das Dilemma der Heussschen Regelung zog immer weitere Kreise. So kommentierten viele Zeitungen die Ergebnisse der Umfrage etwa so: »Offensichtlich ist die Erhebung der dritten Strophe des Deutschlandliedes zur Hymne noch recht wenig durchgedrungen.«

Trotz der falschen Fragestellung, die die Differenziertheit der bundesdeutschen Nationalhymnen-Regelung außer acht ließ, sollen die Ergebnisse hier zitiert werden: 46 Prozent der Bürger gaben »Deutschland, Deutschland über alles« als Beginn der Hymne an, 32 Prozent »Einigkeit und Recht und Freiheit«, und 20 Prozent gaben zu, den Anfang nicht nennen zu können.

Zur Ehrenrettung der Nationalhymne – des ganzen Liedes – wählte 1962 bei einer Feierstunde im Deutschen Bundestag zum Gedenken an den Aufstand vom 17. Juni der Hamburger Theologe Helmut Thielicke die Worte:

Weil wir an dieser Stelle einen Komplex haben, darum genieren sich viele bei unserer Nationalhymne. Das Lied »Deutschland, Deutschland über alles« war in seinem ursprünglichen Sinn sicher ein Lied, das genau der Liebeserklärung eines Kindes gegenüber seiner Mutter entsprach: »Du bist das allerschönste Land mit seinen Burgen, Flüssen und Wäldern; in der ganzen Welt geht mir nichts über Dich.« Es ist die Liebeserklärung ans Vaterland, die so wohl jeder Bewohner jeden Landes ausspricht und die seiner Freude an der europäischen Integration durchaus nicht zu widersprechen braucht. In diesem Satz eine objektive Aussage über Rangstufen der Völker und über die Spitzenstellung des eigenen Volkes sehen zu wollen, das wäre ebenso läppisch wie wenn man dem Kinde unterstellte, daß seinem Bekenntnis: »Du, Mutter, bist die Schönste« der Charakter einer Diagnose zukäme, die sich auf exakte Testvergleiche seiner Mutter mit anderen Frauen gründet ... Wer ein gebrochenes Verhältnis zu den Symbolen hat – und die Nationalhymne ist ein solches Symbol –, der hat auch ein gebrochenes Verhältnis zu der Sache, die das Symbol darstellt. An diesem Punkt wird sich die Aufgabe der Freiheit vor allem darin zeigen, wie wir von den neurotischen Bindungen an unsere jüngste Vergangenheit frei werden und daß wir uns bemühen, die Mißbräuche und Schädigungen, die der Nationalsozialismus mit den ehrwürdigen Symbolen und Begriffen unserer Tradition getrieben hat, nicht zu lähmenden Komplexen werden zu lassen.

Um zu einer Klärung in der aufgeregten Diskussion um die Hymne beizutragen, veröffentlichte im Frühjahr 1964 die Hoffmann-von-Fallersleben-Gesellschaft eine Dokumentation mit dem Titel: *Das ganze Deutschlandlied ist unsere Nationalhymne.* Darin hieß es: »Mehr als ein Jahrzehnt ist nun nach der Wiedereinführung des Deutschlandliedes als Nationalhymne verflossen, und noch immer findet man Zweifel und Unsicherheit darüber, wann man das ganze Deutschlandlied singen soll und wann nur die dritte Strophe. Ja es sind zuweilen die Fragen gestellt worden, ›*kann* man das ganze Deutschlandlied oder *darf* man nur die dritte Strophe singen‹, ›wo hört der Begriff ›staatliche Veranstaltung‹ auf und wo beginnt die freie Entscheidung?‹«
Nachdem in der Dokumentation der Fallersleben-Gesellschaft nochmals die rechtliche Bedeutung des Briefwechsels zwischen Adenauer und Heuss deutlich gemacht wurde, hieß es in einem zusammenfassenden Artikel unter der Überschrift »Unsere staatsbürgerliche Aufgabe«: »Die Entscheidung des Bundespräsidenten Heuss bei der Wiedereinsetzung des *ganzen* Deutschlandliedes richtete sich an alle aufrichtigen, ehrlichen und selbstbewußten Demokraten unter Deutschlands schwarz-rot-goldener Flagge, und der wohl nur zeitbedingte Wunsch des Bundeskanzlers, bei staatlichen Veranstaltungen nur die dritte Strophe des Deutschlandliedes zu singen, betraf allein jene feierlichen Staatsanlässe, an denen Vertreter des Auslandes offiziell teilnehmen. Allgemeine Feiern, Kundgebungen und Versammlungen aber sind *keine* staatlichen Veranstaltungen, sie tragen *nicht* den Charakter jener Anlässe, auf die sich der Wunsch des Bundeskanzlers bezog.«
Die Schrift der Hoffmann-von-Fallersleben-Gesellschaft schloß mit dem Aufruf: »Uns ist die Verpflichtung auferlegt, dafür zu sorgen, daß unsere Jugend das Verhältnis zu der wahren Bedeutung und dem vollständigen Text unserer Nationalhymne nicht verliert. Die Ehrfurcht vor den staatlichen Symbolen, die uns von unseren Vätern ins Herz gepflanzt wurde, haben wir als gute

Bürger unseres Vaterlandes kommenden Generationen weiterzugeben und ihnen einzuprägen, daß Einigkeit und Recht und Freiheit für das ganze deutsche Vaterland diesseits und jenseits von
Zonengrenze, Stacheldraht und Mauer *nur* erreicht werden können, wenn sie zu Pflicht und Opfer bereit, von der Liebe zum
Vaterland getragen und der Treue zum Staat erfüllt sind, so wie es
die drei Verse von Hoffmann von Fallersleben, dem großen Verfechter deutscher Einheit, ausdrücken.«

Daß diese Dokumentation nicht alle Unsicherheit beseitigen
konnte, läßt sich daran ermessen, daß 1965 – also ein Jahr später –
auf eine Anfrage hin aus dem Bundespräsidialamt zunächst die
Erklärung kam, daß bei Feierlichkeiten von Schulen und Vereinen
alle drei Strophen gesungen werden dürften, und schon ein Tag
später die »Berichtigung« folgte, bei Entlassungsfeiern dürfe nur
die dritte, im Unterricht dürften alle drei Strophen gesungen
werden.

Bei einer Feier in Hamburg zur Einweihung einer Bronzetafel,
die auf den 125. Geburtstag des Deutschlandliedes hinweist, wurde
im Herbst 1966 nicht einmal von der traditionsreichen Hamburger
Liedertafel das ganze Lied angestimmt, obwohl ihre Vorväter es
hier auf dem Jungfernstieg 125 Jahre zuvor zum erstenmal öffentlich gesungen hatten. Auf der Bronzetafel war zu lesen: »Dem
Dichter Hoffmann von Fallersleben wurde anläßlich seiner Anwesenheit in Streit's Hotel im Jahre 1841 eine Huldigung dargebracht, bei der das Lied ›Deutschland, Deutschland über alles‹
durch die Hamburger Turnerschaft und die Hamburger Liedertafel von 1823 zum ersten Male öffentlich gesungen wurde.«

Kein Wort also davon, daß dieses Lied mittlerweile zum zweiten
Male deutsche Nationalhymne geworden war. Das Lied an diesem
Abend und an diesem Ort mit allen Strophen zu singen, wie vor
125 Jahren, hätte sicher Diskussionen ausgelöst, wäre aber wohl
die einzig angemessene Form gewesen. Wie sehr dem Berichterstatter der *ZEIT* das Empfinden für die Bedeutung der Veranstaltung abging, mag ein Ausschnitt aus seinem Artikel veranschau-
lichen: »Und was der Herr dann sprach, war alles andere als
altväterlich. Nichts von dem, was Pessimisten von diesem ›Festakt‹ befürchtet hatten. Da war keine Spur von patriotischem
Pathos. Aber von Demokratie und von dem ersten Reichspräsidenten Ebert war die Rede und vom Mißbrauch des Wortes ›Vaterland‹, wie es Hoffmann ersehnt hat, ›und zu dem wir es heute

122

immer noch nicht gebracht haben‹. Der Hamburger Innensenator Ruhnau sprach im gleichen Sinne, nachdem die traditionelle Liedertafel vierstimmig a capella den dritten, den von der Hymne übriggebliebenen Vers intoniert hatte.«

1968 traten bei der Olympiade – auf Beschluß des Olympischen Komitees – die Sportler aus der Bundesrepublik Deutschland und der DDR erstmals unter ihrer eigenen Flagge und Hymne an. Bei den Olympiaden in Rom 1960 und in Tokio 1964, als es noch eine gesamtdeutsche Mannschaft gab, waren die Sieger mit Beethovens Hymne »An die Freude« geehrt worden. Nach Beendigung des Kompromisses mit Beethovens Tonschöpfung war also die Spaltung Deutschlands in zwei Staaten nun auch nicht mehr zu »überhören«. Das einzige Verbindende waren die schwarz-rotgoldenen Farben in den beiden Flaggen geblieben.

1972 schrieb der wegen der Ostpolitik der sozialliberalen Koalition aus der SPD in die CDU übergewechselte Bundestagsabgeordnete Herbert Hupka eine vierte Strophe zum Deutschlandlied, um auf die aktuelle politische Situation Deutschlands aufmerksam zu machen. Der Text lautete:

Über Länder, Grenzen, Zonen
hallt ein Ruf, ein Wille nur
Überall wo Deutsche wohnen
Zu den Sternen dringt der Schwur:
Niemals werden wir uns beugen,
Nie Gewalt für Recht ansehn
Deutschland, Deutschland über alles
Und das Reich wird neu erstehn.

Dieser Text führte zu einer Kontroverse zwischen den beiden großen Volksparteien in der Hansestadt Hamburg. Die SPD warf dem Politiker NPD-Parolen vor. Die CDU konterte, es sei ein Unding, daß der Wunsch nach Wiedervereinigung einen Vergleich mit der rechtsradikalen NPD rechtfertigen sollte. Jedenfalls wurde deutlich, daß in bestimmten SPD-Kreisen alles, was an die erste Strophe des Liedes der Deutschen erinnerte, als rechtslastig empfunden wurde.

1972 wurde der fünfzigsten Wiederkehr der Proklamation des Deutschlandliedes zur Nationalhymne durch den sozialdemokratischen Reichspräsidenten Friedrich Ebert gedacht. Dabei wurde an seine Worte vom August 1922 erinnert: »So wie einst der Dichter, so lieben wir heute Deutschland über alles. In Erfüllung seiner Sehnsucht soll unter den schwarz-rot-goldenen Fahnen der Sang von Einigkeit und Recht und Freiheit der festliche Ausdruck unserer vaterländischen Gefühle sein.« Das Gedenken erfolgte meist nur in Zeitungsartikeln. Eine zentrale Feier der Bundesrepublik Deutschland gab es nicht, obwohl die Sozialdemokraten regierten und Ebert einer der ihren gewesen war. Eine solche Feier paßte nicht in den Zeitgeist zu Beginn der siebziger Jahre.

Wie sehr das Deutschlandlied in diesen Jahren »durchhing«, zeigt ein Überblick über seine Behandlung in den Funkhäusern der einzelnen ARD-Anstalten. Zu Beginn des Jahres 1974 erklangen die Musik von Haydn beziehungsweise der Text der dritten Strophe der Nationalhymne nur noch im Bayerischen und Hessischen Rundfunk und im Sender Freies Berlin. Der Westdeutsche Rundfunk hatte zu Jahresbeginn die Ausstrahlung der Hymne eingestellt. Auf Anfrage der *Frankfurter Rundschau* sagte dazu der Sendeleiter: »Jawohl, die Nationalhymne haben wir gestrichen. In dem hauptsächlich für jüngere Leute bestimmten neuen Programmschema für WDR II hätte die Hymne wie ein Relikt aus früheren Zeiten geklungen.«

Nach Protesten von Rundfunkhörern und vor allem von CDU-Politikern wurde jedoch im dritten Programm des WDR im Mai 1974 die Ausstrahlung der Nationalhymne wieder eingeführt. Die Bemühungen des WDR-Intendanten Klaus von Bismarck, die Hymne auch im ersten, gemeinsam mit dem Norddeutschen Rundfunk gestalteten Hörfunkprogramm zu senden, scheiterten daran, daß es in diesem Programm keinen eigentlichen Sendeschluß gibt.

1974 gedachte die *Deutsche Presse Agentur* in einem dpa-Brief des hundertsten Todestags des Dichters Hoffmann von Fallersleben unter der Überschrift »Die verhinderte Nationalhymne«. Richtiges und Falsches standen hier nebeneinander: »Gesungen wurde es damals (1841) so wenig wie heute … Das Lied ›Deutschland, Deutschland über alles‹ schien überhaupt mehr für Kriegszeiten geeignet zu sein … Auch die Weimarer Republik hatte kein rechtes Verhältnis zu dem ›Lied der Deutschen‹. Der erste Reichspräsident Friedrich Ebert setzte sich stark für das Lied ein, aber es wurde keine Nationalhymne. Auch damals wurde der Text ›Deutschland, Deutschland über alles‹ Quelle ständigen nationa-

len und internationalen Ärgernisses. Auch beharrte die Arbeiter-
schaft der Zeit mehr auf der Internationalen. Ihr antwortete später die aufgeputschte Rechte mit dem Horst-Wessel-Lied, das
zusammen mit dem Deutschlandlied von den Nationalsozialisten
zur ›Nationalhymne‹ erhoben wurde ... So einigte man sich zum
Schluß auf die dritte Strophe ›Einigkeit und Recht und Freiheit‹.«

Auch der Schluß dieses dpa-Briefes kann kaum über die vielen
sachlichen Fehler dieses Berichtes hinwegtrösten: »Daß es heute
kaum noch gesungen wird, vielen, besonders in der Jugend, kaum
noch bekannt ist, ist hoffentlich für die Sehnsucht nach Einheit
und Freiheit unserer Tage kein Indiz.«

Ein beschämendes Kapitel aus dem Gedenkjahr soll nicht uner-
wähnt bleiben: Als aus Anlaß des hundertsten Todestages des
Dichters die Hoffmann-von-Fallersleben-Gesellschaft an die Bundesregierung mit der Bitte herantrat, zur Würdigung der Verdien-
ste dieses Mannes eine Sondermarke herauszugeben, wurde der
Vorschlag mit der Begründung abgelehnt, die Zahl der Sonder-
marken sei für das laufende Jahr »bereits vergeben«. An Briefmar-
ken zum Gedenken von Rosa Luxemburg, Karl Marx und Friedrich
Engels war gedacht worden. Der Patriot aus der demokratischen
Tradition Deutschlands wurde vergessen.

Ende März 1976 erbrachte eine Umfrage der Zeitung *DIE WELT*
nach der Erhältlichkeit des Deutschlandliedes auf Schallplatten
ein beschämendes Ergebnis: Nur dreimal war es auf dem deutschen Plattenmarkt zu finden, in allen drei Fällen ohne Text.
Neben einer Einspielung durch das Hanseatische Blasorchester
Lübeck gab es nur noch eine Aufnahme der britischen »Band of
Grenadiers« sowie eine der »Central Band of the Royal Australian
Airforce«. Hingegen gab es zehn verschiedene Fassungen der »Internationale«. Die Ergebnisse der Umfrage wurden am 1. April
1976 in einem Artikel der *WELT* mit der Überschrift »Das ungesungene Lied der Deutschen« veröffentlicht. Zusammenfassend
hieß es darin, das Deutschlandlied sei »das Stiefkind der Nation«.

1977 war dann der Tiefpunkt in der Behandlung der Nationalhymne überwunden, als Bundespräsident Walter Scheel anregte,
im Fernsehen an vier herausgehobenen Tagen des Jahres das
Deutschlandlied zu spielen: am 23. Mai, dem Tag der Verabschiedung des Grundgesetzes (Verfassungstag); am 17. Juni, dem Tag
der deutschen Einheit; am 20. Juli, dem Gedenktag für die Widerstandskämpfer gegen die Hitlerdiktatur; und am Volkstrauertag.

Im Frühjahr 1978 geriet die Nationalhymne in Baden-Württemberg und in Berlin in einen Parteienstreit. Als mit Billigung des baden-württembergischen Ministerpräsidenten Filbinger eine mit den drei Strophen des Deutschlandliedes besungene Platte an die Schulen des Landes verschickt werden sollte, protestierte sein Kultusminister Hahn. Staatssekretär Mayer-Vorfelder verteidigte die Aktion vor dem Landtag mit dem Hinweis, »daß wir ein natürliches Verhältnis zu dem Wortlaut auch der ersten Strophe bekommen sollten«. Vor einem halb aufgebrachten, halb belustigten Landtag gab er Nachhilfeunterricht in Sachen Nationalhymne. Daß diese nach wie vor das gesamte Deutschlandlied umfaßt, war den meisten Parlamentariern neu. Daß es darüber unter Staatsrechtlern gar keinen Dissens gibt, klang ihnen schier unglaubhaft.

In Berlin hatte der Charlottenburger Volksbildungsstadtrat Roeseler die drei Strophen des Deutschlandliedes mit der Anweisung seinen Lehrern geschickt, den Text allen Kindern des Bezirks in den vierten Klassen zur Kenntnis zu geben. Dagegen erregten sich SPD- und FDP-Stadträte sowie der Bezirkslehrerausschuß. Die Gewerkschaft Erziehung und Wissenschaft reichte gegen den Bezirksstadtrat Klage ein. Die *Stuttgarter Zeitung,* die gerade über den Streit im eigenen Land berichtet hatte, überschrieb die Berichterstattung über die Berliner Kontroverse mit der hämisch-falschen Zeile: »In Charlottenburger Schulen soll Deutschland wieder ›über alles in der Welt‹ sein.« Dabei beabsichtigte die Aktion des Berliner Stadtrats nichts anderes, als mit den Kindern alle drei Strophen des Liedes zu behandeln. Warum sollte die Beschäftigung mit der ersten Strophe der Nationalhymne für Kinder unzumutbar sein?

Keine Aktion zur Popularisierung des Liedes der Deutschen blieb ohne hämische Begleitmusik. Über eine Plattenaktion von Wilfried Böhm und anderen CDU-Abgeordneten des Deutschen Bundestages schrieb die *ZEIT* unter der Überschrift »›... über alles‹ – für alle?«:

Meistens wurde die Hymne nur gespielt – bei Staatsempfängen und Fußballspielen. Doch künftig sollen wir das ganze Lied neu lernen und aus vollem Halse singen – jedenfalls läßt sich das Unternehmen so deuten, das die CDU-Abgeordneten Wilfried Böhm und Klaus Francke samt fast dreißig Fraktionskollegen gestartet haben. In den vergangenen Wochen brachten sie in ihren Wahlkreisen 32000 Platten mit dem Deutschlandlied unter die Leute; die zweite Auflage rollt schon an. Auch an Schulen und Vereine wird das Lied verteilt. Auf der Plattenhülle wird zwar die dritte Strophe durch Fettdruck hervorgehoben, auch in der musikalischen Abfolge ertönt zuerst aus Männerkehlen, a capella, die dritte Strophe, dann aber folgt das ganze Lied, und die Musik spielt dazu.

Kultusminister Hahn in Stuttgart dachte darüber im Frühjahr noch anders – er mochte eine von Landesvater Filbinger protegierte Heino-Platte wegen der peinlichen ersten Strophe den Landeskindern nicht zumuten. Abgeordneter Francke ist über den Verdacht erhaben, er wolle revisionistischen Gebietsansprüchen bis zur belgischen Maas, zur sowjetisch-litauischen Memel, zur italienischen Etsch und zum dänischen Belt musikalisch Vorschub leisten. Wenn es nach ihm ginge, sollen »aus politischen Gründen« auch Vereine die erste Strophe nicht singen. Aber wozu dann der Aufwand? Singen oder Nicht-Singen – das ist hier die Frage. Die Hymne »als Sinnbild der Gemeinsamkeit aller deutschen Demokraten«? Ja, wozu dann eine vaterländische Kampagne unter CDU-Vorzeichen? Warum keine gemeinsame Aktion aller Parteien?

Dem Inhalt der letzten Frage kann jeder, der sich um den demokratischen Grundkonsens in unserem Staat sorgt, nur zustimmen.

Am 6. Oktober 1979 erschien in der *Frankfurter Rundschau* ein längerer Artikel unter der Überschrift: »Schwierigkeiten mit dem Singen. Die Deutschen und ihre Nationalhymne.« Der Autor gibt einen sachlich richtigen Überblick über die Entstehungsgeschichte der beiden deutschen Hymnen und über ihre Textschöpfer Johannes R. Becher und Hoffmann von Fallersleben. Eingeleitet wird dieser bemerkenswerte Artikel mit einem Gedicht des ehemaligen DDR-Autors Bernd Jentsch, in dem er Teile aus beiden deutschen Hymnen verwendet:

> Verbotenes Lied.
> O Vaterland, o Vaterland.
> Laß uns Dir zum Guten dienen.
> Einigkeit und Recht und Freiheit.
> Brüderlich mit Herz und Hand.

Und das Liebste mag's uns scheinen.
So wie andern Völkern ihrs.
Und der Zukunft zugewandt.

Der Schluß des Artikels von Joachim Trenkner war eine gesamt-
deutsche Anklage, wenn er feststellen muß: »So bleibt den beiden
Hymnendichtern am Ende zumindest eines: das gemeinsame
Schicksal, denn Fortüne hatten sie beide nicht mit ihren Liedern.
Den einen, Hoffmann, zieh man des Chauvinismus, weil er an
Maas und Memel Deutsches wähnte und doch damit nur deut-
sche Sprachgrenzen von einst umreißen wollte. Dem anderen,
Becher, war auf Dauer nicht vergönnt, sein sozialistisch ›einig
Vaterland‹ zu besingen, von dem er ein Leben lang träumte. Aber
deutsch scheint's allemal, was Dichtern und Hymnen widerfuhr.
Aus Liebe zur Heimat haben sie ihre Lieder geschrieben. In ihrer
Heimat sind sie derweil vergessen und verboten – beinahe jeden-
falls.«

Der bemerkenswerte Artikel war mit den Texten der beiden
Hymnen ergänzt. Da dies in der *Frankfurter Rundschau* passierte,
war wohl den sonst schnellen Kritikern das Argument entzogen,
hier seien »Rechte« am Werk gewesen.

1982 konnte dreier Ereignisse gedacht werden, die direkt mit
dem Deutschlandlied zu tun hatten: Vor 250 Jahren war Joseph
Haydn, der Komponist des Liedes, geboren worden; vor sechzig
Jahren hatte Reichspräsident Ebert das Lied mit dem von Hoffmann von Fallersleben verfaßten Text zur Nationalhymne proklamiert; und vor dreißig Jahren – am 2. Mai 1952 – hatte Bundespräsident Theodor Heuss das Lied erneut als Hymne anerkannt.
Doch auch diese Jubiläen veranlaßten die bundesdeutsche Öffentlichkeit nicht zu einer stärkeren Besinnung auf ihre Nationalhymne. Sie blieb weiter das ungesungene Lied.

Teil II

DIE HYMNE HEUTE
– PRO UND CONTRA

»Ein entkrampfteres Verhältnis«
Die Hymne im Fernsehen

Am 23. Mai 1983, dem Verfassungstag, sendete das ZDF einen Film mit dem Titel »Soll die Bundesrepublik sich feiern? Für und wider ein Verfassungsfest« (Autoren Guido Knopp und Ekkehard Kuhn). Anlaß war der Vorschlag von Justizminister Schmude, den Verfassungstag der Bundesrepublik Deutschland zur Erinnerung an die Verabschiedung des Grundgesetzes am 23. Mai 1949 zu einem Feiertag zu erklären und dafür den 17. Juni als Feiertag abzuschaffen. Das »Für« und das »Wider« zu dieser Absicht stellten wir in unserem Film gegenüber. Die Hauptfrage war: Stärkt eine solche Regelung das gesamtdeutsche Bewußtsein der Bürger in der Bundesrepublik oder unterhöhlt das Feiern einer »Teilstaatstradition« das Grundgesetz-Gebot der deutschen Einheit?

Wir stellten Fragen an Bürger auf der Straße, Wissenschaftler und Politiker. Um ein repräsentatives Ergebnis der Bürgermeinung zu bekommen, beauftragten wir das Demoskopie-Institut EMNID mit einer speziellen Umfrage.

Auf die Frage »Sind die Deutschen Ihrer Meinung nach zu wenig nationalbewußt, in gerade richtigem Maße oder zu sehr nationalbewußt?« antwortete fast ein Drittel (27%) mit »zu wenig nationalbewußt«; mehr als die Hälfte (57%) war der Meinung, daß es mit dem deutschen Nationalbewußtsein gerade richtig bestellt sei. Ein übersteigertes Nationalbewußtsein wurde von 14 Prozent der Befragten konstatiert.

Gegen den Vorschlag, den Verfassungstag auf Kosten des 17. Juni zum nationalen Feiertag zu erheben, stimmte die Mehrheit der Bürger (57%), immerhin waren 41 Prozent dafür. Bei der Fragestellung »Wären Sie dafür oder dagegen, daß der 17. Juni zugunsten des Verfassungstages abgeschafft wird?« stimmten sogar 81 Prozent gegen die Abschaffung. Die Idee, ein bundesdeutsches Teilstaatsbewußtsein auf Kosten des Gedenkens der deutschen Einheit zu kreieren, bekam von den Bürgern eine eindeutige Abfuhr. Das Argument der Verfechter des Verfassungsfeiertags, daß mit diesem Tag auch der Einheit Deutschlands gedacht werden könne, fand kaum Anklang.

In der Sendung interviewten wir unter anderen auch den damaligen Bundespräsidenten Karl Carstens. Wir fragten ihn nach seiner Meinung, wie man den Verfassungstag begehen könnte. Seine Antwort schloß auch das Deutschlandlied mit ein, wich hier jedoch in einem Punkt von dem ab, was vom Bundespräsidialamt schriftlich verbreitet wird. Karl Carstens sagte in der Sendung: »Ich würde es schon begrüßen, wenn vielleicht noch etwas festlicher und auch mit mehr Fröhlichkeit gefeiert werden würde. Allerdings muß ich sagen, die Bundespräsidenten haben seit Jahren Tausende junge Menschen am Verfassungstag hierher in den Park der Villa Hammerschmidt eingeladen, und da haben wir eigentlich immer ganz fröhlich und festlich gefeiert. Ich würde es begrüßen, wenn das auch in Ländern und Gemeinden geschähe, und vor allen Dingen würde ich es begrüßen, wenn bei dieser Gelegenheit das Deutschlandlied, die dritte Strophe, die unsere Nationalhymne ist, gesungen werden würde. Dazu bedarf es noch einiger zusätzlicher Anstrengungen, aber ich sehe das keineswegs als aussichtslos an.«

Ein Zuschauer der Sendung, Bundesbankdirektor Thomas Schulte, fragte daraufhin beim Bundespräsidenten und beim ZDF an, wie diese Äußerung zu verstehen sei. War nun nur noch die dritte Strophe Nationalhymne? Die Antwort aus dem Bundespräsidialamt:

Die Nationalhymne der Bundesrepublik Deutschland ist durch einen Briefwechsel zwischen Bundeskanzler Dr. Adenauer und Bundespräsident Heuss vom 29. April/2. Mai 1952 festgelegt worden. Danach sind alle drei Strophen des Deutschlandliedes Nationalhymne, bei offiziellen staatlichen Veranstaltungen wird jedoch nur die dritte Strophe des Deutschlandliedes gesungen. Dies findet seine Begründung darin, daß sie der besonderen politischen Situation unseres Staates in hervorragender Weise gerecht wird. Demgegenüber ist der Text der ersten Strophe – von der zweiten wird in Diskussionen um das Deutschlandlied in der Regel gar nicht gesprochen – häufig Mißverständnissen ausgesetzt, die allerdings der Intention des Dichters nicht gerecht werden. Es ist auch keineswegs verboten, die erste und zweite Strophe des Deutschlandliedes zu singen.

Der Herr Bundespräsident würde es begrüßen, wenn künftig wieder mehr als in den vergangenen Jahren die dritte Strophe des Deutschlandliedes bei den dazu geeigneten Anlässen gesungen würde, um damit einen Beitrag zur politischen Bewußtseinsbildung unseres Volkes zu leisten.
Mit freundlichen Grüßen
Dr. Wemmer.

Ganz sicher wollte der Bundespräsident im ZDF-Gespräch von dieser staatsrechtlichen Auffassung nicht abweichen. Er hatte nur eine mißverständliche Formulierung gewählt.

Zum Schluß unserer Sendung »Soll die Bundesrepublik sich feiern?« baten wir die Zuschauer, uns ihre Meinung schriftlich mitzuteilen. Daraufhin erhielten wir über zweitausend Zuschriften. Im Unterschied zu den Ergebnissen der EMNID-Umfrage war fast die Hälfte dieser Zuschauer für die Abschaffung des 17. Juni als Feiertag zugunsten des Verfassungstags am 23. Mai.

In diesen Briefen fanden sich auch mehrere Bemerkungen und Hinweise zum Thema Nationalhymne. Hier einige Auszüge:

Der Abiturient Martin B. aus Essen:
»Warum nur am Verfassungstag??? – Eine tägliche Aussendung [der Hymne] wäre sicherlich nicht nur eine Bereicherung für Ihr Programm, sondern würde vielleicht auch dieses nationale Symbol vielen Bürgern wieder näher bringen und vertrauter machen. Dies könnte unserem demokratischen Staatswesen hinsichtlich seiner Stabilität und Verinnerlichung bestimmt förderlich sein.«
Der schleswigholsteinische Landtagsabgeordnete Rainer H.:
»Allerdings bin ich schon seit langem der Meinung, daß die Medien – insbesondere die elektronischen – die Aufgabe zur Bildung eines gesunden Nationalgefühls nicht angenommen haben... Warum z.B. endet das Programm nicht täglich mit der Nationalhymne? Durch die zugleich gesendeten Bilder könnte man 365× eine excellente Demokratieerziehung machen.«
Der 22jährige Informatikstudent Uwe R. aus Stuttgart:
»Warum hat man es immer noch nicht geschafft, einem nennenswerten Bevölkerungsanteil den Text der 3. Strophe des Deutschlandliedes beizubringen? Bei Anlässen, zu denen die Melodie unserer Hymne gespielt wird, herrscht entweder beschämendes Schweigen, oder die Leute singen die einzigen zwei Textzeilen, die

sie kennen: »Deutschland, Deutschland über alles, über alles in der Welt«... Warum wird unsere Nationalhymne von vielen Rundfunk- und allen Fernsehstationen nicht nach den 0-Uhr Nachrichten oder vor Sendeschluß gespielt, wie in anderen Ländern? Man könnte sie mit Bildern aus Deutschland hinterlegen: Seinen Menschen, seiner Landschaft, seiner Industrie und nicht zuletzt mit der Grenze, die es teilt. Brauchen wir dazu tatsächlich erst Privatsender?... Wir sind Deutsche, ob es uns paßt oder nicht...«

Der 16jährige Thomas O. aus Berg:
»Ich finde es beschämend, daß die erste Strophe des Deutschlandliedes vielen· eher ein Begriff ist als die dritte.«

Der 30jährige Beamte Bernd D. aus Hamburg:
»Ich meine, man sollte das ganze Lied singen und dabei den damaligen Zeitgeist berücksichtigen. Niemand käme wohl auf die Idee, den Franzosen die Marseillaise zu untersagen, weil es ein recht brutales Lied ist. Dieses Lied ist in einem Jakobinerlokal entstanden, und es stand den Franzosen ein schlimmer Krieg bevor. So trägt auch diese Nationalhymne einen Zeitgeist in sich, doch keiner würde meinen, daß die Franzosen ihre Äcker mit unserem Blut düngen wollen.«

Die Lehrerin Erika Z. aus Salzgitter:
»...Ich singe mit den Kindern übrigens alle 3 Strophen des Deutschlandliedes. Grund: Ich erzähle den Kindern von Heinrich Hoffmann von Fallersleben... in welcher Stimmung er wohl damals an Deutschland dachte, als er auf Helgoland war. Mit welchem Gefühl er dichtete, nämlich: ›Ich liebe dich, Deutschland, über alles...‹ Wir spielen mit den Kindern September 1841. Studenten besuchen H. von Fallersleben heimlich auf Helgoland... Die Studenten kehren zurück mit dem neuen Lied...«

Hartmut B. aus Niedersachsen:
»...Besonders erfreut war ich gerade als Teil der jüngeren Generation (31 Jahre alt) über das Abspielen des Deutschlandliedes am Ende des Fernsehprogramms. Ich würde mich freuen, wenn allabendlich oder zumindest am Samstagabend einmal wöchentlich das Fernsehprogramm mit der Nationalhymne beendet würde. Eine natürliche Beziehung zu unserer Hymne wird nur dann entstehen, wenn diese auch selbstverständlicher angewandt würde. In Spanien und auch in vielen anderen Ländern wird dieses Verfahren bereits praktiziert. Auch einige deutsche Rundfunkanstalten verfahren bereits so. Ein unbefangener Umgang mit nationa-

len Symbolen ist auch ein Schutz gegen den zerstörerischen Nationalismus von rechts außen.«

Soweit einige Zuschriften zur ZDF-Sendung am Verfassungstag 1983.

Bis Mitte der achtziger Jahre war es in der Regel nicht üblich, daß deutsche Sportler bei internationalen Begegnungen die Nationalhymne mitsangen – die Fernsehübertragungen machten dies offenkundig. Vor allem einige kaugummikauende Fußballnationalspieler erregten Ärger. Am 8. Oktober 1983 faßte sich die dreißigjährige Justizbeamtin Maryon Tietjen ein Herz und schrieb an den damaligen Kapitän der Nationalmannschaft, Karl-Heinz Rummenigge, einen Brief:

Die Nationalhymnen, die das Bewußtsein der Zusammengehörigkeit einer Nation ausdrücken, sind für die Angehörigen eines jeden Volkes sorgsam gehütete Symbole, die die gleiche Ehrerbietung und den gleichen Schutz genießen wie die Flaggen der Nationen. Keine andere Melodie wird darum von den Menschen mit solch innerer Anteilnahme gesungen wie ihre eigene Nationalhymne, aber auch keiner Melodie soviel Achtung entgegengebracht wie den Hymnen fremder Völker. Die Nationalhymnen tragen ihren Teil dazu bei, andere Völker verstehen zu lernen. Und was ist in unserer Zeit wichtiger als gegenseitiges Verstehen, da doch gerade Mißverständnisse und Vorurteile in der Vergangenheit soviel Unheil über die Nationen gebracht haben.

Deshalb bitte ich Sie, Herr Rummenigge, und die Mannschaft von ganzem Herzen, Vorbilder zu sein und dazu beizutragen, daß auch wir Deutschen und vor allem die jungen Deutschen mit unserer Nationalhymne den tief in der Seele vieler Menschen wohnenden Empfindungen Ausdruck geben können, nämlich der Dankbarkeit und Liebe zu dem Land, dem wir unsere Existenz und das, was aus uns geworden ist, weitgehend verdanken. Wir sollten alle gemeinsam dazu kommen, ein normales, gelassenes, selbstverständliches Nationalbewußtsein zu zeigen.

Ich hoffe, Sie zum Nachdenken angeregt zu haben, und bitte Sie, dieses im Kreise der Nationalelf zu diskutieren ...

Es dauerte etwa ein Jahr, bis der Deutsche Fußballbund dem Zeitgeist Rechnung trug. Mitte Oktober 1984 hieß es dann für die Spieler: »Bei der Hymne ist Mitsingen jetzt Pflicht.« Der neue Teamchef Franz Beckenbauer kommentierte die neue Fußball-regel: »Ich habe mich immer dagegen gewehrt, als Sänger aufzu-treten. Aber ich sehe jetzt ein: Es sieht wirklich besser aus, wenn sich etwas bewegt.« Bundespräsident Richard von Weizsäcker wurde mit seiner Meinung dazu in der Presse zitiert: »In der Zeit des Nationalsozialismus sind Nationalbewußtsein und National-hymne gröblich mißbraucht worden. Die Nachwirkungen dauern an. Ich bin aber überzeugt, daß sie auf natürliche Weise überwun-den werden. Ich möchte dazu beitragen, daß wir ein normales und gesundes Verhältnis zu uns selbst als Deutsche bekommen. Ich freue mich, daß unser Verhältnis zur Nationalhymne unverkrampf-ter geworden ist. Das gilt auch für unsere Fußball-Nationalspieler.«

Seit Oktober 1984 singen unsere Kicker also mit, wenn die Haydnsche Musik erklingt. Daß die Bürger aber nicht nur ihre Sportlerstars beäugen, sondern auch den Politikern aufs Maul schauen, belegen Auszüge aus einem Brief, den die Augsburgerin Charlotte Goral anläßlich der letzten Bundespräsidentenwahl an den damaligen Bundestagspräsidenten Rainer Barzel schrieb: »Nun wurde also der neue Bundespräsident gewählt, und bei dieser Gelegenheit sang man endlich wieder einmal unsere schöne Nationalhymne für alle!!! . . . Bei den Politikern war das teilweise kein schöner Anblick, wie freudlos und gelangweilt dieses Lied von ihren Lippen kam – wenn überhaupt! Der Text scheint den mei-sten nicht geläufig zu sein. Ich frage mich, wie ist das möglich? Das ist wahrlich kein gutes Beispiel für unser Volk und die Jugend im besonderen . . . Solch eine schöne Gelegenheit, in aller Freude die Nationalhymne zu singen, sollten sich unsere Politiker nicht ent-gehen lassen . . .«

Auf diesen Brief ließ Bundestagspräsident Dr. Barzel antworten: ». . . Sie können aber davon ausgehen, daß allen Mitgliedern der Bundesversammlung Text und Melodie der Nationalhymne be-kannt waren.« Frau Goral, die den Briefwechsel an das ZDF schickte, kommentierte: »Davon bin ich nicht überzeugt.«

Am 8. März 1985 votierte der Fernsehrat des ZDF einstimmig für die tägliche Ausstrahlung der Nationalhymne zum Programm-schluß. ZDF-Intendant Dieter Stolte wies auf die demoskopisch nachweisbare Tatsache hin, daß das Interesse an der Nationalhymne in den vergangenen zwanzig Jahren stark zurückgegangen sei und über die Hälfte der bundesdeutschen Bevölkerung den Text der dritten Strophe nicht oder nur unvollständig kenne. Die Gründe dafür seien vielschichtig. Für ältere Generationen vermische sich die Hymne als würdevolles Sinnbild staatlicher Autorität mit der Erinnerung an ihren Mißbrauch in der Vergangenheit. Dieses ambivalente Verhältnis habe sich zum Teil auf junge Menschen übertragen. Allerdings scheine sich heute gerade in der Jugend ein etwas entkrampfteres Verhältnis zur Verwendung der Nationalhymne abzuzeichnen. Wörtlich sagte der Intendant: »Wir glauben deshalb, daß ein geeigneter Zeitpunkt gegeben ist, um mit unseren nationalen Symbolen wieder unbefangener umzugehen. Sie sind Teil unseres demokratischen Selbstverständnisses. Vor allem die Hymne bedarf aber durchaus noch einer stärkeren Verankerung im öffentlichen Bewußtsein.«

Das Presseecho auf diesen ZDF-Beschluß, die Hymne täglich auszustrahlen, war unterschiedlich. Die *Berliner Morgenpost* begrüßte die Entscheidung: »Es fällt schwer abzuwägen, was mehr Beachtung verdient: der Beschluß des Intendanten Professor Dieter Stolte, vom April an die täglichen Sendungen des Zweiten Deutschen Fernsehens mit dem Deutschlandlied ausklingen zu lassen, oder der einstimmige Beifall, den diese Entscheidung beim ZDF-Fernsehrat gefunden hat. Denn das 69köpfige Gremium ist gewöhnlich nicht leicht zur Einstimmigkeit zu bewegen ... Nun hat das Zweite Deutsche Fernsehen – vor dem Ersten – ein Bekenntnis abgelegt zu Einigkeit und Recht und Freiheit für das ganze Deutschland. Man kann sich nur wünschen, daß dieses Verlangen aus dem Lied der Deutschen allen diesseits und jenseits unserer Grenzen bewußt wird.«

Verleger Axel Springer sandte dem ZDF-Intendanten ein Telegramm, in dem es hieß: »Richard von Weizsäcker sagte kürzlich: ›Die deutsche Frage ist so lange offen, wie das Brandenburger Tor geschlossen ist‹. An diese treffende Feststellung des Bundespräsidenten werden Deutsche in West und Ost, aber auch im Ausland denken, wenn bald im ZDF zum Programmschluß die Nationalhymne erklingen wird. Ihnen, lieber Herr Professor Stolte, und dem Fernsehrat Dank für diese gute Entscheidung.«

In der *Hamburger Morgenpost* machte sich dagegen ein Kommentar über die Entscheidung lustig. Unter der Überschrift »Trauerspiel nach Noten« stand dort: »Nun wissen wir also ganz genau, wo die wahren Probleme der Programm-Verantwortlichen des ZDF liegen: Für die geplante Ausstrahlung der Nationalhymne im ZDF am Ende der täglichen Sendungen (ab 1. April, kein Scherz!) werden zur Zeit drei Modelle ›erwogen‹: Eine Fassung mit großem Chor und Orchester, eine Instrumentalversion und eine Variante mit großem Orchester, die vollständig bebildert ist. – Nein, es gibt wirklich nichts Wichtigeres zu beratschlagen . . .«

Nur acht Tage nach dem ZDF folgte die ARD. Am 15. März beschlossen die Intendanten, das Deutschlandlied vom 23. Mai an zum Schluß des Programms auszustrahlen. Der ARD-Vorsitzende und Intendant des Norddeutschen Rundfunks, Friedrich Wilhelm Räuker, erklärte, die ARD haben dem »Zweiten« nach dessen überraschender Entscheidung nicht nachstehen wollen.

Wie reagierten die Bürger auf die Beschlüsse von ZDF und ARD? Eine Umfrage der Wickert-Institute brachte es an den Tag: Neunundsiebzig Prozent aller erwachsenen Bundesbürger befürworteten die Ausstrahlung der Nationalhymne im Fernsehen. Nur zehn Prozent waren dagegen. Elf Prozent hatten dazu keine Meinung. Ein Jahr zuvor hatten nur sechzig Prozent eine Ausstrahlung befürwortet. Das war ein Zuwachs, der wohl auch durch die Beschlüsse beider Fernsehsysteme mitverursacht wurde.

Die Entscheidungen waren gefallen, die überwältigende Mehrheit der Bürger stimmte zu. Nun mußte produziert werden. Wie sollten die Fernsehfassungen der Nationalhymne aussehen?

Im ZDF war die Redaktion Zeitgeschichte für die Realisierung zuständig. Im Gegensatz zum Programm der ARD, wo jeder der neun Sender eigene Wege gehen durfte, hatte das ZDF als zentrale Anstalt die Chance, eine einheitliche Gesamtkonzeption zu entwickeln. Während im ersten Programm zur Haydn-Melodie Städtebilder und Landschaften gezeigt werden, produzierte das ZDF sieben Versionen, die den Traditionsstätten der deutschen Demokratie gewidmet wurden.

Samstags läuft die *Helgoland*-Version mit dem gesungenen Text der dritten Strophe. Sie erinnert an die Entstehung des Liedes der Deutschen auf der Insel.

Sonntags wird eine Instrumental-Fassung mit dem *Hambacher Schloß* gesendet, die auf das Erste Nationalfest der Deutschen 1832 aufmerksam macht.

Montags steht die *Frankfurter Paulskirche* im Mittelpunkt – Tagungsort der ersten deutschen Nationalversammlung 1848/49.

Dienstags erinnert das *Rastatter Schloß* an die badische Revolution 1848/49 und an andere deutsche Freiheitsbewegungen.

Mittwochs ist der *Deutsche Reichstag* in Berlin zu sehen, in dem das Lied der Deutschen 1922 erstmals zur Hymne proklamiert wurde. Auch hier wird die dritte Strophe von einem Chor gesungen.

Donnerstags soll die Fassung *Nationalversammlung Weimar* an die Gründung der Weimarer Republik 1919 erinnern, ebenfalls unterlegt mit dem Gesang der dritten Strophe.

Freitags wird der *Deutsche Bundestag* gezeigt, mit einer instrumentalen Fassung unterlegt.

Für fünf Gedenktage im Jahr wurden spezielle Fassungen gedreht: Am *1. Mai* werden Bürger an ihren Arbeitsplätzen gezeigt. Am *Verfassungstag*, dem 23. Mai, sind der Tagungsort des Parlamentarischen Rates in Bonn und das Original des Grundgesetzes zu sehen. Für den *17. Juni* wurden Aufnahmen vom Volksaufstand 1953 in Berlin und – als Symbol der deutschen Einheit – vom Brandenburger Tor gewählt. Am *20. Juli* wird die Hinrichtungsstätte der Widerstandskämpfer in Berlin-Plötzensee gezeigt. Und am *Volkstrauertag* sieht man Soldatenfriedhöfe beider Weltkriege.

Bei den Dreharbeiten für die verschiedenen Fassungen mußten wir immer wieder feststellen, daß viele Bundesbürger von der Entstehungsgeschichte und dem Schicksal des Deutschlandliedes kaum etwas wußten. Deshalb beschlossen wir, einen Film über die Hymne, ihre Entstehung und ihre Geschichte zu drehen.

Um für diese Sendung eine verläßliche demoskopische Grundlage über das Verhältnis der Bundesbürger zu ihrer Hymne zu gewinnen, beauftragten wir das EMNID-Institut mit einer Meinungsumfrage. Im April 1986 lagen die Ergebnisse vor.

Auf die Frage: »Wenn Sie die deutsche Nationalhymne hören, berührt Sie das innerlich oder berührt Sie das nicht?« antworteten:

»berührt mich innerlich«	54%
»berührt mich nicht«	46%

Bei den Antworten fielen Altersunterschiede ins Gewicht. Die Hymne steht den Alten näher als den Jungen. »Berührt mich innerlich« antworteten in der Altersgruppe

bis 19jährig	30%
20–29jährig	31%
30–49jährig	48%
50–64jährig	75%
65 und älter	73%

Bei den Frauen waren 57 Prozent, bei den Männern nur 51 Prozent von der Hymne »innerlich berührt«.

Unterschiedlich ist das Verhältnis zur Nationalhymne auch in den einzelnen Bundesländern. »Berührt mich innerlich« antworteten in:

Rheinland-Pfalz und Saarland	68%
Baden-Württemberg	60%
Bayern	58%
Hamburg, Bremen, Berlin	58%
Hessen	54%
Nordrhein-Westfalen	50%
Schleswig-Holstein und Niedersachsen	44%

Eine erstaunliche Differenz von vierundzwanzig Prozent etwa zwischen Rheinland-Pfalz und Schleswig-Holstein.

Groß sind auch die Differenzen hinsichtlich der jeweiligen Parteienpräferenz. »Berührt mich innerlich« antworteten:

Anhänger der CDU/CSU	67%
Anhänger der FDP	56%
Anhänger der SPD	49%
Anhänger der Grünen	22%

Auf die Frage: »Wenn Sie Ihre Gefühle beim Hören der Nationalhymne beschreiben sollten, was von dieser Liste empfinden Sie dabei?« antworteten:

Ehrfurcht	39%
Stolz	26%
Freude	21%
Gleichgültigkeit	16%

Trauer	5%
Peinlichkeit	5%
Ärger	4%
Ablehnung	4%
Haß	1%
Nichts davon	22%

Positive Empfindungen wie Ehrfurcht, Stolz und Freude überwiegen also stark.

Enttäuschend waren dagegen die Antworten auf die Frage: »Können Sie die dritte Strophe des Deutschlandliedes auswendig?«

Es antworteten mit:

ja	26%
nein	47%
nur unvollständig	27%

Drei Viertel der Bürger der Bundesrepublik kennen den Text der dritten Strophe gar nicht oder nur unvollständig – damit ist kaum »Staat« zu machen. Daß von den Jugendlichen bis zu neunzehn Jahren nur acht Prozent die dritte Strophe kennen, spricht weniger gegen diese Jugendlichen als gegen ihre Schulen.

»Ich bin schlicht und einfach ergriffen«
Meinungen zur Hymne

Am Schluß der Sendung »Das Lied der Deutschen – vom Umgang mit unserer Hymne« (Pfingstmontag 1986) wurde den Zuschauern die Frage gestellt: »Wenn Sie die Nationalhymne hören, berührt Sie das eher ›positiv‹ oder ›negativ‹?« Die Zahl der Antworten war enorm. 6953 Briefe und Karten erreichten das ZDF. Der Grad der Zustimmung zur Nationalhymne lag nach unserer Auswertung bei 97,2 Prozent. Viele Zuschauer hoben hervor, wie sehr sie auf eine Dokumentation dieser Art gewartet hatten. Besonders auffallend war der relativ hohe Anteil von Briefen junger Menschen.

Aus den vielen Zuschriften haben wir exemplarische Beispiele ausgewählt.

A) Befürworter
1. Erwachsene im mittleren Alter

Lothar P. M. aus Ludwigshafen, Jahrgang 1928:
»Wenn ich die Hymne höre, empfinde ich
a) Stolz auf mein deutsches Vaterland, denn es besteht nicht nur aus der Hitlerzeit, sondern auch und eben aus einer wahrlich nicht einfachen Geschichte mit Namen wie Otto der Große, Heinrich der IV., Luther, Friedrich der Große, Hambach, 1848, Bach, Beethoven, Dürer, Riemenschneider, Goethe, Schiller usw.
b) Ehrfurcht vor der Geschichte meines Volkes und seiner Haltung, besonders nach bitteren Niederlagen sich wieder aus eigener Kraft zu regenerieren.
c) Trauer darüber, daß es dem deutschen Volke auch 41 Jahre nach dem letzten verlorenen Krieg noch immer nicht gegönnt wird, durch einen ordentlichen Friedensvertrag die Möglichkeit zu erhalten, frei von äußeren Einflüssen selbst über sich und seine Zukunft zu bestimmen.«

Helmut R., 55 Jahre, aus Neunkirchen-Ww.:
»Ich bin schlicht und einfach ergriffen, weil ich unsere Hymne niemals hören kann, ohne daß die deutsche Geschichte der letzten 170 Jahre vor meinem Auge auftaucht: Die Freiwilligen der Befreiungskriege, die Studenten des Wartburgfestes, der Ruf nach Freiheit und Einigkeit beim Hambacher Fest, die Göttinger Sieben, die Namen Arndt, Jahn, Grimm, Dahlmann u. a., die Revolutionäre von 1848, das gescheiterte Paulskirchenparlament, Hecker und Schurtz in Rastatt, die für Freiheit und Einheit Gefallenen, Hingerichteten, Gefangenen, die Studenten bei Langemarck, der vergebliche Kampf der Weimarer Demokraten gegen das Verhängnis, der tief schmerzende Verlust der Einheit des Reiches und, was mich hart trifft, das mangelnde Verständnis vieler Deutschen für Geschichte und Tradition ... Die deutsche Geschichte hat eben nicht nur von 1933 bis 1945 gedauert, und so richtig es war und ist, über diese Zeit zu informieren, so wichtig erscheint mir, in die demokratischen Anfänge unserer Geschichte einzusteigen. Wenn man der Bevölkerung nur Negatives vorsetzt, braucht man sich nicht zu wundern, wenn Tradition und Geschichte zu negativ besetzten Begriffen werden.«

Heinrich F. aus Wermelskirchen:
»Ein Lied, das Leid und Freude nahe beieinander findet, das einem die Sprache ersticken und Tränen in die Augenwinkel treten läßt. Tränen der Trauer – Tränen der Freude – eine Hymne, die so, wie sie besteht, uns im Suchen zu unserer neuen Identität, unserem verlorengegangenen Nationalbewußtsein hinführt – einfach gesagt: ein würdiges Lied für uns Deutsche und für Europa.«

Jürgen A. aus Rüthen, 21 Jahre:
»Im übrigen: Gibt es etwas Schöneres, was man seinem Vaterland wünschen kann, als das brüderliche Streben nach Einigkeit und Recht und Freiheit? Dieses können junge Deutsche ebenso wie junge Franzosen, junge Briten, junge Sowjetbürger, junge Amerikaner ihrem Vaterland wünschen. Das Lied grenzt keinen aus.«

Emil B. aus Quierschied:
»Nationalbewußtsein: Ja. Nationalismus: Nein.«

Hans K. aus Weyberg:
»Auch als Europäer bleiben wir Deutsche.«

Hans R. Architekt, aus Ravensburg:
»Der katastrophale Mißbrauch unserer nationalen Werte (auch des Deutschlandliedes) im Hitlerreich kann gar nicht genug bedauert werden, auch in kommenden Generationen. Das darf uns aber nicht hindern, unseren Kindern und Enkeln auch die großen Leistungen und Werte nahezubringen, welche das deutsche Volk in der Vergangenheit zur Weltkultur beigetragen hat, damit es auch in Gegenwart und Zukunft noch seinen Beitrag leisten kann.«

H. W. aus Mühlstetten, 60 Jahre :
»Eine Frau, die von einem Verbrecher mißbraucht wird, ist vergewaltigt worden. Weshalb sollte unsere schöne Nationalhymne, weil sie mißbraucht wurde, an Wert verloren haben? Sie ist ›deutsch‹ im positiven Sinne, und ich bin froh, daß die Jugend wieder zunehmend ein gutes Verhältnis zur deutschen Heimat, zur Muttersprache und zur Nationalhymne bekommt.«

Dr. Fritz S. aus Frankfurt:
»Jedes Land auf der Welt ist wechselseitig stets von seinen Nachbarn beeinflußt – war und ist Deutschland nicht seit Jahrhunderten der Prellbock Europas und hat der Dreißigjährige Krieg – gegen alles, was deutsch ist – überhaupt schon geendet?

Aus dieser Erkenntnis wohl schuf Hoffmann den bedeutungsvollen – über »Deutschland über alles« stets übersehenen – Satz der ersten Strophe, der da lautet: ›Wenn es stets zu Schutz und Trutze brüderlich zusammenhält‹! Diese Worte bedeuten, daß sich Deutschland zur Verteidigung zusammenfinden solle, nicht zum Angriff auf Nachbarstaaten, die inzwischen Etsch, Maas und Memel dennoch an sich brachten!

Haben die berufenen und anderen Kritiker diesen Satz jemals gelesen und gewertet – oder ihn einfach ›übersehen‹ wollen? Selbst die Reichsregierung hat 1922 den Sinn dieser einschränkenden Aussage nicht benutzt, als sie nach der Proklamation vom 11. August vom Ausland kritisch befragt wurde – Welteroberung!????...

Gibt es eigentlich noch ein weiteres Volk auf der Erde, das seine Nationalhymne so schäbig behandelt wie das deutsche? Dabei braucht es sich gegenüber anderen Ländern nicht zu verstecken,

144

deren Hymnen von Kampf und Sieg und Blut singen – nichts davon findet sich im Deutschlandlied!«

Dietrich S. aus Neumünster:
»Der fanatische Haß und Kampf extrem linker Gruppen gegen die Nationalhymne und gegen die parlamentarische Demokratie schlechthin sucht seinesgleichen. Jeder, der es wagt, gegen diese Verleumdungen und Verunglimpfungen anzugehen, wird als Revanchist, Faschist und Kriegshetzer beschimpft.«

Hans P. aus Wolfsburg:
»Woher soll der Knirps in der Grundschule den Text des Deutschlandliedes denn wissen? Vom Lehrer? Der weiß ihn meist selbst nicht, oder wenn er ihn weiß, hat er keinen Auftrag, sein profundes Wissen an die Schülerschar weiterzugeben.

Vom Elternhaus? Die Eltern durften nach 1945 das Wort Deutschland während ihrer Schulzeit nur unter vorgehaltener Hand zu nachtschlafener Zeit unter der Zudecke flüstern.

Von den Medien? Professor Heuss machte mit seiner Schöpfung Pleite und was dann war, wissen Sie selbst. Vielleicht konnten die Medien nicht, weil die öffentliche Meinung der Kriegsgewinner in Ost und West mit ihrer Boulevardpresse Front gemacht hätten. Thema: das Selbstbewußtsein des häßlichen Deutschen darf nicht gestärkt werden.

Heute beginnt sich das Selbstbewußtsein zu heben. Spät, aber doch. Wir sind, wenn auch nicht überall, wieder hoffähig geworden, weil wir Geld und Ordnung haben.

Die Frage bleibt, wie kommt der Text zum Nachwuchs. Er sollte nicht nur erlernt, sondern interpretiert werden. Wer tut das, wenn nicht die Schule. Ich meine die dritte Strophe wenigstens. Die Melodie ist so unsterblich wie der Text. Es gibt wohl niemand im deutschen Sprachraum, der die Melodie nicht kennt. Der Text hat Nachholbedarf und dafür muß das Schulwesen verantwortlich gemacht werden.«

Hermann M. aus Niederwerrn, Lehrer, 57 Jahre:
»Es sollte keiner in die 4. Klasse der Grundschule kommen, der nicht den Text kann: aber die lernen ›Gedichte‹ von modernen Literaten – aber das Lied der Deutschen lernen sie nicht! In den Schulen werden Raucherecken usw. eingerichtet, aber eine Bezie-

hung zu unserem Vaterland wird nicht hergestellt, nicht einmal bei Abschlußfeiern, bei denen doch die Hymne ein fester Bestandteil sein sollte.«

Hanni Sch. aus Ratingen, 64 Jahre:
»Einigkeit, aber nicht nur mit den Bewohnern der DDR, sondern auch innerhalb unserer Demokratie in den wichtigsten Fragen, die uns soviel Freiheit gewähren, wie sie mit Rücksicht auf das Recht der anderen, das Grenzen setzt, überhaupt möglich ist.Brüderlich sollten wir danach streben, über Meinungen und Parteizugehörigkeit hinweg, indem wir den andern gelten lassen, ihm die Hand reichen, mit einem Herzen für den andern und für das Vaterland. Haß und Gewalt sind keine Mittel, unser Land ›im Glanz des Glückes‹ blühen zu lassen.«

W. R. aus Mainz-Gonsenheim, 34 Jahre:
»Unser Vaterland ist leider gespalten. – Die Nationalhymne blieb uns – Gott sei's gedankt – erhalten!«

Krine H. aus Göttingen:
»Dann aber tritt natürlich bitter ins Bewußtsein, daß wir zur Zeit kein geeintes Vaterland haben, von Selbstbestimmung gar nicht zu reden. Eben dies hätte, so meine ich, die Sendung deutlicher machen müssen: daß es eine ›bundesdeutsche Nationalhymne‹ gar nicht geben kann, weil bekanntlich die deutsche Nation mehr umfaßt als das Gebiet der Bundesrepublik.

Das Bewußtsein dafür, daß die Bundesrepublik eben nur ein provisorischer Staat ist – wenigstens für die, welche die Präambel des Grundgesetzes ernst nehmen – scheint bei weiten Teilen der Bevölkerung noch schwächer ausgeprägt als die Fähigkeit, das Deutschlandlied zu singen. Eine Quelle steten Ärgers sind in diesem Zusammenhang gewisse Sportreporter; es fehlt nur noch, daß jemand eines Tages einen sportlichen Wettkampf ›Deutschland gegen DDR‹ ankündigt.

Ich unterstütze die Bemühungen, das Lied der Deutschen am Leben zu erhalten – Ihre Sendung hat sicher dazu beigetragen. Gegen das offizielle Abspielen ist dann nichts einzuwenden, wenn das Lied wirklich ›für Deutschland‹ oder ›die Deutschen‹ gespielt wird. Beim Empfang bundesdeutscher Politiker im Ausland aber ist es unpassend – ebenso wie bei internationalen Sportveranstaltungen, da es keine gesamtdeutschen Mannschaften gibt. Hier festigt es möglicherweise nur noch die fatale Gleichung ›Deutschland = BRD‹.«

2. Jugendliche und Kinder

Matthias K. aus Bayreuth, 18 Jahre:
»Wenn ich unsere Nationalhymne höre, empfinde ich verschiedene Gefühle: Da ist der Stolz auf dieses Land, das eines der demokratischsten Länder der Welt ist, und das Glück, daß ich in Freiheit leben kann. Ebenso empfinde ich Ehrfurcht vor den Leistungen der Menschen in der Nachkriegszeit, die die Bundesrepublik aufgebaut haben und für den Reichtum gesorgt haben, welchen wir nun besitzen. Aber leider spüre ich auch Trauer und Mitleid, wenn ich dann an das ›zweigeteilte‹ Deutschland denke, an die Mauer und an die Menschen, die unter Zwang und ohne Freiheit in der DDR leben. Traurig ist, daß immer mehr Jugendliche in meinem Alter den Status der deutschen Teilung als normal hinnehmen und die DDR als ›Ausland‹ ansehen.«

Karen Sch. aus Unna-Hemmerde, 16 Jahre:
»Kritische Stimmen, die schon mit der Nationalhymne die Gefahr eines neuen übersteigerten Nationalgefühls bis hin zum Faschismus verbinden, halte ich für nicht gerechtfertigt. Wir schleppen wohl noch in 100 Jahren diesen ›Nazi-Komplex‹ mit uns herum. Dabei ist ein bißchen Nationalgefühl doch nun wirklich nichts Negatives und auch bei allen anderen Ländern Vorbild.
Beim Erklingen der Nationalhymne erheben sich die Engländer, die Amerikaner legen ihre Hand aufs Herz, nur wir verklemmten Deutschen bleiben sitzen und fangen an, uns zu schämen. Die Deutschen müssen endlich ihre Vergangenheit bewältigen und abschließen (sie brauchen sie ja nicht zu vergessen). Und sie müssen ein neues Gefühl zu ihrer Hymne entwickeln; lernen, auf sie stolz zu sein und sie auch mitsingen zu können.
Dabei haben gerade wir Jugendlichen (oft als ›Null-Bock-Generation‹ verschmäht) eine unvorbelastete und positive Einstellung zur Hymne. Wir wollten einmal im Musikunterricht ›Das Lied der Deutschen‹ singen, aber unser Lehrer fand das unpassend und ließ lieber ›I go to Lusiana‹ singen. Das Lernen der Hymne muß unbedingt wieder auf den Lehrplan aller Schulen.«

Markus J. aus Brilon, 18 Jahre:
»Diese Nationalhymne gibt mir das Gefühl, daß wir zusammengehören. Damit meine ich alle Deutschen, in West und in Ost. Und wir Deutsche, besonders hier in der Bundesrepublik, sollten noch ein stärkeres Nationalbewußtsein der Zusammengehörigkeit bekommen, denn diese Hymne gilt, wie in der zweiten und letzten Zeile der Strophe geschrieben steht, für das deutsche Vaterland, also für die Deutschen in der DDR und in der Bundesrepublik Deutschland. Mauer und Grenzanlagen der DDR schaffen es nicht, die Menschen an die Teilung zu gewöhnen, die von der großen Mehrheit der Deutschen in Ost und West als gewaltsam und künstlich empfunden wird. Der aus der DDR zu uns gekommene Schriftsteller Reiner Kunze hat formuliert: ›Ich bin ein Deutscher. Die Grenze, die Deutschland teilt, ging und geht durch mich hindurch. Ich habe den Staat gewechselt, aber nicht die Nation. Und erst recht nicht meine Identität‹.«

Gerhard R., Köln, 18 Jahre:
»Ein neues nationales Selbstbewußtsein würde auch auf übergreifender Ebene zu neuen Möglichkeiten führen. So ist ein neues Selbstwertgefühl sicherlich eine Basis dafür, den Grundstock für ein vereintes Europa zu legen, denn wie kann man einer großen Gemeinschaft beitreten, bzw. eine solche gründen, wenn man mit sich selbst im Zweifel ist?«

Carlos G., Birkenfeld, 17 Jahre:
»Ich richte einen Appell an Sie als öffentliche Medienanstalt: soweit die Ignoranz gewisser Kreise durchbrochen werden kann, ist es Ihre pädagogische Aufgabe, den Bürger auf den Unterschied von Chauvinismus und Patriotismus (= gesundes Nationalbewußtsein) hinzuweisen; klar zu machen, daß man nicht ein Nazi ist, wenn man sich zu seiner Staatsangehörigkeit bekennt und für einen häufigeren Gebrauch der Nationalhymne eintritt.«

Bert H. aus Berlin, 19 Jahre:
»Vielleicht kann die neuerliche Diskussion um das Deutschlandlied ein Bewußtsein für die deutsche Frage überhaupt wecken, denn die Gefahr einer geistigen Spaltung der beiden deutschen Staaten besteht zweifellos, und das würde die Trennung Deutschlands vollenden. Ich bin der Meinung, daß diese Entwicklung

148

durch ein besseres Nationalbewußtsein aufgehalten werden kann, und das Lied von Einigkeit und Recht und Freiheit ist dazu wohl am geeignetsten.«

Jessica K. aus Reichenbach, 12 Jahre:
»Ich finde die Nationalhymne positiv, weil Hoffmann von Fallersleben der erste Deutsche war, der seine Wünsche, wie das deutsche Reich sein sollte, in ein Gedicht faßte und die Melodie des Liedes ›Gott erhalte Franz den Kaiser‹ darüber setzte. Ich finde, die Hymne wird viel zu selten gespielt.«

Sandra Sch., Salzgitter, 10 Jahre:
»Wenn ich die Hymne höre, empfinde ich: Dankbarkeit, Geduld, Güte, Liebe und Frieden. Und meiner Oma kamen vor Freude zwei Tränen, aus jedem Auge eine.«

Lorenz B. aus Korschenbroich, 11 Jahre:
»Ich höre die Hymne gerne. Die Melodie ist irgendwie gut. Manchmal denke ich, daß es schrecklich ist, daß der 2. Weltkrieg ausgebrochen ist. Die Hymne erinnert mich daran, daß sie schon vor dem Krieg geschrieben wurde. Ich empfinde, daß sie friedlich klingt, sie ist so ruhig.«

Natascha K. aus München, 15 Jahre:
»Mich durchströmt ein Gefühl des Stolzes und der Zusammengehörigkeit aller Deutschen. Ich sage offen und ehrlich: Ich bin stolz, Deutsche zu sein. Manche halten mich deswegen für neonazistisch veranlagt. Aber ich bin alles andere als das. Gewiß, es ist schrecklich, was mit den Juden passiert ist. Aber kann denn unsere Generation etwas dafür, wenn unsere Vorfahren verrückt spielten?«

Meike-Kristina W. aus Alsfeld, 16 Jahre:
»Wir waren auf einer Austauschfahrt nach Frankreich und in dem spannenden Moment, als wir die andere Grenze überquerten – in diesem magischen Moment – sang ich mit meiner Freundin die deutsche Nationalhymne. Es überkam uns einfach; wir wollten uns symbolisch dem anderen Land ankündigen. Leider war die Reaktion unserer Mitschüler nicht begeistert, sondern eher ängstlich. So z.B.: ›Seid ruhig, wenn euch jemand hört, was sollen die

denn denken . . .?‹ Ich habe keine Angst, mich zu Deutschland und der Hymne zu bekennen. Wäre es nicht sogar peinlich, wenn man in einem fremden Land dazu aufgefordert wird, seine Hymne zu singen, und man kann sie nicht?«

Jens T. aus Minden, 16 Jahre:
»Ich empfinde starke Abneigung, wenn nicht sogar Haß gegen die Menschen, die mit der Errichtung des Hitlerregimes und mit dem Beginnen des 2. Weltkrieges nicht nur die ganze deutsche Nation, sondern auch -zig Millionen Soldaten der anderen europäischen Länder ins Unglück stürzten, den Gedanken der Kollektivschuld lehne ich jedoch ab. Ich bin jetzt 16 Jahre alt und hoffe, vielleicht in ferner Zukunft meinen Lebensabend in einem wiedervereinigten Deutschland mit einem demokratischen Staatssystem ähnlich dem der Bundesrepublik verbringen zu können, wenngleich ich es für relativ unwahrscheinlich halte.«

Sabine H. aus Mainz, 17 Jahre:
»Die Nationalhymne berührt mich positiv und veranlaßt mich, nach der Einheit Deutschlands zu streben. Aber diese Strebsamkeit muß mit Aktivität verbunden sein. Ich darf nicht auf der glücklicheren Seite der Mauer warten und ›blind zusehen‹, wie Brüder und Schwestern, deren Geschichte auch meine ist, und die schuldig oder unschuldig am Geschehenen sind, wie auch ich, in die Unfreiheit hineintreiben. Nein. Ich habe eine Aufgabe zu erfüllen, die darin besteht, mich ständig über das Leben und die Probleme der ›anderen‹ Deutschen zu informieren. Ich will in die DDR reisen und Menschen ein Hoffnungszeichen sein, zeigen, daß ich mich nicht gleichgültig gegenüber dem menschenunwürdigen System, das die Bevölkerung der DDR unterdrückt, verhalte. Mit der genannten Begründung vertrete ich die Meinung, daß die Hymne innerer Anstoß ist, Menschenmögliches zu tun, nicht nur für mein Volk in der Bundesrepublik, sondern auch für das meinige jenseits der Mauer.«

Alexander K. aus Bad Neustadt, 14 Jahre:
»Ich glaube, weil es den Leuten hier zu gut geht, brauchen sie kein Lied mehr für die Hoffnung und die Zukunft: Wir haben doch alles!«

150

Daniel K. aus Wolfenbüttel, 16 Jahre:
»Die Nationalhymne hat für mich auch einen psychologischen Wert, denn sie erhält den Gemeinschaftssinn. Dies ist bei einigen Problemen, z. B. der Arbeitslosigkeit, festzustellen. Sie macht einem Arbeitslosen eventuell Mut, denn er merkt, er lebt in einer Gemeinschaft, in der noch viele andere dasselbe Schicksal mit ihm teilen.«

Jan L. aus Hemer, 18 Jahre:
»Ich bin der Ansicht, daß kein Deutscher sich des Deutschlandliedes schämen muß, auch der ersten Strophe nicht. Denn schließlich endet diese nicht mit den Worten ›Deutschland, Deutschland über alles, über alles in der Welt‹, sondern wird ergänzt durch die Worte, die den ersten beiden Zeilen den ursprünglichen Sinn geben: ›wenn es stets zu Schutz und Trutze brüderlich zusammenhält...‹ In diesen Zeilen kommt derselbe Wunsch zum Ausdruck, der auch in der Präambel des Grundgesetzes der Bundesrepublik niedergelegt ist, wenn es heißt: ›Das gesamte Deutsche Volk bleibt aufgefordert, in freier Selbstbestimmung die Einheit und Freiheit Deutschlands zu vollenden.‹«

Stephan K. aus Hamburg, 19 Jahre:
»Die Bundesrepublik ist, wie die DDR auch, eine besetzte Zone. Alle vier Besatzungsmächte räumen sich bis heute noch das Recht ein, bei bestimmten ›Gefahren‹ für ihre Soldaten in die Politik der Bundesrepublik einzugreifen. Außerdem wird den Bundesbürgern täglich die Präsenz der drei Besatzungsmächte vor Augen geführt. Ein weiterer Grund für die Nichtbeachtung der Nationalhymne liegt auf der Hand. Ein Staatsgefühl kann sich nicht bei uns wie bei anderen Völkern bilden, da unser Land geteilt und besetzt ist.«

Holger M. aus Ludwigsburg, 18 Jahre:
»Ich meine, mit dieser Hymne bekennen wir uns auch zur deutschen Geschichte, auf die wir, trotz 12 Jahren Nazi-Regime, stolz sein können. Kaum treffender kann man dies verdeutlichen, als es der Russe Lew Kopelew im März 1945 getan hat: ›... auch jetzt dürfen die deutschen Patrioten nicht verzagen, die militärische Niederlage des Hitler-Reiches kann und darf nicht als Niederlage des deutschen Geistes gelten, des deutschen Denkens... Wieder und wieder betone ich, daß man sich von seinem Volk nicht

lossagen darf; ich sagte, wenn ich Deutscher wäre, würde ich gerade jetzt ganz besonders beharrlich meine Zugehörigkeit zum tragischen Schicksal meiner Heimat bekräftigen...‹«

3. Ältere

Irma W. aus Köln, 85 Jahre:
»Ich vollende demnächst mein 85. Lebensjahr. In allen diesen Jahren habe ich die Höhen und Tiefen erlebt, die ein Menschenleben erfahren kann. Nie habe ich in diesem schönen Lied eine Überheblichkeit über andere Völker gesehen. Ist es ein Unrecht, sein eigenes Vaterland zu lieben? Ich meine, in der Weltgeschichte, die nicht erst 60 Jahre besteht, spielen die Jahre, in denen durch Tyrannen so grausam vielen Menschen Böses angetan, ja das kostbare Leben genommen wurde, eine schlimme, aber nicht für alle Ewigkeit vernichtende Rolle. Gerade diese Worte der 3. Strophe können wirklich dazu beitragen, daß sich eine solche Zeit niemals wiederholt. Ich liebe dieses Lied über alles!«

Sepp L. aus Lörrach, 62 Jahre:
»Ich bin ein Deutscher, der sein Vaterland liebt – dessen ich mich nicht zu schämen brauche (womit ich das ›1000-jährige Reich‹ und vor allem den Holocaust in keiner Weise entschuldige oder mich selbst aus der Verantwortung stehlen will noch kann).
Wir – die Deutschen – müssen aber wieder zu unserer eigenen Identität zurückfinden: d a s scheint mir ›unser‹ Problem zu sein! Nein – d a s ist unser Problem, und deswegen gibt es bei uns (Deutschen) immer noch das Problem ›Nationalhymne‹!«

Anne-Maria M. aus Mettlach/Saar, 82 Jahre:
»Einigkeit, Recht und Freiheit – sind drei fromme, herrliche Wünsche, wenn diese in allen Ländern der Welt eingehalten würden, so wäre vieles, vieles Leid nicht unter den Menschen auf dieser Erde.«

Josef und Hedwig R. aus Nürnberg, 62 Jahre:
»Wir werden als Deutsche nicht nur von unseren ausländischen Freunden, sondern auch von eigenen Vertretern und Schreibern katalogisiert und typisiert: Wer deutsch denkt, ist Nazi; wer sozial denkt, ist Kommunist; wer sich für die Umwelt einsetzt und den

Atomwahnsinn nicht bis zum bitteren Ende auskosten will, ist Chaot; wer an das Gute und Edle im Menschen appelliert, ist ein Utopist; wer echter Christ und nicht nur Kirchenbesucher sein will, der ist ein religiöser Träumer oder von gestern; wer Kritik am von außen gelenkten Zustrom von ›Asylanten‹ übt, ist Rassist und Fremdenhasser; wer politische und verbale Fehlleistungen des Staates Israel und des Weltjudenrates nicht laut bejubelt, ist selbstverständlich ein unbelehrbarer Antisemit; wer das heutige tiefe Niveau an Ethik und Anstand (auch politischen) anspricht, ist Moralist; wer den Rüstungswahnsinn, nicht nur den östlichen, sondern auch den des Westens verurteilt, der ist ein feiger Pazifist; wer nicht alles gut heißt, was aus Amerika kommt oder gar amerikanische Politik kritisiert, ist sofort antiamerikanisch – und wer schlicht den geistigen Tiefstand unserer Gesellschaft beim Namen nennt, das heißt, die nackte, harte Wahrheit sagt, der ist ein Narr oder sogar ein Volksverhetzer.

Wenn Deutsche der jungen und mittleren Generation fast täglich – ob nun bewußt oder unbewußt – in Schule, Universität und Beruf mit dieser schablonisierenden Typisierung kritischer Mitbürger konfrontiert werden, dann fragen wir uns: Wer hat dann noch ein erhebendes Gefühl beim Erklingen unserer deutschen Nationalhymne? Diesem Volk ist in der Mehrzahl der nach dem Kriege Geborenen das vaterländische Rückgrat gebrochen worden. Heinrich Heine: ›Denk ich an Deutschland in der Nacht, dann bin ich um den Schlaf gebracht.‹«

Hans P. aus Bad Homburg, 67 Jahre:
»Wer sich unserer Geschichte stellt und die Gegenwart links und rechts der Mauer betrachtet, wird erkennen, daß auch in einem Europa der Vaterländer diese deutsche Schicksalsgemeinschaft besteht. Unsere Jugend wird das erfahren, und vielleicht singen schon unsere Enkel wieder alle drei Strophen des Deutschlandliedes. Wäre Deutschland ein geographischer Begriff, wie Metternich sagte, gäbe es Deutschland schon lange nicht mehr.«

Werner R. aus Schweinfurt, 81 Jahre:
»Mein Gefühl und meine Einstellung zum Deutschlandlied sind zwiespältig: Einerseits empfinde ich es als eine Erinnerung an unsere nationale Vergangenheit, als wir noch eine geachtete, bedeutende Nation waren: meine Generation hatte noch bis ins

›3. Reich‹ hinein eine unbefangene nationale Haltung. Andererseits singe ich die ›Nationalhymne‹ nicht mehr mit, denn wir sind keine Nation mehr, nicht einmal mehr ein Volk! Der Wahnwitz Hitlers, des wohl größten politischen Verbrechers der deutschen Geschichte, und seiner Gefolgschaft kam den europäischen Mächten, vor allem auch den Amerikanern und Russen, sehr gelegen, um die politische Vernichtung der Deutschen durchzuführen. Die BRD hat ihre spezifische historische Aufgabe, nämlich wenigstens Restdeutschland noch zu einigen, wenn auch nur in der Form eines Staatenbundes, der noch möglich wäre, längst fallengelassen, wie seriöse Historiker, z. B. Andreas Hillgruber, feststellen. Wir sind ein untergehendes Volk in politischer, moralischer und biologischer Beziehung: eine konsequent pluralistische Gesellschaft mußte zu einer permissiven Gesellschaft werden. Wozu noch Nationalhymne? – Ich gehöre zu den Besiegten von 1933 – Reichsbanner Schwarz-Rot-Gold, ›Eiserne Front‹, Leuchtenbergkreis (der einzige linksstehende Kreis der bündischen Jugend).«

Walter T. aus Bonn, 71 Jahre:
»In Wahrheit ist das ›Lied der Deutschen‹ zur ›Hymne‹ des westdeutschen Staates degradiert worden. Dies geschah am 9. Februar 1981, als der damals neuernannte sogenannte ständige Vertreter der Bundesrepublik, Bölling, in Ost-Berlin wie ein ausländischer Botschafter mit vollem diplomatischen Zeremoniell empfangen wurde. Bei diesem hochoffiziellen Akt ließ der Musikzug des DDR-Wachregiments die ›Nationalhymnen beider deutscher Staaten‹ ertönen: das Deutschlandlied für die Bundesrepublik und die sogenannte Nationalhymne der DDR für diese (deren von Johannes R. Becher geschaffener Text heute bekanntlich nicht mehr gesungen werden darf, weil er noch ein Deutschland, ein einig Vaterland kennt!) ... Was traurig stimmt, ist die Tatsache, daß bei uns das Gefühl für nationale Würde offensichtlich verlorengegangen ist und den Phrasen von den ›deutsch-deutschen‹ oder ›innerdeutschen‹ Beziehungen keine Wirklichkeit mehr entspricht.«

Ernst H. aus Bremerhaven, 72 Jahre:
»Es ist manchmal so, daß ich am Ende eines Tages nach vielen aus meiner Sicht negativen und von mir abgeschalteten Sendungen noch spätabends extra diesen Sendeschluß einschalte, um in aller Ruhe diese wenigen Minuten in Bild und Ton zu genießen.

Ich glaube, daß es vielen älteren Menschen ähnlich geht. Erinnerungen an schöne und manchmal weniger gute Stunden nach einem arbeitsreichen und inhaltvollen Leben werden dabei geweckt, man läßt die Vergangenheit an seinem geistigen Auge vorbeiziehen. Keiner Partei angehörend, stehe ich nach mancherlei Irrungen fest auf dem Boden der Demokratie und des Christentums und bemühe mich, ein guter Deutscher zu sein.«

Hans L. aus Sien/Nahe, 70 Jahre:
»Es ist symptomatisch für die heutige Zeit, daß sich vor allem Schüler und Jugendliche – um nur eine Altersgruppe zu nennen – keine Gedanken über die Zukunft ihres geteilten Vaterlandes machen. Sie wurden und werden von Lehrern unterrichtet, für die das nationale Bewußtsein ein unnötiger Ballast ist, denen das Wohl der Nikaraguaner oder der südafrikanischen farbigen Bevölkerung näher steht, als das des geteilten Deutschlands. Die logische unausbleibliche Folge ist, daß das Nationallied der Deutschen keinen Raum mehr in ihrem nationalmasochistischen Denken einnimmt.«

Helmut P. aus Hagen, 71 Jahre:
»Die Jugend ist im Wohlstand erzogen, Elternhaus und Schule haben ihr nicht das vermittelt, was notwendig wäre, den selbständig denkenden und handelnden Staatsbürger heranzubilden, der auch stolz sein kann auf sein Volk, in das er hineingeboren wurde. Das alles erzeugte eine Bildungs- und Bindungslosigkeit, weil das Geschichtsbewußtsein fehlt. Unter solchen Umständen werden wir die Zukunft nicht bewältigen können.«

4. Vertriebene aus dem deutschen Osten

Ulrich G., Essen:
»Als einer, der seine ostpreußische Heimat verloren hat, empfinde ich für unsere Nationalhymne wohl sehr viel tiefer als derjenige, dem dieses Schicksal erspart geblieben ist. Ich habe über 20 europäische und außereuropäische Länder besucht, ihnen in jeder Beziehung Achtung entgegengebracht – aber auch jedesmal freudig und dankbar die deutschen Grenzen wieder landeinwärts überschritten. Ich habe viel Schönes in fremden Landen gesehen und erlebt, aber dennoch ist mir nie der Gedanke gekommen, aus-

zuwandern. Mag auch hierzulande nicht immer alles zum besten stehen, ich bin mit ganzem Herzen und aus tiefster Überzeugung Deutscher und somit auch für unsere Hymne.«

Konrad K., Ludwigshafen:
»Für mich persönlich hat das Lied traurige Erinnerung, denn meine Heimat (Ost-Brandenburg) gehört heute nicht mehr zu Deutschland und ich würde ›über alles‹ andere verzichten, wenn es wieder zu Deutschland gehören würde, noch dazu es bis 1945 niemals zu einem anderen Staat oder Nation gehört hat.«

Esta F., Hamburg:
»Aus einem kleinen Dorf im Osten stammend hat es uns geholfen, das Deutschlandlied zu singen, es hielt uns zusammen. Jedenfalls sagen mir Melodie und Text von den Vorvätern und denen, die nach uns kommen, es sagt Verbindung, Zusammengehörigkeitsgefühl (warum kommen Deutsche in Krisenzeiten zurück? – Sie fühlen sich im Lande bei Ihresgleichen geschützt)... Ein Leben lang werde ich fortfahren, dieses Lied zu singen. Die Nazis konnten es gar nicht anfechten. Das Lied ist alte Zeit und neue Zeit, wer reinen Herzens ist, kann es nur rein sehen.«

Wolfgang Z., Holzminden:
»Wenn ich das Deutschlandlied höre, denke ich oft an meine Kindheit in Schlesien. Wir lernten es in der Schule singen und sangen mit großem Stolz besonders die 1. Strophe... Nach der Vertreibung aus Schlesien sangen wir es nicht mehr. Meine Mutter sagte immer, es sei verboten, das Deutschlandlied zu singen. Ich war damals sehr traurig, weil ich die Melodie so gern mochte. Später, ich glaube ich war schon in der Lehre, hörte ich es wieder. Ich war so ergriffen, daß mir die Tränen an den Wangen herunterliefen. Doch ich konnte nicht mehr mitsingen, ich hatte den Text vergessen. Zwar konnte ich noch einen Teil der 1. Strophe, doch das mochte ich nicht singen, war doch unser Deutschland durch den Krieg so klein geworden... Ich denke, daß man die erste Strophe niemals mehr singen sollte, jedenfalls niemals mehr so, wie es die Nationalsozialisten getan haben. Um so mehr berührt mich die dritte Strophe der Nationalhymne. Immer dann, wenn ich die Hymne höre, läuft mir ein angenehmer Schauer den Rücken hinunter, und ich bin heute den Polen dankbar, daß sie uns

aus den deutschen Ostgebieten vertrieben haben. Dankbar, weil ich in der Bundesrepublik leben kann. Dankbar, daß ich in Recht und Freiheit hier leben kann. Wenn ich sie – die Hymne – höre, wünsche ich mir, daß das erste Wort der dritten Strophe – Einigkeit – einmal Wahrheit würde und ich in meiner Heimat Schlesien genauso in Recht und Freiheit leben könnte wie hier.«

Anna-Luise und Gerhard H., Lübeck:
»Als Deutsche aus Ostpreußen der Jahrgänge 1917/18 halten meine Ehefrau und ich von unserer Hymne einschließlich Strophe 1 recht viel. Deutschland gilt auch unserer Generation ja nicht aus Überheblichkeit ›über alles in der Welt‹, sondern weil es das Vaterland, die Heimat und kein Modeprodukt oder Wegwerfartikel ist. Wir wissen, daß ›Einigkeit und Recht und Freiheit des Glückes Unterpfand‹ nur sind und bleiben werden, solange wir Deutschen dieses Glück ›schmieden‹. Vor Grundrechten stehen Grundpflichten. Daß wir dies wissen, danken wir vielen kleinen und einigen großen Deutschen, den Großeltern, Vater und Mutter, Lehrern von Religion über Deutsch und Geschichte bis zum Turnen womöglich, und Immanuel Kant aus Königsberg. Sein Kategorischer Imperativ ließ begreifen, was die ›verdammte Pflicht und Schuldigkeit‹ ist, mit der menschliche Gemeinschaft steht und fällt.«

N. N., Berlin:
»Lassen Sie diese Strophe ›Einigkeit und Recht und Freiheit‹ allen, die ihre Heimat verloren haben, und denen, die sie behalten durften, in deren Herzen aber vielleicht noch eine kleine ›ewige Lampe‹ der Heimatliebe brennt, bitte! Lassen Sie sie den Verschleppten und denen, die 10 Jahre in Kriegsgefangenschaft waren und im Oktober 1955 heimkehrten. Lassen Sie sie denen, die sich in russischen Konzentrationslagern n a c h 45 befanden, mit Schreibverbot, so daß ihre Angehörigen sie für tot hielten ... Sorgen Sie bitte dafür, daß an das Deutschlandlied nicht mit dem überheblichen Intellekt der ›Nachgeborenen‹ herangegangen wird. Ich kenne noch einen Spruch, weiß aber nicht mehr, von wem er ist: ›Wenn ihr die Denkmäler stürzt, laßt die Sockel stehen; sie können noch gebraucht werden.‹«

5. Auslandsdeutsche

Ernst K., Heilbronn:
Das ›Lied der Deutschen‹ war seit Bestehen des Fernsehens die beste Sendung. Nach der Sendung verkroch ich mich in eine Ecke und weinte wie ein kleines Kind. Nach über vierzig Jahren Selbsterniedrigung endlich ein Lichtblick zur Hoffnung auf eigene Identität ... Ich bin Auslandsdeutscher, schon Rentner, habe den größten Teil meines Lebens im Ausland verbracht und daher auch den Unterschied kennengelernt zwischen den Völkern. Ich habe Achtung vor anderen Völkern, aber mein eigenes würde ich für keines eintauschen wollen. Würdet Ihr einheimischen Deutschen diese Auslandserfahrungen mitgemacht haben, Ihr würdet täglich Eure Hymne singen und Gott danken für das was Ihr seid ... Kriecherisches Verhalten wird im Ausland nur ausgelacht ... Eisenhower sagte in seinem Buch ›Der Kreuzzug in Europa‹, die Deutschen seien stolz im Sieg und kriecherisch in der Niederlage. Er hat hiermit den Nagel auf den Kopf getroffen, wir haben solche Eigenschaften, nicht alle, aber viele, kommt noch vom Mittelalter her.«

Georg K., Groß-Zimmern:
»Ich bin in Rußland/Krim 1916 geboren und lebte mit meinen Eltern und Geschwistern von 1923 bis 1945 in Polen. Das Deutschlandlied war für uns Deutsche, die in der Fremde lebten, das höchste Symbol unseres Vaterlandes Deutschland. Wir sangen es ohne überhebliche Gedanken den anderen Völkern gegenüber. Wir lauschten dem Deutschlandlied fast jede Nacht am Radio, wenn es im Deutschlandsender zum Sendeschluß gebracht wurde. Uns wurde es warm ums Herz, denn wir hörten es aus unserem Vaterland. Wir mußten ihm lauschen, denn laut zu hören war für uns zu gefährlich. Selbst Lehrer und Professoren in polnischen Schulen sagten uns, daß wir eine der schönsten Hymnen haben ... Auch wenn sie hinzufügten, es sei revanchistisch und überheblich, um uns zu ärgern. Um so mehr tat es mir weh, wenn es von Deutschen herabgewürdigt wurde und von höchsten politischen Ämtern untersagt wird, die erste Strophe zu singen. Meinen denn unsere Politiker, daß wer bedingungslos kapituliert auch bedingungslos gehorchen muß ... Wir Deutsche hatten nie den Mut, anderen gegenüber unsere Hymne richtig zu interpretieren. Unsere politische Führung schon ganz und gar nicht.«

158

Friedrich K., Preußisch-Oldendorf/Westfalen:
»Der Zusammenbruch 1918 hatte meiner Sehnsucht und Liebe zu Deutschland keinen Abbruch, aber der Möglichkeit es zu sehen ein Ende gesetzt. Ich mußte fortan: ›Noch ist Polen nicht verloren‹ singen. – Als ich im Herbst 1939 mit 500 anderen deutschen Männern aus einer Kiesgrube von der heranrückenden Wehrmacht befreit wurde, wohin wir von den Polen zur Erschießung gebracht wurden, sangen wir dann im Warthegau sehr oft mit größter Inbrunst das Deutschlandlied mit allen drei Strophen. Der Deutschland-Lied-Enthusiasmus dauerte für mich wieder nur knapp 6 Jahre. Die Kapitulation als Soldat ließ mich statt des Nationalsozialismus den Bolschewismus in seinen schrecklichsten Auswirkungen kennenlernen.«

Fr. K., Heidelberg:
»Unsere Vorfahren, stammend aus Ostfriesland, von dort nach Ostpreußen ausgewandert in den Jahren 1762–1850, von dort auf Einladung Katharinas, der russischen Kaiserin deutscher Herkunft, nach Rußland. Das Deutschlandlied wurde während des Ersten Weltkriegs von den internierten deutschen Zivilgefangenen bei uns im Ural oft gesungen. Ich, damals 7 Jahre alt, hatte mir Melodie und Worte wohlgemerkt im Inneren aufbewahrt. Sie haben mich in all den späteren schweren Jahren: russische Revolution, Stalinregime, Zweiter Weltkrieg, Verbannung in den hohen Norden bis zur Rückkehr in die deutsche Heimat begleitet. Hier angekommen war ich enttäuscht, es so selten zu hören. Hoffmann von Fallersleben, von dem es so viele deutsche Volkslieder gibt, war immer für mich eine große Autorität.«

Frieda R., Wanna:
»Ich bin jetzt 82 Jahre alt, stamme aus Westpreußen. 1919 Vertreibung, alles verloren. Inflation, Geldentwertung 1948 durchstanden. Aber mein Deutschland liebe ich und singe das Deutschlandlied voller Ehrfurcht und Hoffnung, daß Einigkeit und Recht und Freiheit voll erblühen werden.«

6. Vertriebene aus dem Sudetenland

Hanns W., Meerbusch:
»Ich, Jahrgang 1908, muß weit zurückgreifen. Unter Berufung auf des USA-Präsidenten Wilsons ›14 Punkte – Selbstbestimmungsrecht für alle Völker‹ versammelten sich damals nach dem 1. Weltkrieg die in den neuen Staat der Tschechen gezwungenen Deutschen Böhmens, um mit den Resten Österreichs ein ›Deutsch-Österreich‹ zu erreichen, unwissend, daß dieses proklamierte Recht für alle, nur nicht für Deutsche zu gelten hatte.

Am 4. März 1919 schossen im rein deutschen Sprachraum fanatisierte tschechische Soldaten wahllos in Versammlungen der Deutschen. Es gab viele Tote und Hunderte Verletzte. Ich, als 11-jähriges Kind, war mitten in so einer Demonstration vor der tschechisch besetzten Bezirkshauptstadt in der Nordstraße in Bad Teplitz-Schönau. Stumm und ziemlich hilflos standen an die 1000 Menschen herum. Plötzlich erklang eine Melodie, aber nicht etwa das allen bekannte ›Gott erhalte‹, nein – da sangen, für mich als Kind unbegreiflich, große starke Männer weinend das Deutschlandlied. Es klang wie ein Hilfeschrei nach dem so nahen, doch selber wehrlosen Deutschland hinüber. Noch heute und immer noch rührt mich diese Melodie auf das tiefste. Deutschland, Deutschland . . . immer wieder betrogenes armes Volk!«

Ernst B., Offingen:
»Ich war bei dieser Sendung tief gerührt, wie ich auch gerührt bin, wenn die Nationalhymne gesungen oder gespielt wird. Vielleicht liegt es an meinem Lebenslauf, der die Sehnsucht nach einem einigen Vaterland so sehr hat wachsen lassen.

Ich bin Jahrgang 1912, im Egerland geboren, das damals zur Habsburger Monarchie gehörte. Als ich am 1. September 1918 in die Schule eintrat, wurde zuerst gebetet und dann die Österreichische Nationalhymne gesungen. Sie hatte die gleiche Melodie von Josef Haydn, der Text war: ›Gott erhalte, Gott beschütze unsern Kaiser, unser Land‹ usw. . . . Wenige Wochen später wurden wir zwangsweise in den neugegründeten tschechoslowakischen Staat eingegliedert. Wir haben am 4. März 1919 vor aller Welt kundgetan, daß wir nicht in diesem Staat leben wollen. Mit Maschinengewehren wurde dieser Wille unterdrückt, viele Tote blieben auf den Pflastern unserer Marktplätze als Opfer liegen.

160

Dann kamen die 20 Jahre in dieser Republik, die keine war, weil Minderheitenrechte nicht gewährt wurden ... Hitler kam und hat sich als erster deutscher Politiker für uns Auslandsdeutsche gekümmert ... Daß er uns später mißbraucht hat, wußten wir damals leider nicht. Wir hätten zu dieser Zeit den Anschluß an Deutschland oder Österreich mit Begeisterung angenommen, ganz gleich, wer in diesen beiden Staaten regiert hätte, auch in ein kommunistisches Deutschland wären wir gerne gegangen, nur um von den Tschechen loszukommen ...

Für unsere Generation gibt es keine Hoffnung, daß es je wieder ein Deutschland gibt ›von der Maas bis an die Memel, von der Etsch bis an den Belt‹. Die braune Diktatur war schlimm, sehr schlimm, die rote ist nicht besser. Solange diese Diktatur besteht, gibt es keine Hoffnung darauf, daß unsere heutige Nationalhymne alle Deutschen singen können. Meine Generation wurde vom Schicksal hart mitgenommen, noch dazu als Auslandsdeutscher. Bei dieser Sendung habe ich viel geweint, das liegt vielleicht auch an meinem Alter. Können Sie meine Gefühle begreifen? Wohl kaum.«

Waltraud W., Viernheim:
»Durch den Vertrag von Versailles kamen wir 3 Millionen Deutsche nach dem 1. Weltkrieg zu dem neuen tschechischen Staat. Wir mußten immer um unser Deutschtum kämpfen. Recht und Unrecht, wo fängt es an, wo hört es auf? – Hitler war durch seinen Größen- und Rassenwahn ein Unglück für das deutsche Volk und für uns Heimatvertriebene im Besonderen. – Aber was ist nach alledem schon wieder auf der Welt passiert? – Wir sollen aufhören, uns andauernd runterzumachen. Etwas mehr Selbstbewußtsein würde unseren Kindern und Enkeln gut anstehen, wenn sie als Deutsche und Europäer bestehen wollen. Ich bin für die Hymne in ihrer jetzigen Form. Wir sind auch eine Nation wie unsere Nachbarländer und alle anderen Nationen auf der ganzen Welt.«

7. Deutsche, die aus der DDR stammen

Schreiber will im Interesse seiner Verwandten in der DDR ungenannt bleiben:
»Obwohl das Deutschlandlied in der DDR tabu ist (das Hören und vor allem das Singen schon bei geöffnetem Fenster kann

strafrechtliche Verfolgung nach sich ziehen), habe ich es in den sechziger Jahren aus einem alten Lehrbuch gelernt. Mit einigen Freunden haben wir es (Tonbandaufnahme vom DLF) zum Jahreswechsel gespielt. Das Lied wurde einige Sekunden vor Mitternacht aufgelegt und mit diesem Lied das neue Jahr begrüßt. Das war immer sehr feierlich. Mit den Klängen der Hymne haben wir in der DDR das neue Jahr begonnen. Obwohl unsere Zeremonie nicht ungefährlich war, lag ihre Wurzel nicht in falsch verstandenem Heldentum, sondern in tiefer Ehrfurcht und Verehrung. Es war ein Hauch von Helgoland, das kann ich heute nach Ihrer Sendung sagen. Die Verse: Einigkeit und Recht und Freiheit lösen bei denen, die dieses Lied bewußt hören, eine tiefe Emotion aus. Ich hoffe, Sie verstehen mich, wir haben damals tatsächlich ein Stück Helgoland ›erlebt‹, wie man es in der Bundesrepublik nicht erleben kann.«

Hans-Dietmar S., Berlin:
»Das ›Lied der Deutschen‹ ist auch heute noch die ›heimliche‹ Nationalhymne vieler DDR-Bürger. Ich gebe zu, daß mir der Text der Hymne der DDR immer gut gefallen hat. Leider betreibt man dort eine Politik, die das Gegenteil zum Hymnentext darstellt. Ein Großteil der DDR-Bürger, ich gehörte früher ebenfalls zu dieser Gruppe, ist davon überzeugt, daß nur die Nazis die 1. Strophe des sogenannten Deutschlandliedes gedichtet haben können. Die DDR tut natürlich nichts gegen diesen Irrtum.

Mit dem getroffenen Kompromiß, die 3. Strophe als Nationalhymne einzuführen, hat die damalige Bundesregierung das einzig richtige getan. Ich hoffe nur, daß man niemals von dieser Politik abrücken wird und daß es immer Ziel der Bundesrepublik bleibt, den Inhalt der 3. Strophe Realität werden zu lassen.«

Klaus W., Düsseldorf:
»Für mich stellt dieses Lied aufgrund seines aussagekräftigen Textes ein Bindeglied zwischen den beiden Teilen Deutschlands für die Menschen dar. Die Bedeutung hat für mich persönlich nach meiner Übersiedelung aus der DDR mit achtzehn Jahren (ich bin jetzt 20 Jahre alt) stark zugenommen, da ich weiß, was Recht und Freiheit als grundlegende Prinzipien einer demokratischen Gesellschaft bedeuten. Diese Grundrechte werden der Bevölkerung der DDR kategorisch vorenthalten, so daß die Na-

162

tionalhymne, wenngleich nur moralisch, auch als patriotische Unterstützung für unsere Landsleute in der DDR gesehen werden sollte. Von daher ist die Ausstrahlung der Nationalhymne zum Sendeschluß sehr begrüßenswert.«

Dr. Siegfried G., Bad Pyrmont:
»Nun sind wir seit eineinhalb Jahren hier in dem wunderbaren Land Bundesrepublik Deutschland und empfinden es, wie vielleicht nur wenige Bundesbürger, welche Gnade es ist, in einem freiheitlichen Rechtsstaat leben und arbeiten zu können. Nicht das Reisen und das Kaufangebot in den Geschäften ist dafür ausschlaggebend, sondern die Wahrnehmung, daß individuelles Recht Recht ist und daß die Persönlichkeit sich schöpferisch und frei entfalten kann. Das läßt uns das Deutschlandlied mit tiefer Ergriffenheit und Dankbarkeit singen.

Da die arme DDR-Führung gar keinen passenden Text mehr für ihre Hymne hat, unterbreiten wir folgenden Vorschlag:

> Terror, Diktatur und Knechtschaft
> darin leben wir Jahrzehnt',
> Einigkeit und Recht und Freiheit,
> das ist das, was wir ersehnt'.
> Den Faschismus zu zerschlagen,
> ob er braun ist, oder rot,
> für die Freiheit einzustehen,
> ist jetzt oberstes Gebot.«

Hubert A. W., Köln:
»Am 17. Juni 1953, vormittags, sangen bei der Demonstration gegen das kommunistische Regime Tausende von Dresdener Bürgern auf dem Postplatz, in unmittelbarer Nähe der Semper-Oper, des Zwingers und der Hofkirche das Deutschlandlied, als man die russischen Panzer heranrollen sah. Irgendeiner hatte das Lied angestimmt, und die Menge sang es erst leise und dann immer lauter, irgendwie aus Trotz mit dem Mute der Verzweiflung – es hat nicht nur uns damals, sondern sogar die Volkspolizisten und die Russen irgendwie betroffen gemacht. Später in der berüchtigten Untersuchungshaftanstalt des Staatssicherheitsdienstes in Dresden wurde ich von einem russischen Vernehmer immer wieder drohend aufgefordert: ›Du singen Deutschlandlied!‹ Als ich

mich dann dumm stellte und dafür die Hymne der DDR zaghaft zu singen begann, brüllte der Vernehmer: ›Nein, andere Deutschlandlied, richtiges!‹

Ein weiteres Erlebnis hatte ich dann ein gutes Jahr später, als während meiner Haft in Waldheim 1954 die Fußballweltmeisterschaft in Bern stattfand. Ein Wachposten auf einem der Türme rief an dem Tag des Endspiels im Zellenhaus: ›Westdeutschland ist Weltmeister!‹

In unseren Zellen sangen wir mit großer Freude und Begeisterung, wenn auch etwas leise, spontan das Deutschlandlied, und ähnlich ist es auch bei anderen von unseren Kameraden so gegangen. Irgendwie fühlten wir uns alle gemeinsam mit Gleichgesinnten durch dieses Lied in der Gegenwart und vor allen Dingen auf die von uns gewünschte Zukunft verbunden.«

Reinhard G., Hoogstede:
»Ich bin nach zweijähriger politischer Haft wegen ›landesverräterischer Nachrichtenübermittlung‹ aus der DDR abgeschoben worden. Anträge auf Ausreise aus der DDR in die Bundesrepublik hatte ich von August 1980 bis zu meiner Verhaftung durch den Staatssicherheitsdienst der DDR 1983 im ganzen 52mal schriftlich gestellt. Glauben Sie mir, da weiß man den Inhalt des Deutschlandliedes zu schätzen, und man lernt die Hintergründe und das Anliegen der Textaussage zu verstehen.«

Wolfgang M., Berlin:
»November 1985 bin ich mit meiner Frau und meinem Sohn aus der DDR durch die Hilfe der Bundesregierung in die Deutsche Bundesrepublik übergesiedelt. Die Hymne erfüllt mich und fast alle meine Freunde in der DDR mit Ehrfurcht, wir durften sie nur am Bildschirm mithören und dieses auch noch leise, vor der Furcht von Nachbarn denunziert zu werden. Jahrelang habe ich mir gewünscht, einmal in einem Stadion mit vielen anderen Deutschen dieses Lied zu hören, zu singen.

Am 3. Mai ging dieser Wunsch im Berliner Olympiastadion für mich in Erfüllung – beim Endspiel um den DFB-Pokal. Mir standen die Tränen in den Augen, vor Freude endlich in Freiheit leben zu dürfen, es erfüllte mich aber auch mit Stolz, Stolz auf unser Vaterland. Gerade hier in Berlin müßte es doch jedem Bürger ein Anliegen sein, diese Hymne zu kennen und vor allem den Text zu lernen, denn hier wird die Spaltung unseres Vaterlandes einem jeden Tag schmerzlich vor Augen geführt. Dieses kann und darf keinen Deutschen gleichgültig lassen.«

Erwin H., Dellingen:
»Ich habe seit vielen Jahren Freunde in vielen Ländern, und man lernt dadurch Land und Leute kennen. Wir waren im vorigen Jahr bei Freunden in Finnland. Dort wurde am Tag der Sonnenwende (in Finnland Feiertag) ringsum in allen Sommerhäusern um 18 Uhr die Nationalflagge gehißt und abends am Feuer von allen ein altes finnisches Lied gesungen. Ich war begeistert. Die Menschen dort wissen, was Freiheit bedeutet, welche sie seit 1918 erkämpft haben und gegen den großen Nachbarn im Osten (Sowjetunion) auch verteidigen mußten.

Hat unsere Jugend aus der Geschichte nichts gelernt? Den Untergang der Weimarer Republik habe ich bis heute nicht vergessen, und die Feigheit unserer eigenen Braun-Severing-Regierung in Preußen, welche sich durch einen Leutnant mit drei Mann von den Nazis aus dem Amt jagen ließ, hat mich zutiefst erschüttert, denn wir – damals junge Menschen – waren bereit, die Republik zu verteidigen. Darum zum Schluß in Versform eine Mahnung an die jetzige Jugend:

> Deutschlands Einheit, Deutschlands Glück,
> kommt nicht allein zu uns zurück.
> Was einmal wird aus deutschem Land,
> liegt nur in uns'rer Jugend Hand!«

M. T., Düren:
»Tatsächlich gehören diejenigen, die heute das Deutschlandlied für sich auf höchster Ebene in Anspruch nehmen, nicht zu denen, die wie Fallersleben oder Lützows Schwarz-Rot-Goldene Schar tatsächlich für ein einiges Deutschland lebten und kämpften, sondern zu den Verursachern und Vertiefern des geteilten Deutschlands. Deutsche Kriegsschuld und Adenauers ›Freiheit vor Einheit‹ braucht dabei gar nicht beleuchtet zu werden, sondern nur der infame Bezug des Geistes des Deutschlandliedes auf die Gegenwart: z. B. vermittelt die deutsche Staatsangehörigkeit Ost nicht mehr uneingeschränkt die deutsche Staatsangehörigkeit West und schließt nicht aus, ›daß es der Auslegung bedarf, daß

die DDR nicht Ausland geworden sei‹ (laut Bundesverwaltungsgericht vom 3. 2. 1983). Wohlgemerkt, es handelt sich um <u>bundesdeutsche</u> Praxis, die den Verantwortlichen in der DDR den ›Vaterländischen Verdienstorden‹ einbringen würde. Die Streichung des einigen Vaterlandes aus der dortigen Becher-Hymne ist so beschämenderweise viel aufrichtiger. Infolge dieser Praxis teilte mir der Regierungspräsident Münster zur Anerkennung eines in Leipzig erworbenen Diploms am 10. 4. 1986 mit, daß es sich um ›Anerkennung <u>ausländischer</u> Zeugnisse‹ handle. Wetten daß, das war ein Studienrat, der seinen Schülern das Deutschlandlied gelehrt hat. An jeden einzelnen Deutschlandliedvertreter des Bundestages richtete ich schriftlich die Frage, ›ob ein Bürger, der in beiden Teilen Deutschlands lebenslang alle Staatsbürgerpflichten, einschließlich Wehrdienst, erfüllte, die gesamtdeutsche Staatsangehörigkeit der Bundesrepublik Deutschland beanspruchen kann oder nicht?‹ – Nicht ein einziger bezog dazu klare Position. Die Antworten, die ich darauf erhielt, sollte man der Jugend, wie überhaupt der Weltöffentlichkeit mal dokumentieren in bezug auf die ›unveräußerliche Einheit der Nation‹ und europäischen Geist.«

Irmgard J., Hannoversch-Münden:
»In der Nacht höre ich sehr oft die Nationalhymne und noch immer kommen mir die Tränen, deren ich mich nicht schäme. Gern würde ich mitsingen, aber eines kann man nur: weinen oder singen. Mein außergewöhnliches Erlebnis mit dem ›Deutschlandlied‹, wie ich es noch immer nenne und wie ich es in der Schule gelernt habe, hatte ich im Jahre 1955 in Hamburg-Schulau: Ich war von Leipzig (DDR) vier Tage zu Besuch – meine Kinder durfte ich nicht mitnehmen –, um für uns Quartier bei einer Tante zu machen. Ich war entschlossen, den kommunistischen Staat, die DDR, zu verlassen. <u>Einigkeit und Recht und Freiheit für das deutsche Vaterland</u>, das wünschte ich mir als ›Werktätige‹ der DDR. Alle Schiffe wurden in Hamburg-Schulau begrüßt, ich war überrascht, aber ich war sprachlos, als ein russischer Tanker einlief und vom Turm die russische Nationalhymne erklang und vom russischen Schiff herunter deutlich vernehmbar als Gegengruß ›Deutschland, Deutschland über alles‹! Es war wohl eine Schallplatte und bis nach Rußland war noch nicht vorgedrungen, daß wir nicht einig sein sollten. Mir liefen die Tränen nur so herunter, ich

war fix und fertig, die Leute sahen mir nach, meiner Tante war mein Weinen peinlich, aber mir war alles gleich. Ich dachte nur: Hier spielt der Russe das Deutschlandlied, und bei uns in der DDR ist es verboten. Wenn es jemand anstimmen würde z. B. in Leipzig, so käme er nicht bis zur 2. Strophe, da wäre er schon verhaftet.

Da war mein Entschluß, die DDR zu verlassen, ›das gelobte Land‹, fester als je zuvor. Wie glücklich ich mit meinen Kindern trotz der anfänglichen Armut hier bin, das kann nur der ermessen, der die DDR kennt.«

8. Aussiedler

Helene K., Cuxhaven:
»Erst wenn man vom deutschen Vaterland getrennt leben muß, unter fremder Herrschaft, die uns aufgezwungen wurde, ab sofort die deutsche Sprache verboten wurde, die polnische Sprache beherrschten die meisten nicht, blutet das Herz vor Sehnsucht nach dem deutschen Vaterland. – Die Tränen flossen von selbst, als man fast täglich vor 24 Uhr nicht schlafen ging, um vom Deutschlandfunk die deutsche Nationalhymne zu hören, und nur das Ohr an den Lautsprecher pressen durfte, vor Angst, daß man dabei erwischt wird. S t o l z bin ich Deutsche zu sein, in einem Land, wo die ›Freiheit‹ nicht nur ein Wort ist. F r e u d e erfüllt mich, wenn ich die deutsche Nationalhymne o f f e n, f r e i und l a u t mitsingen kann. B l ü h e d e u t s c h e s V a t e r l a n d !«

Herbert J., Köln:
»Als Deutscher – Oberschlesier, war ich 35 Jahre ›gezwungen‹, in der Heimat leben zu dürfen, jedoch die Muttersprache nicht zu genießen. Alles, was damals deutsch war, war untersagt und dem Vernichtungsprozeß untergeordnet. Das Deutschlandlied zu hören, war eine Feierlichkeit, was stehend gehört wurde, mit Tränen in den Augen.

Als es uns gelungen war, die Ausreisegenehmigung zu bekommen und in diesem Falle das ganze Hab und Gut in der Heimat zu lassen, um das unbekannte Vaterland zu erwerben, die familiäre Einigkeit zu schließen, das Recht und die Freiheit zu genießen, standen uns vor Freude die Tränen in den Augen. Das Deutschlandlied konnte nun nach Belieben gehört werden.

Der Zufall wollte, daß wir eine Fahrt nach Helgoland machten und dort auch durch Zufall mir zur Kenntnis gekommen ist, daß ich auf dem Geburtsboden des Deutschlandliedes stehe. Ein Jahr danach machten wir eine Frühjahrsreise nach Helgoland, wo in Ruhe und Stille mir gegönnt worden ist, dem geschichtlichen Geschehen von Anfang bis Ende nachzudenken. Und heute, wenn ich an die Stunden des Helgolandbesuches zurückdenke, kommt mir immer wieder der Gedanke, fahr doch mal wieder dort zurück, um neue Kräfte zu speichern, neben Heinrich Hoffmann von Fallersleben!

Man könnte lange und vieles schreiben, warum wir stolz sind, Deutsche zu sein, warum ungewollt Tränen in die Augen treten, warum das Deutschlandlied so beliebt und großzügig gehört wird. Als ich die Sprache ändern mußte, war ich 12 Jahre alt. Wegen den großen Gefahren und Folgen, wurde die Muttersprache zur Geheimsprache. Der objektiven deutschen Geschichte nachzukommen, gab es keine Möglichkeit. Wenn von Deutschen gesprochen wurde, waren es immer die Hitler-Nationalsozialisten, Chauvinisten, Revanchisten. Das ›Deutschland, Deutschland über alles‹ – bekam den Anklang als ob Kriege zu bekräftigen seien. Es tat sehr weh, jedoch der Familie wegen durfte der Mund nicht geöffnet werden . . .

Ist das Ergebnis Ihrer Umfrage in der Sendung nicht bedauerlich, wenn das Wort bedauerlich hier überhaupt paßt!

Kommt zu unseren Heimattreffen. Dort wird immer das Deutschlandlied von allen gesungen, und wir sind stolz darauf, weil wir wissen, was Heimat und Vaterland bedeuten, was Einigkeit, Recht und Freiheit für die Menschen sind. Nicht nur als Lippenbekenntnis!«

Dr. Ernst P., Münster:
»Ich bin Deutscher aus der Slowakei (Jahrgang 1937), seit 15. 8. 1985 in der Bundesrepublik. Das Deutschlandlied lehrte mich meine Mutter . . . Das Lied hat mir geholfen die Nachkriegszeit, die Verfolgung im feindlichen Slavenstaat, die Erniedrigungen, die materielle Not zu überstehen. Dem Lied der Deutschen verdanke ich, daß ich national überlebt habe und heute hier bin! – Von meinem ersten Geld (Arbeitslosenunterstützung) habe ich mir eine Platte mit der Nationalhymne bestellt. Ich spiele sie so oft wie möglich und singe dazu . . .

Was ich aber diesbezüglich in der BRD erlebt habe, ist sehr traurig. Es ist bedrückend, was man hier erleben muß! Kaum ein deutsches Lied im Fernsehen, Rundfunk usw. Diejenigen, die das Deutschlandlied nicht aus vollem Herzen singen können oder wollen, die werden vielleicht einmal andere Hymnen singen müssen! Es ist schon vielen Völkern so ergangen!«

Arkadius Ch., Barntrup:
»Ich bin ein 16-jähriger Spätaussiedler, besuche eine Realschule, komme aus Beuthen/Oberschlesien und lebe seit vier Jahren mit meinen Eltern und zwei Brüdern in der Bundesrepublik. ... wenn man hier in der Bundesrepublik in der neunten Klasse die Nationalhymne des Vaterlandes, die eigene Nationalhymne, immer noch nicht kennt und nicht weiß, was z. B. Schlesien ist, ist man, wie ich meine, primitiv oder schlecht informiert, man erfüllt eine der wenigen Pflichten (Schule) nicht. Dagegen muß etwas unternommen werden. Es müßte den Schülern auch klargemacht werden, daß sie, die neue Generation, nichts mit dem letzten Krieg zu tun haben, seine Folgen jedoch niemals vergessen sollten und daß man auch nicht das gesamte deutsche Volk für die Auswirkungen des Krieges verantwortlich machen kann, sondern vor allem die damaligen Führenden, daß Stolz-sein auf unseren Staat eine Verpflichtung denen gegenüber ist, die dazu beigetragen hatten, daß Deutschland nach dem Krieg wieder so auf die Beine gekommen ist, daß Deutschland nicht nur die Bundesrepublik Deutschland ist, daß es aufgeteilt ist und damit die Forderungen der Nationalhymne gültig und nicht ganz erfüllt sind ...«

Horst St., Augsburg:
»Ich kam erst 1981 als Spätaussiedler in die Bundesrepublik, deswegen ist meine Meinung, mein Verhältnis zum ›Lied der Deutschen‹ bestimmt anders als bei einem deutschen Bürger, der niemals außerhalb der Grenzen Deutschlands leben mußte. Nach dem Zusammenbruch erlebten wir das Allerschlimmste, das, was eben den Deutschen innerhalb der Grenzen Deutschlands erspart geblieben war. Wir wurden nicht nur vom deutschen Vaterland getrennt. Man raubte uns sogar die eigene Muttersprache, sie wurde uns damals brutal verboten. Ich bin für Versöhnung und gute Beziehungen mit allen Völkern Europas, auch natürlich mit dem polnischen Volk. Aber wir können nie vergessen, was uns

damals die polnischen Machthaber (nicht das polnische Volk!) angetan haben.

Ich bin der Auffassung, die bundesdeutschen Politiker sollten weniger von der verlorenen Heimat sprechen (denn unsere deutsche Heimat ist ja inzwischen auch für ein paar Generationen eine polnische Heimat geworden), und sollten unbedingt viel mehr über die Rechte und über die Menschenrechtsverletzungen in unserer Heimat sprechen. Sie sollten auch nicht vergessen, daß dort immer noch deutsche Staatsangehörige leben, die nach dem Grundgesetz der Bundesrepublik Deutschland das Recht (und die große Hoffnung) haben, nicht vergessen zu werden, und das Recht auf einen Rechtsschutz der Bundesrepublik haben . . .«

Otto H., Öhringen:
»1958 bin ich mit meinen Eltern als ›Spätaussiedler‹ aus Jugoslawien gekommen. In Jugoslawien ging ich vier Jahre zur Schule und wurde oft von meinen Mitschülern und Lehrern (bis auf wenige Ausnahmen) als Verräter, Nazi und ›Schwabe‹ (Bezeichnung für Deutscher) beschimpft. Sie versuchten mir das Leben zu ›versauen‹. Sie wußten jedoch nicht, daß ich sehr viel ›Halt‹ von meinen Eltern erfahren durfte.

Das Deutschlandlied lernte ich hier in Baden-Württemberg in der 6. Volksschulklasse. Dadurch merkte ich, daß meine Mitschüler und Lehrer in Jugoslawien mir mit ihrem Verhalten nur meine Nationalitätszugehörigkeit – wenn auch unbewußt, gestärkt haben. Mein Gefühl für das Lied der Deutschen? Das kann man nur fühlen. Nichts kann so schön sein, als wenn man weiß, wohin man gehört. Ein Zusammengehörigkeitsgefühl ist genauso schön, wie eine freie Demokratie. Dazu gehört auch die deutsche Nationalhymne.«

9. Österreich, Südtirol, Elsaß

Norbert V., Wien:

»Ich bin ein 17 Jahre alter Schüler und österreichischer Staatsbürger. Da ich im Rahmen des Kabelfernsehens auch die westdeutschen Sender zu empfangen imstande bin, möchte ich hiermit unbedingt meine Meinung zu der . . . Sendung ›Das Lied der Deutschen‹ abgeben, obwohl ich nicht Bürger der BRD bin. Nichtsdestotrotz würde ich es mir aber nicht nehmen lassen auf die Frage, ob ich beim Hören des Deutschlandliedes positives oder negatives empfinde, <u>selbstverständlich</u> mit <u>positiv</u> zu antworten. Denn ich fühle mich ebenso zum deutschen Volke zugehörig wie (gottseidank) der Großteil der österreichischen Bevölkerung. Jedoch wird leider von seiten der beiden österreichischen Großparteien versucht, den Österreichern, und insbesondere der Jugend auf Grund der schrecklichen Ereignisse des 2. Weltkrieges eine ›österreichische Nation‹ . . . vorzuspielen.

Ebenso meiner Meinung ist es ein Mißstand, daß konkret das Deutschlandlied, das unser Volk friedlich und durch Stolz auf die Heimat einen soll, der Jugend in Westdeutschland nur in der BRD-Fassung und in Österreich gar nicht nähergebracht wird. Wenn wir nämlich eine <u>gemeinsame</u> deutsche, demokratische und <u>friedliche Zukunft</u> anstreben, so bedarf es an Symbolen wie das Deutschlandlied eines wäre, und dieses dürfen wir nicht totalitären Gruppierungen überlassen, sondern müssen diese überstaatliche Maxime der (und den) kommenden Generationen ohne Vorurteile und Haß weitergeben können.«

Walter C., Salzburg:
»Es gibt wohl keine schönere Hymne auf der Welt. Erinnerungen werden wach, wo wir ein großes Reich waren. – Für uns in Österreich für die eine Lehrstunde, welche uns seit mehr als 40 Jahren versuchen, uns einzureden, wir seien nicht zugehörig zum deutschen Volk, sondern eine ›österreichische Nation‹. Diese vergessen einen gewissen Kaiser Franz Josef I., welcher von sich sagte, er sei ein deutscher Fürst.

Eines kann ich nicht verstehen, weshalb die 1. Strophe nicht gesungen werden darf. Ist es verboten, daß einem das Vaterland über alles in der Welt steht. Ich lebte von 1932 bis 1941 als Österreicher zuerst, dann als Deutscher im ehemaligen Königreich Jugoslawien – von meinem 9. bis zu meinem 18. Lebensjahr. Der Anwurf, das ›Deutschlandlied‹ sei nationalistisch, überheblich, stammt nicht von den Freunden Deutschlands. Weshalb werden diese Diktionen heute übernommen? Wann erhebt sich das deutsche Volk und dies in Würde. Vergangenheit kann man nicht bewältigen, nur Gegenwärtiges. Vergangenheit kann nur verstanden werden, um aber zu verstehen, muß die Vergangenheit wahrheitsgetreu dargestellt werden.«

Kurt Sch., Meerbusch:

»Ich bin 65 Jahr alt und ... Österreicher, der seit vielen Jahren in der Bundesrepublik lebt und arbeitet und sich dennoch ganz und gar als ›Deutscher‹ fühlt, da man wohl zurecht Staat und Nation hier trennen muß. So ist also auch ›unsere‹ Hymne für mich ein österreichisches Lied, ganz abgesehen, daß es durch Haydn ja seinen gerechten 50%-Anteil eingebracht hat.

Ich habe noch als Kind in Wien in der Schule diese Haydn-Hymne als österreichische Nationalhymne gelehrt bekommen und gesungen. Ich habe noch als Jugendlicher bis 1938 unter mehreren ›Experimenten‹ mit der österreichischen Nationalhymne gelitten und keine Einstellung zu Melodien und Texten finden können, so daß ich auch keinen Wert darauf gelegt habe, sie auch auswendig zu lernen.

Dann kam 1938 – die ›Heimkehr‹ ins Reich, ein Grundgedanke, den ja schon Hoffmann von Fallersleben so um 1840 bewegte, der 1919 auch in Österreich durch den nachmaligen Bundespräsidenten Dr. Renner (SPÖ) wieder ernsthaft aufgegriffen worden war. Diese Heimkehr war es, die es Adolf Hitler leicht gemacht hat, die Österreicher zu ›befreien‹, er profitierte davon. Er selbst war bei nüchterner Betrachtung lediglich ›Werkzeug‹, aber nicht eigentlicher Mittelpunkt österreichischer Sehnsucht nach ›Heim ins Reich!‹. Ein Thema für sich.

Nach 1945 dann wieder das Experimentieren hier und natürlich auch wieder in Österreich, wo man bis heute keine Hymne gefunden hat, die von allen Österreichern akzeptiert, geschweige denn auch auswendig gesungen werden konnte.

Anders hier: ich bin nach wie vor – das trifft auch für meine gleichaltrige rheinländische Frau zu – zutiefst gerührt und ergriffen – Ergriffenheit ist übrigens das bessere Wort als alle anderen – wenn die Bundeshymne, wann immer und wo immer auch ertönt und ich habe schon – als Österreicher, nach der Devise ›Flagge‹ zeigen, die ja nicht so schwierig zu lernende dritte Strophe lauthals mit gesungen – und ich tue das, auch meine Frau, auch weiterhin aus innerster Überzeugung.«

Josef R., Naturns, Südtirol:

»Am heutigen Pfingstmontag sahen wir im ZDF die Sendung über das Lied der Deutschen. Wir sind leider keine Bundesbürger, aber da auch bei uns in Südtirol deutsch gesprochen wird, bzw. wieder gesprochen werden darf, hat uns die Entstehung bzw. der Text des Deutschlandliedes, den wir leider auch nicht zur Gänze kannten, besonders interessiert.

Aus Ihrer Meinungsumfrage konnte man entnehmen, daß einigen Bundesbürgern die deutsche Hymne gleichgültig ist, ja sogar 1%, Ihrer Umfrage zu entnehmen, diesbezüglich Haß empfindet, dies ist uns zur Gänze unverständlich und wir finden es beschämend, denn in diesem Text – wurde er auch schon im 19. Jahrhundert geschrieben – wird doch nur der Wunsch nach Einigkeit, Recht und Freiheit ausgedrückt und die Tugenden der Deutschen beschrieben, worüber man sogar auch heute noch stolz sein kann!

Es wird die Ironie des Schicksals sein, wenn jemand nicht zu seiner Herkunft steht und um seine Muttersprache kämpfen muß, so ist ihm seine Zugehörigkeit völlig gleichgültig. Unseren Eltern wurde die deutsche Muttersprache unter Strafandrohung verboten. Sie konnten ihre deutsche Sprache nur unter großen Schwierigkeiten in den sogenannten Katakombenschulen erlernen. Diese verspüren sehr wohl, genau wie meine ganze Familie, wenn die deutsche Hymne erklingt bzw. bei diesem Text Ehrfurcht, Freude und bestimmt auch einen gewissen Stolz zumindest einer deutschsprachigen Volksgruppe anzugehören!«

Charles R., Straßburg:
»Was ich empfinde? Begeisterung, Wehmut, Heimweh. Das Deutschlandlied gefällt mir viel besser als unsere revolutionäre, rachsüchtige ›Marseillaise‹, worin mich der Vers ›... Qu'un sang impur abreuve nos silons! (Das unreine Blut tränke unserer Äcker Furchen!)‹ einfach empört. Wahrlich eine Zumutung heutzutage. – Wir Elsässer werden ja nie richtige Franzosen.«

10. Deutsche im Ausland

Michael U., Cuesmes in Belgien, 27 Jahre:
»Meine Frau und ich wohnen in Belgien und sind immer äußerst positiv beim Abspielen unserer Hymne berührt, und es erfüllt uns vor allem hier im Ausland immer wieder mit Stolz und Freude, wenn wir sie hören können. Unserer Meinung nach wird bei uns – im Gegensatz zu anderen Ländern – viel zu wenig auf die Hymne, die Fahne und ähnliche Staatssymbole Wert gelegt. Warum? ...

Ich höre immer wieder, daß der Ruf der Deutschen im Ausland besser ist, als wir es manchmal glauben. Allerdings stört es oft gewaltig, daß die Deutschen ihre Geschichte immer nur auf 12 Jahre reduzieren. Dies wird von den anderen nur mit einem Kopfschütteln quittiert. Wir sollten uns wieder mehr auf uns selbst besinnen...«

Maria St., Ulm:
»1945 wurde ich mit meinen Kindern von sowjetischen Soldaten nach Rußland verschleppt. 28 Jahre waren wir von unserer Heimat getrennt, da weiß man, was das Vaterland bedeutet. Ich war immer stolz, daß ich Deutsche bin, und trotz all dem Schweren habe ich die Treue zu Deutschland gehalten. Jetzt sind wir 13 Jahre wieder in der Heimat und würden uns freuen, wenn die Hymne auch jeden Morgen zu Sendebeginn gespielt werden würde. Wenn ich das Deutschlandlied höre, berührt es mich innig tief bis zum Weinen. In diesem Lied ist keine Politik, nur daß wir Deutsche zusammenhalten sollen. Warum wird das nicht anerkannt? Haben wir Deutsche kein Recht auf unser Vaterland?«

Erica G.-H., 76 Jahre, Saarbrücken:
»Ich stamme aus Metz in Lothringen. Als eines Tages unser Kaiser Wilhelm II. in unsere Stadt zu Besuch kam, sangen wir neben ›Heil Dir im Siegerkranz‹ das wunderschöne Deutschlandlied. Der Text von Hoffmann von Fallersleben sowie die Melodie von Haydn haben mich als Kind schon sehr tief berührt.
In den grauen Novembertagen des Jahres 1918 zogen die Franzosen in die Stadt meiner Kindheit – als Sieger – ein. Die Höhere Töchterschule wurde geschlossen, wir mußten dann eine französische Volksschule besuchen. Wir Kinder bekamen blau-weiß-rote Fähnchen in die Hand, sowie einen Brioche (Art Kranzkuchengebäck), und nun mußten wir singen: ›Allons enfants de la patrie ...‹ Von einem Tag zum anderen war jeglicher Unterricht nur in französischer Sprache. Tiefe Wehmut erfüllte mich, o b w o h l ich, durch Vermählung einer Großtante mit einem ›Abkömmling der Herzöge von Bournonville‹ ... französische Verwandtschaft hatte ...«

Thomas H., Oerlinghausen, 25 Jahre, Student:
»1980 war ich mit meiner Klasse in Norwegen. Allabendlich vor dem Einschlafen wurde natürlich zu entsprechend lockerer Stimmung entsprechend lockere Musik gehört. Über Mittelwelle beka-

men wir den Deutschlandfunk, und für uns überraschend brachte
er um Mitternacht die Nationalhymne. Das Gespräch erstarb
automatisch, alle wurden für den Moment des Liedes ein wenig nachdenklich und versonnen, die Gedanken wanderten nach
Haus. – Im Endeffekt also kein nationaler Erguß, sondern einfach
das beruhigende Gefühl, irgendwo gehört man hin.«

Heinrich T., Glückstadt:
»1971 besuchten wir mit unserem Gesangverein Chöre in Texas,
die von deutschen Einwanderern gegründet worden waren. In
Houston begann unsere Tournee. Wir waren dort zum deutsch-
texanischen Sängerfest eingeladen, das auch von städtischen Re-
präsentanten und von Angehörigen des deutschen Konsulats mit
einem Besuch beehrt wurde. Nach altem Brauch wird drüben
jedes Sängerfest mit der amerikanischen Nationalhymne eröffnet; ist ein ausländischer Chor zugegen, dann wird auch die Hymne
seiner Nation gesungen.

Als ich damals im Programm den Punkt ›National Anthems‹
las, da sträubte sich in mir einiges gegen solch ein ›nationalistisches Gehabe‹; auch hatte ich, aufgrund unserer Vergangenheit,
Angst vor Mißfallenskundgebungen ... Als wir dann zu Beginn
des Sängerfestes unsere Hymne sangen, gab es zu meiner Verwunderung weder Pfiffe noch Proteste. Ich war ganz erleichtert, denn
ich wußte doch, daß nicht nur die Nachkommen der Einwanderer,
sondern auch Emigranten aus der Zeit nach 1933 unter den Zuhö-
rern waren. Für alle war es ganz selbstverständlich, daß wir unsere
Nationalhymne sangen.

Nach dieser Erfahrung kann ich wieder frei und unbefangen
unsere Hymne hören oder auch mitsingen. – Nur wenn betrun-
kene Fans nach Erfolgen unserer Nationalmannschaften und
Sportler wieder ›Deutschland, Deutschland über alles‹ gröhlen,
wird mir gemischt zumute.«

Maria A., St. Ingbert:
»Meine persönliche Beziehung zur Hymne datiert bis in den Wahlkampf der Saarländer im Herbst 1955. Zwar war ich noch zu jung
zum Wählen, aber vom ersten Tag ihrer Zulassung an arbeitete ich
als Redaktionssekretärin der für den Wahltag von den Franzosen erlaubten CDU-Zeitung ›Saarbrücker Neueste Nachrichten‹.
Heimlich saß ich in Wahlveranstaltungen des damaligen Mini-

sterpräsidenten Joho [Johannes Hoffmann]. Eines Abends mußte ich erleben, daß mein Vater während einer solchen Veranstaltung in meinem Heimatort verhaftet wurde, da er gemeinsam mit vielen Pro-Deutschen das Lied der Deutschen angestimmt hatte... Von dem Tag an war für mich die Nationalhymne Ausdruck des Bekennens zum angestammten Vaterland...

Als ich nach Jahren meines Aufenthalts in den USA wieder in das inzwischen an die Bundesrepublik angegliederte Saarland zurückkehrte, mußte ich negative Erfahrungen mit der Schule machen. So mußte ich in hektographierten Aufgabenblättern für eine Übungsarbeit der dritten (deutschen!) Volksschulklassen meiner Tochter lesen, daß die ›BRD‹ (sic!) keine offizielle Hymne habe. Nur mit Hilfe des Archivars der Saarbrücker Zeitung konnte ich der Schule beweisen, daß 1. BRD ein Kürzel ist, das hierzulande nicht offiziell ist, da im anderen Deutschland mit Vorliebe zur Abwertung unseres Landes verwendet, und daß 2. die dritte Strophe des Deutschlandliedes durchaus als Hymne wieder eingesetzt worden ist... Es ist mir allerdings bis heute nicht gelungen, einen Beleg dafür zu erhalten, daß das Singen der beiden ersten Strophen des Deutschlandliedes durchaus nicht strafbar ist. Dieser Mythos ist weit verbreitet.«

11. Ausländer in der Bundesrepublik

Katarina I., Stuttgart:
»Vor 11 Jahren kam ich in die Bundesrepublik Deutschland als Krankenschwester. In meiner Heimat Kroatien (Zagreb) war jeden Tag Abschied vom Tag mit Kroatischer Hymne. Als Krankenschwester war ich oft Nachtwachenschwester und mein Dienst war so geplant, daß ich immer paar Minuten Zeit hatte für diesen Tag-Abschied, für dieses Notturno zwischen meine schwere Arbeit. Innerlich war ich glücklich und ich hatte neue Kraft bis Morgen früh. Mit Sterbenden und schwerkranke Menschen war auch oft Nachts Abschied vom Leben. Leben und Tod – Tag und Nacht war nebeneinander...

Vor 9 Jahren ich hatte Nachtwache, Radio aufgemacht (ich wollte Uhr kontrollieren) in einem Moment war intoniert Deutsche Hymne (Südwestfunk). Ich war glücklich, ich hatte Kraft bis Morgen früh. Nach dieser Nacht ich warte oft bis 24 Uhr auf dieses Notturno. Einmal sagte ein Dichter: Heimat ist wie Mutter...

Jedes Leben hat schöne und schwere Stunden, Heimat auch. Ich habe gern meine Heimat Kroatien, aber auch meine zweite Heimat Deutschland ...«

Dwora S., Frankfurt (aus Israel):
»Ich finde es sehr richtig, daß mit dem Neubeginn nicht ein völlig neues Lied eingeführt wurde, weil Deutschland damit seine Identität gänzlich fortgeworfen hätte. Es ist ja schließlich das gleiche Land mit der gleichen Bevölkerung geblieben, nur hat es sich gottlob umorientiert ...

Zu der Frage, ob die Nationalhymne mich emotionell berührt, fällt mir Folgendes ein: In Israel geboren, als Kind nach Deutschland gekommen, sind mir zwei Nationalitäten und ihre jeweilige Kultur vertraut. Ich sitze nicht zwischen zwei Stühlen, sondern auf zwei Stühlen, auf dem einen mit wesentlich mehr Substanz als auf dem anderen, da ich schon bald 30 Jahre hier lebe und verwurzelt bin. Was jedoch die Nationalhymne anbelangt, ergreift mich die israelische sehr stark, die deutsche eigentlich kaum. Das liegt wohl hauptsächlich daran, daß ich mich zu der musikalisch inhaltsreichen Melodie in Moll hingezogen fühle, was jedoch die gute Musik eines Haydn nicht abwerten soll. Ich finde es aber ein bißchen schade, daß die innige Instrumentation eines Streichquartetts so sehr umfunktioniert wird und die Melodie dadurch bestimmt nicht gewollte heroische Züge bekommt. Die israelische Hymne trägt auch deswegen eine viel tiefgreifendere Bedeutung als die deutsche, weil dieses Volk sich sein Lied sehr schwer erkämpfen und eine Identität erst herstellen mußte. Ich hoffe, Sie verstehen meine Hingezogenheit nicht als gebürtlichen Patriotismus. Ein Heimatgefühl habe ich in beiden Ländern nicht und kann daher bei beiden Nationalhymnen kein großes Nationalempfinden aufbringen.«

12. Ausländer in ihrem Land

Dr. Paul de R., Brüssel:
»Als Belgischer Staatsbürger (geboren in Brüssel 1948) wollte ich mich keineswegs in innere deutsche Angelegenheiten hineinmischen ... Als Nicht-Deutscher und als Historiker muß ich ehrlich gestehen, daß dieses Lied auf mich stets einen sehr großen Eindruck gemacht hat, nicht allein wegen der Melodie Joseph Haydn's

177

sondern auch wegen dem Text von Hoffmann von Fallersleben. Dieser Dichter ist für uns Leute aus den Niederlanden sicher kein Unbekannter. Wir, ich spreche hier als Mitglied der Niederländischen Gemeinschaft in Belgien (welche man in Deutschland ›Flamen‹ nennt), haben nicht vergessen, daß von Fallersleben auch einen Beitrag geliefert hat zur Auferstehung der niederländischen Sprache in Belgien, damals ein stark französisierter Staat.

Selbst die erste Strophe des Deutschlandliedes (›Deutschland, Deutschland über alles in der Welt‹) stört mich keineswegs. Jeder, der den Text vorurteilsfrei liest, begreift, worum es sich handelt. Diese Wörter sind keineswegs ein Aufruf zur ›Weltherrschaft‹ sondern einfach ein Aufruf, daß alle Deutschen dem gemeinsamen Vaterland dienen sollen und nicht der partikularistischen und egoistischen Kleinstaaterei. In diesem Text finde ich keine Spur von ›Imperialismus‹ sondern nur von einem gesunden Volks-Nationalismus, ohne den keine Gemeinschaft leben kann.

Ich muß leider feststellen, daß in der französischen National-hymne (›La Marseillaise‹) Äußerungen viel bedenklicherer Art stehen: ›que du sang impur par les sillons‹ (daß unreines Blut strömen möge). Auch die englische Parole ›Right or wrong: my country!‹ scheint mir viel bedenklicher und gefährlicher zu sein als die Verse Hoffmann's.

Es kann kein Zweifel darüber bestehen, daß der Staat Deutschland im Laufe des zwanzigsten Jahrhunderts mitschuldig daran ist, daß zwei blutige Weltkriege unser gemeinsames Vaterland Deutschland zerstört haben. Ebenso deutlich aber ist, daß auch die anderen Staaten und Regierungen Europas daran auch schwer mitschuldig sind. Als Nicht-Deutscher, geboren drei Jahre nach dem Krieg, kann ich dies in aller Klarheit sagen, ohne daß mich jemand des ›Revanchismus‹ zeihen kann. Das schreckliche Leiden des jüdischen Volkes, nicht nur im nationalsozialistischen Deutschland, sondern auch in anderen Staaten und Epochen, darf niemals mehr wiederholt werden, ebensowenig wie das Leiden anderer Völker wie Armenier, Indianer, die Neger etc . . . Niemals soll es noch Bombardements geben wie in Rotterdam, Guernica, Hiroshima, Berlin und Dresden . . .

P. I. van den H., Maastricht:
»Weshalb haben Sie nicht versucht, wieviel Deutsche die erste Strophe kannten? Denn unter dem Singen dieser ersten Strophe

sind die Studenten in Langemark vorgegangen – womit sie die Nachfolge des deutschen Offizierskorps dezimierten!
Auch die Soldaten im letzten Weltkrieg sind nicht unter der dritten Strophe gefallen! Warum leugnet Deutschland seine Vergangenheit? ... Sie müssen auch daran denken, daß die Zukunft Europas abhängig ist von diesem deutschen Heer, doch nicht von der dritten Strophe sondern von der ersten Strophe des Deutschlandliedes. Entschuldigen Sie mir mein schlimmes Deutsch, denn ich bin kein Deutscher, nur einer der die Deutschen liebt und sich ärgert über den Verlust des Stolzes an Vergangenheit einer großen Epoche, trotz Konzentrationslager, womit das deutsche Heer nichts zu tun gehabt hat.«

A. A. H., Den Haag:
»Ich habe Ihre Sendung hier in Holland angesehen und mich sehr darüber gefreut. Als scheußlich empfand ich es jedoch, sehen zu müssen, wie die deutsche Jugend am Ende der Sendung auf die Töne der Deutschlandhymne tanzt. Ich werde Ihnen sagen warum: Im letzten Krieg war ich bei der Kriegsmarine eingetreten und habe deshalb meine holländische Staatsangehörigkeit verloren. Ich bin momentan staatenlos. Ich möchte, ich könnte mich Deutscher nennen. Ich darf den Antrag zur Einbürgerung in den deutschen Staatsverband beantragen – und wohl mit Erfolg, wie mir das Generalkonsulat in Rotterdam berichtete –, aber der Gebühren wegen ist es mir leider finanziell nicht möglich. Ich glaube ich fühle mich deutscher als die Deutschen, denn ich warte jeden Tag den Sendeschluß des deutschen Fernsehens I oder II ab, nur mit der Absicht die deutsche Nationalhymne zu hören. Ich aber verhalte mich dabei ganz ruhig und stille. Es lebe Deutschland.«

Dabyd D., Zürich:
»Sie ist eine für die Deutschen gemachte Hymne, eine für ganz Deutschland gemachte Hymne. Möge es Ihnen, dem Fernsehen gelingen, den Deutschen ihre Nationalhymne so zu erläutern, daß sie jeder versteht, daß sie jeder in sich aufnimmt, als wäre es seine eigene Hymne, eine deutsche Hymne.« (Ein Grieche, der in der Schweiz lebt)

13. Neu-Dichtungen

Bei den fast siebentausend Zusendungen zur ZDF-Dokumentation
»Das Lied der Deutschen« gab es auch mehr als fünfzig Briefe, in
denen Umdichtungen oder Ergänzungen zur Nationalhymne vorgeschlagen wurden. Auch gab es zwei Übersetzungen in Esperanto
und ins Lateinische.

Wilhelm M., Usingen:
»Hoffmann von Fallersleben ließe einen einzigen Kompromiß
zu, hätte er den heutigen Zeitgeist vorausgeahnt, nämlich statt
›Deutschland, Deutschland über alles . . .‹
›Deutschland lieb’ ich über alles, über alles in der Welt.‹«

Waltraud H., Essen:
»Ich stehe unserer Nationalhymne positiv gegenüber, weil etwas
Nationalgefühl sein darf, mehr Europagefühl sein sollte und noch
mehr Weltgefühl wünschenswert wäre!
In diesem Sinne erlaube ich mir, eine vierte Strophe zu unserer
Hymne vorzuschlagen:

> Einigkeit und Recht und Freiheit
> nicht nur für das eigne Land
> Recht auf Freiheit und auf Frieden
> Eurem Nachbarn reicht die Hand
> Anstatt vieler Todeswaffen
> laßt uns Haus und Nahrung schaffen
> für die Ärmsten dieser Erde
> daß die Menschheit glücklich werde
> Achtung vor des Anderen Leben
> wird den Menschen Würde geben.«

Hartmut N., Süssen:
»Während meines DDR-Besuches sprach mich ein dort lebender
Bekannter auf Ihre Sendung an und bat mich, Ihnen seinen Text-
vorschlag auf eine neue gemeinsame Hymne der Deutschen zu
übermitteln. Er geht dabei von der vorhandenen Melodie aus:

180

Deutschland, Deutschland meine Trauer
mein zerrissen Vaterland
Frieden wollen wir erringen,
Einheit Dir, mein Heimatland.
Recht und Freiheit allen Menschen,
Mit den Völkern Hand in Hand.
Deutschland, Deutschland meine Hoffnung,
mein geliebtes Vaterland.

Erläuternd zum Text führte der DDR-Bekannte aus, daß die Zielsetzung die Einheit Deutschlands sein soll. Der Text soll für beide Teile Deutschlands akzeptabel sein und auf eine Zukunft orientiert sein, die letztlich die gegenseitige Spaltung überwindet. Ich erfülle hiermit den Wunsch des Bekannten.«

Prof. Caroline E. Sch., Schierling-Unterdeggenbach:
»Es war 1962 in einer meiner Deutschvorlesungen am Mercy College von Detroit, USA. Wir hatten die amerikanische Nationalhymne ins Deutsche übertragen und versuchten sie deutsch zu singen. Eine der besten Studentinnen erhob sich und bat: ›Lehren Sie uns jetzt auch die deutsche Nationalhymne, bitte!‹ – Was aber sollte ich diesen jungen Amerikanern über die Hymne sagen, über seine Entstehung, seiner Existenz seit vielen Jahren, ihr großes Mißverstandensein und das Verbot durch die Siegermächte nach dem II. Weltkrieg? So wandte ich mich an das dortige Deutsche Konsulat. Es wurde mir bestätigt, daß nur die dritte Strophe die amtliche Deutschlandhymne darstellt. Da ich aber von drei Strophen meinen Studenten gesprochen hatte – und mit Sicherheit annehmen durfte, daß ich nach drei Strophen gefragt werden würde, schrieb ich die beiden Verse vor der dritten Strophe selbst dazu. Die Studenten lernten mit Anteilnahme das ganze ihnen vorgetragene Lied, sangen es – verstanden und verstanden nicht das Schicksal der zwei abgetanen Strophen. Das ›neue Lied‹ aber lautete:

Deutschland, Deutschland, herzgespalten
Liegst Du mitten in der Welt.
Deutsche wohl zusammenhalten
Bis die Trennungsmauer fällt,
Bis die Freiheit aller Brüder

Aller Zonen hergestellt.
Teures Deutschland, so zerklüftet
Rufst Du auf die ganze Welt.

Deutsche Denker, deutsche Dichter,
Wissenschaft und Künstlertum,
Alles steht in Deinem Dienste,
Dir zu ernten bessren Ruhm.
Deutsche Arbeit, deutsche Treue,
Deutsches Wort und deutscher Sang –
Trotz der nicht verstummten Gegner –
Künden bess're Zukunft an.

3. Strophe wie bei Hoffmann von Fallersleben.«

Friedhelm D., Mannheim:
»Unser Sohn Uwe kam 1980 nach dem Abitur als Wehrpflichtiger
zur Bundeswehr und verunglückte dort tödlich. Wenige Wochen
vor diesem Unglück fragte er mich nach dem Text des Deutschlandliedes, und ich zeigte es ihm in einem alten Liederbuch. Ihm
zu Ehren und zur Erinnerung habe ich den Text so abgeändert, wie
ich ihn sinngemäß verstehe und wie er von allen Deutschen ohne
falsche Anmaßung auch vertreten werden sollte. Deutschland, als
Volk und Nation, hat das moralische Recht und die Pflicht, für
seine Einheit zu kämpfen, um gleichberechtigt mit anderen Völkern in Europa friedlich zusammen zu leben. Nur wenn wir dieses
nationale Ziel höher erachten als z. B. Wohlstand, Konsum oder
Klassenkampf werden wir Glück und Frieden für Deutschland
und Europa erreichen.

Das Lied der Deutschen (in abgeänderter Form)
1. Deutschland lieb' ich über alles, über alles in der Welt
   usw.
Refrain: Von der Maas bis an die Memel,
             von der Etsch bis an den Belt,
             noch ist Deutschland nicht verloren,
             gebt uns Frieden in der Welt.
2. Strophe: Deutsche Frauen, deutsche Treue usw.
Refrain: Uns zu edler Tat begeistern
             unser ganzes Leben lang,

noch ist Deutschland nicht verloren
Friede unserm Vaterland.
3. Strophe: Einigkeit und Recht usw. wie gehabt.

Bei der Beschäftigung mit der Nationalhymne des anderen deutschen Teilstaates ist mir aufgefallen, daß zu dem Text seinerzeit zwar die Melodie von Hans Eisler komponiert wurde, der Dichter Johannes R. Becher jedoch den Text so geschaffen hat, daß auch die Haydn'sche Melodie dazu benutzt werden kann. Vielleicht war er, wie viele alte deutsche Kommunisten auch, trotz allem ein national gesinnter, guter Deutscher. Man sollte sich fragen, ob bei einer künftigen Wiedervereinigung einige seiner Worte für eine neue gesamtdeutsche Hymne verwendet werden sollten.«

B) Gegner

Uwe W., Duisburg, 26 Jahre:
»Ich frage mich immer mehr, was sollen diese Nationalitäten und das Gepränge um sie? Was macht es aus, ein Deutscher zu sein? Ist das mehr, als ein Engländer zu sein? Oder umgekehrt!

Der Nationalstolz nimmt hier in der Bundesrepublik leider wieder erschreckend zu. Der Deutsche scheint nichts gelernt zu haben! Nationalität steht zunächst einmal für Zollgrenze, aber auch für Sprachgrenze! Denn der Begriff Grenze wird zu sehr bloß geographisch gesehen. Grenzen fordern Mißtrauen und Neugierde! Was steckt dahinter? Hinzu kommt noch ein falsches Selbstwertgefühl, nämlich die Verherrlichung ›seines‹ Vaterlandes. Mir gehört das Land doch gar nicht, ich habe lediglich eine Aufenthaltsgenehmigung. Warum besinnt der Mensch sich nicht endlich wieder auf sich selbst? Warum findet er nicht zu seiner Ursprünglichkeit, seiner Natürlichkeit, seiner Nacktheit zurück? . . .

Solange es noch Nationalhymnen, solange es Nationalitäten, verschiedene Sprachen gibt, gibt es keinen Frieden . . .

In Ihrem Bericht wurde unter anderem gesagt, daß es nicht gegen die Jugendlichen spricht, daß sie die dritte Strophe des Deutschlandliedes nicht kennen, sondern gegen die Schulen! Wenn ich ein Lehrer wäre, würde ich gegen diesen Satz auf die Barrikaden gehen! Es spricht f̲ü̲r̲ diese Schulen: weg mit diesem unseligen Mummenschanz! Wir hatten schon einmal eine Generation von Kindern und Jugendlichen, die vor lauter Feierlichkeit leuchtende Augen hatten. Und wo das hinführte, wissen unsere Väter zu berichten! Daß diese Jugendlichen in dieser Diskothek so positiv von der Hymne sprachen, war erschreckend genug.«

Matthias S., Zeersdorf, 17 Jahre:
»Allein das Wort ›Vaterland‹ ist nicht nur ein Ausdruck patriarchalischen Denkens, sondern es ist außerdem ein Begriff, der für manchen Befürworter der Hymne in Vergangenheit wie in der Gegenwart die Aufopferung für dieses Land selbst bis zum grausamen Tod auf dem Schlachtfeld bedeutet.«

Bernd F., Marburg, 26 Jahre:
»Die Hymne der BRD darf sich nur auf das Territorium der BRD beziehen!, die momentan real existierende Hymne bezieht sich aber auf das ›deutsche Vaterland‹. Es gibt kein ›Großdeutschland‹ mehr und es wird (hoffentlich) auch nie wieder ein solches Staatsgebilde geben. Genauso wie das anachronistische, irrationale ›Wiedervereinigungsgebot‹ aus dem – ansonsten guten – Grundgesetz, gehört auch eine Hymne mit chauvinistischem Konnotat aus der bundesrepublikanischen politischen Kultur verbannt.«

U. G., Limburg:
»Alle Politiker nach 1945 haben total versagt und die Politik in das gleiche Kriegsfahrwasser gelenkt, wie es uns schon aus der Geschichte bekannt ist. Nur eine neutrale, bescheidene BRD ohne Rüstungsindustrie, ohne Raketen usw. mit mindestens 50% Frauen in der Regierung und in verantwortlichen politischen Ämtern wäre ein echter Neubeginn gewesen.
So aber ist die BRD unter Führung des unfähigen Patriarchats eine Gewalt-, Lärm- und Sexkloake geworden, unfrei, ohne Friedensvertrag, noch immer mit Besatzungsmächten beladen, die zusammen mit deutschen Männern manche Gebiete, besonders Rheinland-Pfalz zu KONZENTRATIONSLAGERN, zu täglichen Fluglärm-Terror-Gebieten in der brutalsten Weise umfunktionierten, so daß Menschen dort dahinsiechen.
EINE TRAUERHYMNE für dieses gequälte Land mit den täglich gefolterten Menschen wäre angemessen und ein FLUCH DER BESTIE MANN, der in infantiler, sadistischer Weise in dem kleinen Restdeutschland das beschränkte ›Kriegsspielen‹ nicht

lassen kann und trotz TSCHERNOBYL ERNEUT mit dem Bau chemischer Waffen beginnen will ...

Ist der MANN DEGENERIERT? Arbeiten seine ›grauen Zellen‹ nur noch, wenn es um Krieg, Gewalt und schweinischen SEX geht? Ich schäme mich der deutschen Männer und lehne konsequent die deutsche Hymne ab.«

Otto B., Ulm:
»... Aber nach dem verheerenden 2. Weltkrieg hätten meine Frau (71) und ich (73) uns eine neue Nationalhymne gewünscht. Durch die Verbindung mit dem Horst-Wessel-Lied und dem von uns angezettelten 2. Weltkrieg, den ich als Frontoffizier mitmachen mußte, hängt dem Deutschlandlied eine faschistische Tendenz an. Diese kommt uns umso mehr betrüblich in Erinnerung, weil der CDU-Kultusminister unseres Landes alle 3 Strophen in den Schulen gelehrt wissen will. Es ist uns klar, daß diejenigen, die das 3. Reich nicht bewußt erlebt haben, kaum etwas dagegen einzuwenden haben werden. Uns läuft es bei dieser Melodie, zumal wenn sie im Ausland, insbesondere bei Staatsempfängen in der Sowjetunion gespielt wird, kalt den Rücken herunter. Vergessen wir nicht, daß 20 Millionen Sowjetbürger durch unseren Überfall ihr Leben lassen mußten. Singen können wir das Lied nicht mehr.«

Karl Heinz R., Marbach/Neckar:
»Eine wirkliche Wende, ein wirklicher Anfang konnte mit dem ›Lied der Deutschen‹, welches auf Helgoland entstand, als die Insel noch britisch war, und zu welchem die Melodie des österreichischen Kaiser-Hymnus auch nur peinlich ›paßte‹, nicht gemacht werden ...

Am 11. Mai 1945 wurden wir, als Kriegsgefangene, von Marseille kommend in Newport News ausgeschifft und in einen bereitstehenden Transportzug verbracht. Kurz nachdem sich der Zug in Bewegung gesetzt hatte, kam ein amerikanischer Offizier in unseren Waggon und teilte uns in gebrochenem Deutsch mit: ... ›der Herr Kommandant wünscht, daß Sie während der Fahrt singen! Sie dürfen alles singen, nur Sie dürfen nicht singen ›Deutschland, Deutschland über alles‹ und ›Hebt hoch die Fahnen‹ ... Sonst dürfen Sie a l l e s singen.‹ Hätten wir Deutsche doch einmal (!) Rückgrat gezeigt und uns eine neue Hymne gesucht. Auch heute stehe ich noch dazu und meine, sie sollte flott und poppig sein ... nicht mehr an die Vergangenheit erinnern!!«

Siegfried E., Rain/Lech:
»Meine Einstellung zur Nationalhymne ist negativ. Begründung:

I. Melodie
Da lebte er in der Donaumonarchie, Joseph Haydn, groß in der Musik; doch das größte für ihn war wohl von Gottes Gnaden sein Kaiser. Die erhabenste Feierlichkeit legte Haydn in die Melodie ›Gott erhalte Franz den Kaiser‹, und diese Erhabenheit quillt aus dem Liede auch noch heute. Soviel Feierlichkeit verkrafte ich nicht, ein Wechselbad zwischen dem Hochzeitsmarsch und dem Andreas-Hofer-Lied durchzieht mein Gemüt und es weiß nicht, soll es bei solchem Erguß feierlicher Gefühle verschämt zum Zellstofftaschentuch greifen oder aber einer Ursprungshandlung folgend läppisch lachen.

II. Text
Der Text der zum Absingen erlaubten dritten Strophe erscheint mir wie ein Vorwort zu einem Staatsvertrag: wohlklingend und dennoch haargenau ins Ungefähre zielend. Die Einigkeit, was ist das? Kann ein ganzes Volk einig sein, ohne zum Einheitsstaat zu werden? Danach und nach Recht und Freiheit sollen wir dem Lied gehorchend streben. Streben heißt es. Demnach haben wir diese Werte gar nicht. Wenn wir aber ein freiheitlicher Rechtsstaat sind, so müßten wir eigentlich Freiheit und Recht bereits zum Recht verholfen haben. Danach zu streben mit Herz und Hand, heißt es weiter. Was heißt hier, ich soll mit der Hand nach Freiheit und Recht streben? Mit der Hand, die durch eine kleine Krümmung der Finger zur Faust werden kann. Faustrecht? Ein Begriff, bei dem das Bestimmungswort das Grundwort tötet.

Nun zum deutschen Vaterland. Empfinden nicht viele ältere Mütter in diesem Wort einen Opfergott, dem die Söhne dargebracht wurden? ›Blüh im Glanze dieses Glückes ...‹ Welches Glück? Die Nichtberechtigten des Glückes mehren sich, doch alle, alle sagt die dritte Strophe, sollen streben.

Jede Zeit hat seinen gleichnamigen Geist und der läßt sich nicht so einfach auf ein späteres Jahrhundert umbuchen. Daher sei meine kurze Textkritik nicht gegen Hoffmann von Fallersleben gerichtet, sondern gegen den Versuch, der Jeansgeneration Reifröcke anzulegen. Wie aber müßte eine Hymne lauten, die unserer Zeit angemessen wäre? Vielleicht so:

Beschere uns
kaputte Giftspritzen für die Großökonomen,
damit Unkraut den Überschuß vernichtet;
strahlende Kinder, die sich nicht vor Strahlen
fürchten
keine Ostwinde aus Tschernobyl
wahrheitsliebende Politiker
und Einigkeit und Recht und Freiheit

Nein! Klingt nicht gut. Auf welche Melodie sollte man diese Ungereimtheiten singen. Nein, als Hymnendichter eigne ich mich nicht.
Ich komme zum Schluß und bin froh, immer schon vor Sendeschluß zu Bett zu gehen, denn so muß ich die Hymne zum Sendeschluß nicht hören und werde nicht an Andreas Hofer und den Hochzeitsmarsch erinnert.«

Simon H., Berlin:
»Wir wollen doch als demokratisches Land eine Gemeinschaft von individuellen Menschen und keine in einem Tonfall blökende Schafherde. Wie sollen wir das aber je werden, wenn man uns immer wieder Hymnen und Fahnen vorsetzt, die die einfachen Leute dazu bewegen, begeistert der Fahne hinterherzutraben oder der Hymne wie die Ratten ihrem Fänger in Hameln? Die Hymne hindert manche Leute am klaren Denken.«

Thomas L., Wuppertal:
»Ich bin für die ersatzlose Streichung dieses volkshetzerischen Relikts, das auch schon zur Zeit des Nationalsozialismus entartet und zur Manipulation des Volkes mißbraucht wurde. Jegliche Verbindung zu dieser schamvollen Zeit für die deutsche Gemeinschaft muß abgebrochen werden!
Schon das Gedankengut, das vor allem von rechtsradikalen (Neo-)Nationalisten mit der Nationalhymne verbunden wird, ist beschämend und erzeugt ein völlig falsches Bild des Deutschen im Ausland. Deshalb bin ich für die ersatzlose Streichung, weil eine Kommune, und in diese wird sich Deutschland innerhalb der nächsten 20 Jahre verwandeln, keine Hymne für ein falsches oder nicht vorhandenes Nationalbewußtsein braucht.«

Andreas E., Berlin:
»Wer mag die Welt, der wir das Lied in unvergeßlicher Weise aufgespielt haben, an diese Klänge erinnern? Und wer vermag es zu erklären, daß wir offiziell zwar nur die dritte Strophe singen, jedoch noch zwei andere in petto haben, die bald wieder jedes Kind auswendig wissen wird?«

C) Brief eines 17jährigen Deutschen *(Michael B. aus Hamburg)*:

»Die Frage nach der Berechtigung oder gar der Notwendigkeit eines Nationalbewußtseins stößt bei vielen Menschen, – besonders der jungen Generation –, auf Abwehr: ein Gefühl der Mitschuld am grausamen Morden während der Nazi-Herrschaft wird durch die eigene Nationalität (wir sind ebenfalls Deutsche) hervorgerufen; Mörder aus krasser und brutaler Selbstüberschätzung haben den Ruf eines ganzen Volkes, das diesen nichts entgegenzusetzen wußte, verunstaltet, so daß ein dunkler Schatten unserer Vergangenheit auf unserem Wege liegt. Haben wir also die überlieferten Lasten der unbestreitbaren Schuld als ewige Bürde zu tragen? Nein, – und das ist uns wohl auch bewußt –, doch gerade weil wir uns mit den Schuldigen nicht identifizieren können, fühlen wir die Verpflichtung, eine chauvinistische Entwicklung schon im Ansatz zu zerstören, als gewissenhaft zu erfüllende Aufgabe.

Diese innere Verpflichtung verbirgt jedoch eine latente Angst in sich: man darf nicht versagen; so wehren sich viele Menschen dagegen, ein Nationalbewußtsein auch nur im geringsten Maße zu akzeptieren. Man möchte die gewaltsam gestoppte Lawine des Wahnsinns nicht wieder ins Rollen bringen. Es ist die Angst vor der Wiederbelebung eines unsichtbaren und daher unkontrollierbaren Ungeheuers.

Wenn man die Bedeutung der anfangs gestellten Frage nicht geringschätzt und bereit ist, sich mit der Problematik auseinanderzusetzen, sie nicht bloß verdrängt, sondern sie zu bewältigen versucht, dann hat man den ersten Schritt zu ihrer Lösung getan. Die berechtigte Frage nach der Möglichkeit, die Nationalhymne in bezug auf unsere innere Verpflichtung wieder singen zu dürfen, geringzuschätzen und sich ihr gegenüber gleichgültig zu verhalten, heißt: die politische, soziale und geistige Verfassung unseres Staates nicht ernsthaft betrachten und bewerten.

Andererseits ist zu befürchten: wer singt, ohne vorher nachgedacht zu haben, ob er singen soll, darf oder kann, der wird auch dann nicht aufhören zu singen, wenn der Wahnsinn über alle Vernunft gesiegt hat. Anstatt in dieser Angst, die sich als eine grundsätzliche Abwehrhaltung äußert, zu verharren, müssen wir, und damit sind alle Menschen gemeint, endlich aus der Geschichte und unseren Erfahrungen lernen...

Ganz gleich welcher Religion, Rasse oder Staatsangehörigkeit, wir alle sind Menschen, und so sollte für jeden als oberstes Gebot ewig gelten: ›Was Du nicht willst, das man Dir tut, das füg' auch keinem andern zu.‹ Wir müssen endlich soweit sein, unsere eigenen, viel zu großen Ansprüche und Bedürfnisse einzuschränken, so daß dadurch unsere Mitmenschen nicht mehr zu Schaden kommen. Anstatt unsere eigene, uns bekannte Kultur über alle anderen zu stellen, sollten wir uns an der Vielfalt der verschiedenen Kulturen erfreuen, auch wenn wir unsere besonders gern haben. Es geht eben darum, diese Verschiedenheit nicht zu zerstören, und deshalb muß die eigene Kultur gepflegt werden und ihrer Eigenart treu bleiben. Dies sollte eine Forderung unserer Zeit sein, die Individualität zu wahren und die Internationalität der Sitten zu verhindern. Man muß einander gerade wegen der Unterschiedlichkeit lieben!...

Erst wenn wir uns unter dem Begriff Patriotismus etwas Schönes und Gesundes vorstellen können, ein Ziel haben und nicht mehr vor ihm zusammenzucken, weil wir ihn ausschließlich mit der Nazi-Diktatur assoziieren, dann können wir stolz sein und die Nationalhymne singen... Wie sagte doch Hermann Hesse: ›Ich bin gerne Patriot, aber vorher Mensch, und wo beides nicht zusammengeht, gebe ich immer dem Menschen recht.‹«

»Maß und Mitte«
Das Lied der Deutschen und die deutsche Frage

Die Deutschen – das ist das Volk im Pendelschlag der Extreme. Entweder überhebt es sich über andere Völker, folgt in der Mehrheit einem Führer, der Slawen und Juden zu ›Untermenschen‹ erklärt, oder es besitzt überhaupt kein Nationalbewußtsein mehr – wie nach der Niederlage von 1945. Die Deutschen sind im Sieg überheblich, in der Niederlage kriecherisch und unterwürfig, urteilte schon Napoleon.

So ist die wichtigste Lehre aus der Geschichte der Deutschen: im Hinblick auf das nationale Selbstverständnis Maß und Mitte zu finden. Nationale Selbstverleugnung ist ebenso abwegig wie nationaler Größenwahn. Beides ist eine Form von Hybris.

Die Neigung der Deutschen zu diesen Extremen beunruhigt auch uns wohlgesinnte Ausländer. Das geringe Nationalbewußtsein ängstigt sie heute wie einst das übersteigerte, sie sehen darin ebenso eine Gefahr. So warnt der Amerikaner Hermann Kahn 1982 in seinem Buch *Die Zukunft Deutschlands*: »Daß die politische Mitte in Deutschland – und damit sind nicht einzelne Parteien gemeint – sich nicht mehr einer Betonung des Nationalen zuwendet, kann negative Folgen haben. Das bestehende Vakuum kann zu leicht eines Tages von der politischen Linken oder der politischen Rechten ausgefüllt und dazu benutzt werden, um politische Programme durchzusetzen.«

Eine Mahnung also, im notwendigen Spannungsfeld einer Demokratie zwischen links und rechts vor allem eine breite demokratische Mitte zu festigen, die allen Versuchungen standhält, wiederum in ein politisches Extrem abzudriften, das nach allen Erfahrungen der Geschichte nur Unglück bringen kann. Diese breite Mitte bedarf eines nationalen Bewußtseins, das an die demokratische Tradition unseres Volkes anknüpft und den Werten der Demokratie innerlich fest verbunden ist. Ein gesundes Nationalbewußtsein, das den Eigenwert seines Volkes ganz natürlich begreift, ist fernab von allem übersteigerten Nationalismus.

190

Ein Mensch, der sich nicht selbst achtet, ist zu keiner echten Partnerschaft fähig. Ein Volk, das kein Selbtwertgefühl besitzt, ist für andere Völker ebenso ein fragwürdiger Bundesgenosse.

Nationalbewußtsein – das heißt Wissen um die Geschichte seiner Nation, die Höhen und Tiefen mit einschließt, heißt Stolz und Trauer zugleich. Nationalbewußtsein heißt Interesse an Gegenwart und Zukunft der Nation, die mehr ist als die Summe der Teilstaaten Bundesrepublik Deutschland und Deutsche Demokratische Republik. Nationalbewußtsein bedeutet Aufforderung, die Spaltung der Nation zu überwinden, eine Spaltung, die auch Europa trennt.

Nationales Bewußtsein zeigt sich im Umgang mit nationalen Symbolen – wie der Hymne. Die Haltung zur Hymne spiegelt die Haltung zur nationalen deutschen Frage. Das Wissen um die Bedeutung und die Geschichte der Hymne und ihr Gebrauch sind allein noch keine Politik, können die Spaltung Deutschlands nicht beseitigen. Sie sind freilich Aufforderung und Verpflichtung, ein einiges, freiheitliches und rechtsstaatliches Deutschland zu schaffen, ohne das es ein gemeinsames Europa nicht geben kann.

Das Lied der Deutschen nur noch als Hymne der Bundesrepublik zu begreifen und zu empfinden, wäre die größte Versündigung am Inhalt der Hoffmannschen Dichtung. Die Haltung zur Frage der deutschen Wiedervereinigung bei den Bundesbürgern stimmt tatsächlich pessimistisch. Auf die 1985 in einer EMNID-Untersuchung gestellte Frage: »Sollten unsere Politiker die Wiedervereinigung zwischen der Bundesrepublik und der DDR weiterhin anstreben – sollten sie auf eine Wiedervereinigung verzichten – oder ist Ihnen das egal?« antworteten nur 51 Prozent: »Wiedervereinigung anstreben«. 23 Prozent wollten auf eine Wiedervereinigung verzichten. 25 Prozent war die Frage »egal«.

Was verbirgt sich hinter der Tatsache, daß nach dieser Umfrage nur die Hälfte der Bundesdeutschen für eine Wiedervereinigung eintritt? Ist es etwa die Angst, daß eine solche Lösung den eigenen Lebensstandard, die eigene Freiheit bedrohen könnte? Spielt die Erfahrung dabei eine Rolle, daß die Integration in den Westen »realistischer«, weil erlebbar ist – im Gegensatz zur »Illusion« der deutschen Einheit? Sieht man in der westeuropäischen Einigung einen Gegensatz zur Lösung der deutschen Frage, als deren Ergebnis nur ein neutrales Deutschland möglich wäre? Glaubt man nicht daran, daß das nationale Interesse Deutschlands und das

Interesse Europas identisch sein können? Ist es die Angst vor einem Sonderweg der Deutschen, der uns isoliert?

Die Zurückhaltung vieler Deutscher, ihre nationale Einheit wiederzuerstreben, hängt sicherlich auch mit solchen Fragen zusammen. Dabei wird aber nur allzuoft verkannt, daß Deutschland und Europa in einer unauflösbaren Wechselwirkung stehen. Die deutsche Frage ist immer zugleich eine europäische, die europäische Frage ist wegen der Mittellage Deutschlands immer zugleich auch eine deutsche. So ist es auch müßig, die eine Frage gegen die andere auszuspielen.

Ein nationalbewußter Deutscher steht nicht gegen die europäische Einigung. Ein überzeugter Europäer steht nicht gegen die Interessen seiner eigenen Nation. Das eine braucht das andere, wie oft kurzsichtig behauptet wird, nicht auszuschließen. Die Zeiten des nur nationalstaatlichen Denkens sind endgültig vorbei. Die Bundesrepublik Deutschland hat, wie auch die anderen Staaten der Europäischen Gemeinschaft, einen Teil ihrer Souveränitätsrechte an die supranationale Vereinigung abgetreten. Die DDR wiederum ist in dem Wirtschaftsraum Comecon eingebunden. Eine völlige Herauslösung der beiden deutschen Staaten aus diesen Verflechtungen ist nicht mehr möglich und auch im nationalen Interesse gar nicht wünschenswert. Die beiden deutschen Staaten haben – jeder für sich – in EG und Comecon wirtschaftlich große Bedeutung. Wirtschaftsfragen werden in der Politik zunehmend wichtiger. Beide Blockseiten sehen ein, daß eine militärische Auseinandersetzung das Ende bedeuten würde.

Bei dem Streben nach Deutschlands Wiedervereinigung geht es nicht darum, einen alten Zustand wiederherzustellen, sondern eine neue gemeinsame Wohnung der Deutschen zu errichten – inmitten des »gemeinsamen Hauses Europa« (um den Begriff zu verwenden, den der sowjetische Generalsekretär Michail Gorbatschow geprägt hat).

Bei allem, was die beiden Gesellschaftssysteme in Europa trennt, zwingt die Einsicht, Lösungen für gemeinsame Probleme – wie zum Beispiel die Umweltzerstörungen – finden zu müssen, zu verstärkter Zusammenarbeit. Auf einer Tagung der Körber-Stiftung in Moskau im März 1987 sprachen sowjetische und deutsche Teilnehmer deshalb von einem »neuen Denken« und davon, daß uns mehr verbindet als trennt.

Der Status quo in Europa, von vielen heute als sakrosankt

angesehen, ist auf Dauer keine »heilige Kuh«. Die politische Entwicklung kann und wird nicht stehenbleiben. Egon Bahr sagte dazu auf dem Moskauer Treffen: »Ich kann mir nicht nur vorstellen, sondern ich wünsche es sogar, daß wir in eine Situation kommen, in der die heutigen Blöcke aufgelöst werden können. Aber das ist ein sehr weites Feld, und da muß noch viel geschehen. Das würde beispielsweise eine Sicherheitssituation zwischen Ost und West – das betrifft keineswegs nur Europa – voraussetzen, in der keine Seite mehr Furcht vor einem Angriff der anderen Seite hat, das heißt, in der militärische Angriffe faktisch unmöglich geworden sind. Dann wird übrigens auch die deutsche Frage wieder akuter werden, als sie es heute ist.«

In seinem Buch *Perestroika – Eine neue Politik für Europa und die Welt* schreibt der sowjetische Parteichef Michail Gorbatschow: »Jede Nation hat einen Anspruch darauf, den Weg ihrer Entwicklung selbst zu wählen und über ihr Schicksal, ihr Territorium und ihre menschlichen und natürlichen Ressourcen selbst zu bestimmen. Eine Normalisierung internationaler Beziehungen ist erst möglich, wenn dies von allen Ländern verstanden wird.« Bei Gorbatschow stehen diese Sätze in seinem Kapitel über die dritte Welt. Doch was er für die dritte Welt fordert, muß mit gleichem Recht auch für Europa gelten.

Weiter heißt es beim Kremlführer: »Es ist höchste Zeit, daß die Führer des Westens Mentalität und Denken aus kolonialen Zeiten ablegen. Sie werden das früher oder später tun müssen.« Eine Aufforderung, die auch für das eigene Verhalten der Sowjetunion zu gelten hat, die ihren eigenen Völkern, den Völkern Osteuropas und den Deutschen in der DDR das Selbstbestimmungsrecht vorenthält. Der Moral muß erst die Ehrlichkeit, müssen die Taten erst noch folgen. Es bleibt abzuwarten, wie sich Innen- und Außenpolitik der Sowjetunion entwickeln. Doch in einem Zeitalter zunehmender internationaler Abhängigkeit und Zusammenarbeit kann vielleicht auch die Sowjetunion einsehen, daß es ein Anachronismus ist, wenn man dem Volk der Deutschen das Zusammenleben in einer Wohnung im europäischen Haus weiter vorenthält.

Das Interesse der Sowjetunion könnte sich eines Tages sogar mit den nationalen Interessen der Deutschen decken. Den Deutschen zu gestatten, sich durch die Zusammenarbeit von DDR und Bundesrepublik eine gemeinsame Wohnung (mit offenen Türen) zu schaffen, hieße für sie, fast achtzig Millionen Freunde zu gewinnen. Voraussetzung für einen solchen Schritt bleibt aber, daß der Wille zum Zusammenleben unter den Deutschen selbst nicht erlahmt. Die Deutschen in der DDR, die seit 1933 ununterbrochen in einer Diktatur leben, dürfen von den Deutschen in der Bundesrepublik nicht abgeschrieben werden. Das Wohlleben und die Freiheit sind kein Ersatz für die Würde einer Nation. Nutzen wir deshalb die Freiheit, die wir im Westen besitzen, zu einer klugen gesamteuropäischen, gesamtdeutschen Politik.

Das Singen der Nationalhymne der Deutschen und der darin zum Ausdruck kommende Wunsch nach nationaler Einheit richten sich nicht gegen die Interessen anderer Völker. Sie stehen für ein nationales Bewußtsein, das die internationalen Probleme nicht außer acht läßt, sondern mit einbezieht. Internationale Verflechtung und Zusammenarbeit hat Nationen nicht überflüssig gemacht. Der aus der Sowjetunion stammende Schriftsteller Lew Kopelew schreibt dazu in seinem Buch *Und schuf mir einen Götzen*: »Der Traum von der anationalen Bruderschaft war utopisch. Eine Absage an die Nation ist ebenso irreal wie eine Unterbrechung der Erdanziehung.« Die Deutschen können sich nicht aus ihrer Nation abmelden und nur Europäer werden. Sie sind beides.

Die Grünen haben im Wahlkampf zum Bundestag den Unionsparteien und der SPD »Nationalismus« vorgeworfen, weil diese Parteien sich zur dritten Strophe unserer Nationalhymne bekannt und dies im Wahlkampf auch gezeigt haben. Für die Grünen ist das verbalisierte Zeigen von Nationalbewußtsein – das Singen der dritten Strophe – schon nationalistische Übersteigerung. Allein das Streben nach deutscher Einheit ist für sie »friedensgefährdend«. Auf die Frage an alle Parteien des Bundestages, was sie konkret tun würden, um das Wiedervereinigungsgebot und das Gebot zur Wahrung der staatlichen und nationalen Einheit des Grundgesetzes zu erfüllen, gab der Vertreter der Grünen zur Antwort: »Wir werden alles daran setzen, daß die friedensgefährdenden Träume von Wieder- oder Neuvereinigung der ehemaligen Teile Deutschlands – in welchen Grenzen auch immer – im öffentlichen Bewußtsein zunehmend als das wahrgenommen werden, was sie sind: eines der entscheidenden Hindernisse für eine Lokkerung der Blockstruktur, die erst wirklich menschliches Aufeinanderzugehen ermöglichen würde. Entsprechend ist das Grundgesetz zu ändern.«

Eine solche Haltung spricht für sich. Aber Worte von Martin Walser sollen ihr entgegengestellt werden: »Warum akzeptieren wir eine Teilung wie ein Naturgesetz, obwohl wir einsehen können, daß sie aus ganz und gar zeitlichen Bedingungen entstand? Ich gebe zu, wenn Politik in einer aktuell verständlichen Aktion ein Volk teilt, und diese Teilung glückt sozusagen für immer, dann war das, was geteilt wurde, kein Volk. Frankreich wäre nicht teilbar. Wenn wir BRD und DDR bleiben würden, wäre das Ergebnis nicht deutsch, sondern internationalistisch.«

Da die Neuvereinigung Deutschlands den Deutschen von der Sowjetunion und den mitverantwortlichen Westmächten nicht einfach geschenkt werden wird, sondern nur ein langwieriger und schwieriger Prozeß sein kann, ist zunächst vor allem eine aktive Deutschlandpolitik von seiten der Bundesrepublik notwendig. Es wird sich an dieser Frage zeigen, ob die Bundesrepublik wirklich eine Überwindung der jetzigen Teilung der Nation anstrebt oder ob sie es nur bei Lippenbekenntnissen für die Wiedervereinigung beläßt.

Vorschläge zu einer Konföderation der beiden deutschen Staaten werden derzeit in Moskauer Professorenkreisen erwogen. Solche Planspiele finden allenfalls hinter verschlossenen Türen statt. Natürlich sind sie noch keine erklärte Politik der Sowjetunion. Aber sollte in Moskau bereits weiter gedacht werden als bei uns? Was wäre, wenn plötzlich tatsächlich ein solcher Vorschlag in Bonn und Berlin auf den Tischen läge? Es ist nicht ausgeschlossen, daß die Sowjetunion eines Tages der Meinung ist, ein Friedensvertrag mit einer deutsch-deutschen Konföderation läge auch in ihrem Interesse. Ein Ausgleich zwischen den Interessen der Sowjetunion und denen der Deutschen bietet jedenfalls eine zukunftsträchtige Perspektive.

Noch zwingender und drängender ist ein Ausgleich zwischen den Interessen der Deutschen in der DDR und in der Bundesrepublik, von denen beide Seiten nur gewinnen können. Wachsende Triebkraft bildet hier die Wirtschaft. Professor Wolfgang Seifert, der 1978 aus der DDR in die Bundesrepublik übergesiedelte Ökonomie-Fachmann, schreibt in seinem Buch *Das ganze Deutschland*: »Es gibt also in beiden deutschen Staaten eine vom Willen der Politiker unabhängige Kraft, die sie unaufhaltsam aufeinander, auf ihre Annäherung, ihre Verflechtung und Verschmelzung zutreibt, und das sind ihre ökonomischen Bedürfnisse, die immer noch und trotz aller Strukturveränderungen wirksame Tatsache, daß sie einmal *eine nationale* Wirtschaft bildeten, sie sich wechselseitig ergänzen, sie einander brauchen. So wie der kleindeutsche Nationalstaat durch die Allianz von Großwirtschaft und preußischer Monarchie entstanden ist, so wird die zunehmende Kooperation der bundesdeutschen Industrie mit der volkseigenen Wirtschaft der DDR zu einer der vielfältigen Triebkräfte einer neuen staatlichen Einheit der Nation werden. Die prinzipielle Gegensätzlichkeit der Systeme von sozialer Marktwirtschaft und zentralistischer Planwirtschaft ist keine unüberwindliche Schranke, weil die Planwirtschaft im Interesse ihrer eigenen Effektivität nicht umhin kommt, sich der Marktwirtschaft zu öffnen.«

Wirtschaftliche Zusammenarbeit als Vorreiterrolle für einen politischen Zusammenschluß der beiden deutschen Staaten? Heute erscheint das noch als Vision. Valentin Falin, Nowosti-Chef und Gorbatschow-Vertrauter, sprach uns gegenüber kürzlich von der Vision einer großen Zusammenarbeit zwischen der Sowjetunion und den Deutschen: »Visionen sind notwendig für eine progressive Politik.« Das ist richtig. Was für das Zusammenwirken zwischen Russen und Deutschen gilt, muß auch für das Zusammenwirken von Deutschen und Deutschen gelten.

Beim Zusammentreffen von Erich Honecker und Helmut Kohl in Bonn erklangen die Melodien des Deutschlandliedes und der DDR-Hymne, deren Text nicht mehr gesungen wird, weil es darin »Deutschland, einig Vaterland« heißt. Diese Szene wirkte auf manche wie die endgültige Bestätigung der Teilung Deutschlands. Für eine Politik, die glaubte und hoffte, die DDR würde zusammenbrechen und die Wiedervereinigung fiele den Deutschen in den Schoß, war es gewiß eine Bankrotterklärung. Eine solche Politik aber war immer illusionär, weil sie die Sowjetunion vergaß.

Es geht heute und in Zukunft darum, eine sich wandelnde Sowjetunion davon zu überzeugen, daß es auch in ihrem Interesse liegt, den Deutschen das Selbstbestimmungsrecht zu gewähren. Zwischen der DDR und der Bundesrepublik gilt es, jede sich bietende Form der Zusammenarbeit zu nutzen.

Die deutsche Teilung ist das Kernstück der Teilung Europas. Nirgendwo in der Welt sind so viele Waffen angehäuft wie auf deutschem Boden. Bei einem Krieg zwischen Warschauer Pakt und NATO wären Deutsche genötigt, aufeinander zu schießen.

Kein Volk auf der Welt ist so gefährdet, durch eine kriegerische Auseinandersetzung für immer ausgelöscht zu werden, wie das deutsche. So ist die gemeinsame Formel von Honecker und Kohl, von deutschem Boden dürfe nie wieder Krieg ausgehen, nicht nur eine Beschwörung nach Hitlers Chauvinismus und Größenwahn, sondern auch ein besonderer Ausdruck von Nationalbewußtsein. Die Deutschen haben in ihrer Situation nicht nur ein naheliegendes Interesse, einen Krieg zu verhindern, sondern ihre Aufgabe muß es darüber hinaus sein, aktiv an einer europäischen politischen Ordnung mitzuarbeiten, die Frieden und Ausgleich zwischen den Völkern und Systemen ermöglicht.

Daß die Deutschen sich wieder mehr ihren nationalen Symbolen zuwenden, daß die Hymne wieder mehr gespielt und gesungen wird, ist nicht zu beargwöhnen, sondern für Deutsche und Ausländer erfreulich. Es zeigt, daß das Pendel aus dem Extrem der unhistorischen Geschichts- und Gesichtslosigkeit zurückschlägt. Wenn sich der Patriotismus der Deutschen mit dem Wissen um die Ideale der Demokratie und um ihre historische Tradition verknüpft, besteht keine Gefahr, daß das wiedererwachte Nationalgefühl wieder in das andere Extrem des übersteigerten Nationalismus zurückpendelt. Maß und Mitte, ein politisches Bewußtsein, das Nation und Europa gleichermaßen einbezieht – das ist der Auftrag aus der deutschen Geschichte. Seine Erfüllung wird den Deutschen und den anderen europäischen Völkern gleichermaßen zugute kommen. Die Deutschen müssen sagen und den anderen erklären, was sie wollen. Auf eine Wiedervereinigung der Menschen in Ost und West können wir nicht verzichten, wenn wir die Zukunft Europas ernst nehmen. Wer dieser Absicht Böses unterstellt und sie als Revanchismus diffamiert, dem muß entgegengehalten werden, daß die Teilung eines Volkes in der Mitte Europas widernatürlich, unmenschlich, und letztlich friedensfeindlich ist.

Die Ergebnisse eines Krieges sind nicht sakrosankt, wie es die Sieger den Verlierern gern einreden wollen. Daß die Sowjetunion immer das Gegenteil behauptet hat, ist aus ihrem Hegemoniestreben in Europa verständlich. Aber das kann nicht unsere Haltung und die anderer Betroffener sein. Das »neue Denken« in Moskau kann nicht auf Dauer an den Interessen der Deutschen vorbeigehen. Frieden ist immer die Frucht eines fairen Ausgleichs von gegenseitigen Interessen. Daß die Deutschen darauf hinweisen,

sollte eher als Ermunterung für das »gemeinsame Haus Europa«
verstanden werden. Die Deutschen haben ihre Lektion aus der
Geschichte gelernt. Aber sie wollen auch ihre Grundrechte wie
jedes andere Volk auf der Erde. Deshalb bekennen sie:

> Einigkeit und Recht und Freiheit
> für das deutsche Vaterland!
> Danach laßt uns alle streben
> brüderlich mit Herz und Hand!
> Einigkeit und Recht und Freiheit
> sind des Glückes Unterpfand –
> blüh' im Glanze dieses Glückes,
> blühe deutsches Vaterland!

Zeittafel

Januar 1797	Joseph Haydn komponiert die Melodie zu Lorenz Leopold Haschkas Hymne »Gott erhalte Franz den Kaiser«. Diese Melodie wählt Hoffmann von Fallersleben 1841 für sein »Lied der Deutschen«.
2. April 1798	August Heinrich Hoffmann wird in Fallersleben bei Braunschweig geboren.
26. August 1841	Hoffmann von Fallersleben schreibt auf der damals noch britischen Insel Helgoland das »Lied der Deutschen«.
1. September 1841	Text und Musik des Liedes werden vom Verlag Hoffmann und Campe in Hamburg zum erstenmal gedruckt.
5. Oktober 1841	Das »Lied der Deutschen« wird in Hamburg zum erstenmal öffentlich gesungen.
14. April 1842	Hoffmann von Fallersleben verliert seine Professur in Preußen. Seine politische Verfolgung beginnt.
1848/49	»Märzrevolution«. Die deutsche Einigung scheitert.
18. Januar 1871	Das deutsche Kaiserreich wird gegründet.
19. Januar 1890	Hoffmann von Fallersleben stirbt.
10. August 1890	Die Briten übergeben Helgoland dem Deutschen Reich. Zur Feier wird das »Lied der Deutschen« erstmals offiziell gesungen.
11. November 1914	Bei Langemarck greifen junge deutsche Regimenter unter dem Gesang »Deutschland, Deutschland über alles« die feindlichen Stellungen an.
11. August 1922	Am Verfassungstag der Weimarer Republik erklärt Reichspräsident Friedrich Ebert das »Lied der Deutschen« zur Nationalhymne.

19. Mai 1933	Zur 1. Strophe des Deutschlandliedes tritt der SA-Gesang »Die Fahne hoch . . .«. Beide Lieder werden nun als »Doppelhymne« proklamiert.
14. Juli 1945	Der Alliierte Kontrollrat verbietet »das Singen oder Spielen« des Deutschlandliedes.
29. September 1949	Zwölf Abgeordnete stellen im ersten Deutschen Bundestag den Antrag, das Deutschlandlied als »Bundeshymne« anzuerkennen.
November 1949	»Nationalgesang der DDR« wird »Auferstanden aus Ruinen«.
7. November 1949	Der Rechtsausschuß des Deutschen Bundestages weigert sich, einen Entschluß über die Hymne zu fassen, weil dies dem Bundespräsidenten zustehe.
18. April 1950	Bundeskanzler Konrad Adenauer fordert im Berliner Titania-Palast zum Singen der 3. Strophe des Deutschlandliedes auf.
6. Mai 1952	Durch einen Briefwechsel zwischen Bundespräsident Heuss und Bundeskanzler Adenauer wird das ganze Deutschlandlied als Nationalhymne anerkannt. Bei staatlichen Veranstaltungen soll die dritte Strophe gesungen werden.

Bibliographie

Andrée, Fritz: Hoffmann von Fallersleben, Fallersleben 1960.
Berg, Hermann von: Die Analyse, Köln 1985.
Ders.: Marxismus-Leninismus, Köln 1986.
Boehm, O.: Die Volkshymnen aller Staaten des Deutschen Reiches, Wismar 1901.
Bracher, Karl Dietrich u.a. (Hg.): Geschichte der Bundesrepublik Deutschland, 5 Bände, Stuttgart/Wiesbaden 1981–87.
Brinitzer, Carl: Das streitbare Leben des Verlegers Julius Campe, Hamburg 1962.
Bundeszentrale für politische Bildung (Hg.): Einigkeit und Recht und Freiheit. Nationale Symbole und nationale Identität, Bonn 1985.
Enzensberger, Ulrich: Auferstanden über alles, Berlin 1986.
Friedel, Alois: Deutsche Staatssymbole, Frankfurt/M./Bonn 1968.
Guenther, Ulrich: ... über alles in der Welt? Darmstadt/Neuwied 1966.
Grab, Walter/Friesel, Uwe: Noch ist Deutschland nicht verloren. Eine historisch politische Analyse unterdrückter Lyrik von der Französischen Revolution bis zur Reichsgründung, München 1973.
• Gerstenberg, Heinrich: Deutschland über alles. Vom Sinn und Werden der deutschen Volkshymne, München 1933.
Gorbatschow, Michail: Perestroika. Die zweite russische Revolution. Eine neue Politik für Europa und die Welt, München 1987.
• Greve, Uwe: Einigkeit und Recht und Freiheit. Kleine Geschichte des Deutschlandliedes, Hamburg 1982.
Hauck, Ernst: Das Deutschlandlied, Aus dem Kampf um unsere Einheit, Dortmund 1942.
Hoffmann von Fallersleben, August Heinrich: Mein Leben, Hannover 1868.
Ders.: Gesammelte Werke. Acht Bände, hg. v. Heinrich Gerstenberg, Berlin 1890 ff.

Ders.: Ein Volkslieder-Buch, hg. v. Uli Otto, Hildesheim 1984.
Hoffmann-von-Fallersleben-Gesellschaft: Hoffmann von Fallersleben, Wollen – Wirken – Werke. Eine Gedenkschrift, Fallersleben 1974.
Kahn, Herman: Die Zukunft Deutschlands, Stuttgart 1982.
Köhler, Adolf: Hoffmann von Fallersleben, Wolfsburg o. J.
Körber-Stiftung: Die Beziehungen zwischen der Sowjetunion und der Bundesrepublik Deutschland. Eine mittelfristige Perspektive, Hamburg 1987.
Kopelew, Lew: Und schuf mir einen Götzen, Hamburg 1979.
Moißl, Rudolf Alexander: Das Lied der Deutschen, St. Pölten 1941.
Neef, Theodor: Hoffmann von Fallersleben als vaterländischer und politischer Dichter, Phil. Diss., Münster 1912.
Otto, Ulrich: Die historisch-politischen Lieder und Karikaturen des Vormärz und der Revolution von 1848/1849, Köln 1982.
Sandmann, Fritz: Das Deutschlandlied und der Nationalismus. In:»Geschichte in Wissenschaft und Unterricht« 1962, S. 636 f.
Schmalbrock, Gerd: Spuren in unserem Lied. Wie und warum das Deutschlandlied entstand, Gladbeck o. J.
Schulze, Hagen: Weimar, Deutschland 1917–1933. Die Deutschen und ihre Nation, Bd. 4, Berlin 1982.
Seiffert, Gerhardt: Das ganze Deutschlandlied ist unsere Nationalhymne, hg. v. d. Hoffmann-von-Fallersleben-Gesellschaft, Fallersleben 1965.
Seiffert, Wolfgang: Das ganze Deutschland, Perspektiven der Wiedervereinigung, München 1986.
Stürmer, Michael: Das ruhelose Reich, Deutschland 1866–1918. Die Deutschen und ihre Nation, Bd. 3, Berlin 1983.
Thamer, Hans-Ulrich: Verführung und Gewalt, Deutschland 1933–1945. Die Deutschen und ihre Nation, Bd. 5, Berlin 1986.
Trümmler, Hans: Deutschland, Deutschland über alles. Zur Geschichte und Problematik unserer Nationalhymne, o. O. 1979.
Unruh, Karl: Langemarck – Legende und Wirklichkeit, Koblenz 1986.
Volbert, A.: Ferdinand Freiligrath als politischer Dichter, Münster 1907.
Weidenfeld, Werner (Hg.): Die Identität der Deutschen, Bonn 1983.

Wiens, Erika: Wie unsere Hymne entstand. In: ». . . einer neuen
Zeit Beginn. Erinnerungen an die Anfänge unserer Kulturrevo-
lution 1945–1949«, Berlin (Ost) 1980, S. 565 ff.

Bildnachweis

Register